细说中国历史人物

帝王系列 8

冯绍霆 著

细说明太祖

上海人民出版社

总　序

郭志坤

　　中国历代帝王,在历史发展的舞台上扮演了重要的角色。由于他们的文治武功,作出突出贡献的,谓为明君;由于他们的昏庸残暴,成了千古罪人,则谓为昏君。"朕即国家",皇帝有至高无上的权力,对当时社会乃至对后代的影响不可低估。"时势造英雄"与"英雄造时势",有其辩证关系。一个英明君主当政,在适当的历史条件下,就可以创造出国富兵强、繁荣昌盛的治世。一个昏暴的君主掌印,就有可能把国家搅得民不聊生,甚至衰败,最后灭亡。这是值得研究和考察的课题。对此,大凡政治家、学者,乃至平民百姓无不感兴趣。

　　我毕业于复旦大学历史系(中古史专业),自然对中国古代史,特别是对帝王的历史感兴趣。尽管被分配在《文汇报》社当编辑、记者,但几十年来我坚持利用业余时间考察帝王的功过问题,并断断续续写了有关帝王的读史札记与著述。

　　在撰写拙作《秦始皇大传》过程中,隋炀帝的形象不时地呈现在我面前。隋炀帝和秦始皇有着极其相似的地方,有其相似的结局,也有其相似的业绩,同时又有其相似的长期不公正的评价。秦始皇并吞六国,统一天下;隋炀帝还在晋王时,就出任平陈统帅,一举灭掉陈国,结束了自东汉以来,三国到南北朝长期南北对峙、分裂的局面,这是继秦始皇之后,又一次影响深远的统一活动。它为此后数百年的统一局面奠定了坚实的基础，其功勋可与秦始皇媲美，并非过誉。

于是在《秦始皇大传》出版后，紧接着撰写了《隋炀帝大传》。《隋炀帝大传》出版后，又准备撰写《永乐帝大传》。友人问我为何要为此三帝作"大传"？我说：此三帝在统一大业上有功，而且留下遗产。秦始皇统一中国，修筑了万里长城；隋炀帝统一中国，疏浚了南北大运河；永乐帝统一中国，建造了北京城。其实，当时还搜集了不少有关中国历代帝王的资料，准备为更多的有所作为的中国帝王立传。多位友人鼓励我，也有几家出版社约稿，让我倍受鼓舞。

1995年8月奉命调任上海人民出版社总编辑，肩负重任，不得懈怠。原先自己所拟定的写作计划全部搁浅，不过，对撰写中国帝王传记的打算始终没有放弃，我想，在职期间无力实现，可留待在退休之后进行吧。1996年初，我社编辑崔美明女士提出编辑出版旅美资深历史学家黎东方先生"细说中国历史丛书"的选题报告。作为总编的我心存矛盾，迟疑不决，因为社里历时数十年的重点图书《中国通史》以及"中国断代史系列丛书"将要全套推出，担心出版了"细说"丛书会否冲击上述两套重点图书的销售。然细读黎先生的"细说"丛书之后，觉得作者以精细入微之笔触、轻快流畅之文字娓娓道来，读上了就令人不忍释卷。写历史，不比写小说，写小说可以随意编造情节，把故事叙述得有趣有味，天衣无缝，写历史，就只能屈从于现有的材料，据实写来。我深感黎先生有过人之笔，认定这是一套深入浅出的通俗历史读物。对此好选题，我不忍放弃，于是决定先出版黎先生已写就的《细说三国》、《细说元朝》、《细说明朝》、《细说清朝》、《细说民国创立》。新书一上书架，市场反响很好。我建议补齐《细说秦汉》、《细说两晋南北朝》、《细说隋唐》、《细说宋朝》，以全套推出,效果将会更好。惜乎当时已届九十高龄的黎东方先生未及完成全套"细说",遽然谢世,这一未竟事业最终由几位学术造诣颇深的历史学家仿照黎先生首创的"细说体"加以完成。"细说中国历史丛书"推出后,果然一印再印,很受欢迎。究其原因,本套丛书既严肃又通俗。黎先生所开创的"细说体"叙史体裁,是一种不同于古代之纪传体及现代之讲义体通史、断代史一类著作的新体裁。沈渭滨先生把"细说体"的特色概括为三点:融会贯通,取精用宏,深入浅出。所言甚是。我觉得"细说体"可以撰写许许多多历史题材的图书,若加插图,形成图文并茂,效果将会更好。

2001年,当崔美明提出"细说中国历史人物丛书——帝王系列"(以下简称"细说帝王系列")选题报告时,就引起我的极大兴趣,并非责编约请我参与撰写的缘故,实因选题构想道出了我酝酿多年的宿愿。我要责编尽快组稿并早日推出这套"细说帝王系列"。目的有三:

其一,普及历史知识之需。这套"细说帝王系列",同"细说中国历史丛书"一样,能够为历史知识的普及化起积极的作用。章太炎说过:"夫读史之效,在发扬祖德,巩固国本,不读史则不知前人创业之艰难,后人守成之不易,爱国之心,何由而起?"葛剑雄先生竭力主张普及历史知识,并以其著述《历史学是什么》疾呼学界和出版界积极从事历史知识的普及工作,用通俗的语言,把较为深奥的历史知识传授给普通受众,以提高人文素质,塑造文明、开放、民主、科学、进步的民族精神。透过帝王的活动,形象地反映和推究人类的生存方式以及人类生活中的各种矛盾、困境等,从中给今人多有教益和启迪。就说秦始皇、隋炀帝,这两个帝王对建立统一的帝国有过突出的贡献。在统一之后,本可大展宏图,长治久安,而秦朝为什么二世而亡,隋朝为什么短期崩溃，这究竟是何缘何故？学人都说，这与秦二世的倒行逆施、隋炀帝的荒淫残暴有密不可分的关系。应该说，此言不错。历史发展是有规律可循，但是，决非宿命论，不能说凡是历史上存在过的事，都是合理的，都是应该出现的结局。

其二，倡导真实历史之需。"细说体"写史特点之一就在于据实说来，不编造，不掺假，尊重历史事实，维护历史尊严。撰写历史人物传记是以真实为基础，历史人物的本来面目是怎样就怎样，秉笔直书，不应有所避忌。陈寅恪讲过："在历史中求史识。"这是重要的原则。在今天，历史被搅得真假不分之际，尤为需要。我也不知何时起在银幕与荧屏上"戏说"之风兴盛起来，什么戏说皇帝剧，什么戏说皇后剧，什么戏说太监剧，什么戏说太子剧……完全不顾历史的真实，天马行空，随手挑来一个帝王或是一段历史，添油加酱，搅拌一番。有一段时间，出现"满台大辫子"、"七个慈禧闹荧屏"的景观。你若把它当历史，他会用"戏说"来敷衍搪塞你；你若把它当假话来看，他却又撑出一个朝代来吓唬你。看了这些非历史化的戏说"历史剧"，往往会误以为历史上本来就是这个样子，因而"见怪不怪"，"习以为常"，甚至把本来是错误的东西，竟当成了真实的历史接受下来。有一部50集的《秦始皇》电视连续剧，我看了五六集后，觉得剧情编造太甚，实在看不下去，奋然落笔，在《文汇报》《文学报》发了3篇批评文章，严正指出：这不是随意歪曲历史，就是对历史的无知。导演见文便找上门来说情，希望不要再发批评文章，让其50集播完之后再修改重拍。17年过去了，重拍片在哪儿？又是一种搪塞敷衍。

其三，满足多元读者之需。有些同事或有些读者都有这样的说法：上海人民出版社已有《中国通史》、"中国断代史系列丛书"，对中国历代帝王都有介绍，再说兄弟出版社也有多种帝王传记系列,再出"细说帝王系列"似有重复之嫌。我说:不重复,读者的需求是分层次的。由白寿彝任总主编的22卷本《中国通史》,历23年之久,集550位专家学者之功,系迄今最完整的大型学术性通史著作;13卷的"中国断代史系列丛书"历51年之功,对帝王都有涉及,但均未着墨加以介绍,多从学术角度进行探讨。前者适合于大学本科教材,后者适合于研究生教材。"细说帝王系列"则着眼于通俗大众化。细说关键在于说。文字是在语言之后出现的,开头只是存在于知识分子中。于是出现了以语言为载体的口头文学和以文字为载体的文本文学。文化层次不高者,往往喜欢以语言为媒介,也就是通俗大众化。我想,正由于这种通俗的"细说"才会被邓广铭先生评为"标准的深入浅出的历史读物",这套"细说帝王系列"的作者虽然文笔并非都与黎东方先生完全一致,但都以历史学家的睿智讲真实历史,不虚构故事,不杜撰情节,完全依史实本身的曲折复杂,把帝王的生平叙述清楚,使中等文化程度的读者获得真正的历史知识,又能给治史学者以启迪。

这是一套严肃真实的历史通俗读物,对于"古为今用"、"史料取舍"以及"增强可读性"等方面都掌握得度。

"古为今用"。古为今用,乃中国史学史上的一个优良传统。孔子编撰《春秋》在于"寓褒贬,别善恶";司马迁著《史记》要"居今之世,志古之道,所以自镜也"。一切有识史学家无不如此。"历史中有我们的人生,有我们的世界,有我们的自己","向历史中寻找人生、寻找世界、寻找自己的兴趣"(见李大钊:《史学要论》)。丛书的作者深刻理解历史的作用,在其前言或是后记都提及撰写的初衷。但是,他们在将历史人物作借鉴、求教训、强信心之用时,注重"循名责实",一戒造假,二戒比附,一切从史事出发,是什么样的帝王说什么样的帝王,作者通过帝王活动的展开以及不同人物的对比,体现叙述者的感情倾向,可谓为"寓褒贬于叙事之中",这种含而不露的褒贬,正是史家"古为今用"的一种良苦用心,不像历史小说那样"主题先行",牵强附会,或以激情澎湃地抒发了时代的愤懑和呼喊。他们在取材上、用词上都能做到持之有据,言之有理。其"用"集中表现在:一是阐明历史的发展规律,二是传播历史的知识,三是提供历史的借鉴。历史知识开拓人们的视野,是一种生活的力量;鉴往知来,借前人的得失成败照见自己的作为,故谓"历史是面镜子"。某些影视历史剧为了达到"古为今用",往往用古代的清官、好皇帝来比附。这种不依赖于制度的创新,而寄希望于抽象的个人道德,确是极其危险的。同时,以现代人的意识和眼光来解读历史,借古人的躯壳将现代人对权力、金钱、美女的欲求表现得淋漓尽致孕育出来的只能是非驴非马、不伦不类的畸形儿,让人瞠目结舌。这种胡编乱造的历史是没有感染力,起不到教化作用的。

"史料取舍"问题。史料是复杂的,一要鉴别真伪,二要诠释说明,以求得"历史事实的例证",此可谓关键。史料又被视为"说故事者",也就是用史料去"让过去用它自己的声音来诉说",由此可见,掌握正确的史料,能带来临场感和真实感,虽有后人转手叙述之难,但本丛书的作者力尽自己的才智,将一段段史料化为一幅幅"历史之画像",让读者"直接观察"。"细说",并非包罗万象、面面俱到,而是紧扣其人其事及其关系尽量详说,以显个性,让人读后如闻其声,如见其人,力避梁启超所反对的弊病,即把历史人物传记写成"一人一家之谱牒"。历史人物也是人,有血有肉,也有丰富可感的细节。本丛书作者注意把散落于人们视野之外的珍珠串起来,使读者了解了鲜为人知的秘闻内幕和轶闻趣事。用讲故事的叙述方式,用质朴的语句娓娓道来,于是历史人物变得那么生动活泼,真实可感。在运用这些"秘闻轶事"材料时,十分注重史料的真实性和科学性,不虚构,不扭曲,每一细节,必有所本。这是本丛书作者的高明之处。有些历史传记,特别是帝王传记偏重于所谓的"揭秘"。说实话,历史上九重之内的"秘密",诸如宫廷阴谋、厚黑者胜,是不胜枚举的。唐太宗杀兄诛弟、霸占弟媳、逼父夺位,武则天的连杀亲子乃至亲手掐死自己的女儿,等等,在史书里都有记载,而有的却没有记载。有些人为什么喜欢看"戏说"? 他们的回答主要集中在两点:一,有趣好看;二,了解一些历史。"好看"是艺术的追求之一,然而,如果通过观看"戏说""来了解历史",那只能是缘木求鱼。这套丛书的"细说"不同于"戏说",对于有关秘闻轶事史料的取舍可谓"恰到好处,取舍得度"。

"增强可读性"问题。历史并非依靠死记硬背的史料进入生活和心灵的,它本身充满着丰富多彩的情节。特别是历史人物本身具有极强的故事性、戏剧性。有一种说法:只要如实反映历史,就具有可读性的。此说有所偏颇。增强可读性并非仅是文字技巧的问题,而是一个叙述内容的问题,即通过情节故事的选择,传递"历史人物"的性格和精神。如帝王的身世、宫廷生活、人物个性、民风民俗以及万国往来等等章节,都扩充了历史记叙的空间,也增添了对阅读的兴趣。在叙述中穿插一些引自原始文献和"资料",尽管仍为文字说明,但如同图像一般向读者提出了更多的问题和更深的思路。本丛书的可读性还在于作者对传主有独特见解,叙述中不断提出问题、回答问题,如此写法可以刺激和启发读者边看边思考,引人入胜。有的章节写得很生动,人物跃然纸上,把历史写得有血有肉,历史人物活起来了,进入了你的思维系统。作者为了增强可读性,在写作技巧上不仅取胜于优美的语言、生动的叙述,还作了精巧的布局,如对传主像戏剧那样树于对立面之中来展开冲突情节;要展示的人物思想不是叙述出来,而是让人物自己对话的表演;句式要简单,开篇要新颖;……就说开篇,这是很重要的,它能把读者一下子带入当时的历史氛围之中。传记的可读性靠编造当时的故事或者违背当时的典章制度和一般社会习俗,以七奇八怪来增强是不可取的。当然,传记文字的通俗是增强可读性的关键。《易经·系传》有言:"乾以易之,坤以简能,易则易之,简则简从;易之则有亲,简从则有功。"晦涩难懂的古埃及文化早已不再流传,而通俗易懂的欧美文化却能风靡全球,其通俗性起到了关键作用。这套丛书就是靠通俗的语言。

　　值得将"细说"进行到底!

　　是为序。

2004 年 9 月 30 日

自　　序

朱元璋这位农民天子的传纪,最有名的当然莫过于明史专家吴晗写的《朱元璋传》。时至今日,仍很难有人超过他的水平。在吴晗笔下,朱元璋的雄才大略、复杂性格,尤其是猜忌性重、残忍的一面,揭露得十分充分。这与吴晗生活的时代有关,因为该书初版发行时,正当国民党专制统治,特务横行,故而作者对朱元璋类似的行为着墨尤多。一代人所观察到的历史,总是与他们生活的社会密不可分,由于这个缘故,总会有新的史著不断出现。这是自己敢于写这本朱元璋传纪的第一个原因。也正因为如此,笔者开始构思这本书的时候,更多地考虑的是如何以生活在当今社会的人的眼光去看待600多年前的这位明朝开国皇帝。

我一向对朱元璋以及与他相似的刘邦、刘秀几位同样来自民间的皇帝很感兴趣。在大学里学习中国古代史时,就写过有关他们的文章。后来,又应朋友之约写过朱元璋、陈友谅鄱阳湖大战的文章,收进了《中国古代十大战役》一书。这当然得益于我的师长们,他们教导我如何观察历史上的人物、事件,如何处置史料,让我有了一些史学方面的基本训练。这,或许是敢于写这本书的又一个原因吧。

至于第三个原因,大概起于黎东方先生的"细说中国历史丛书"。黎先生依据相当枯燥的正史记载,在这套书里将一朝一代的历史娓娓道来,一个个历史人物,一桩桩历史事件,再有那些典章制度,活灵活现地呈现在读者面前。历史居然还可以这样读、这样写,这不禁引起了我浓厚的兴趣。所以,当崔美明女士组织编写"细说中国历史人物丛书——帝王系列"时,自己便爽快地接下了《细说明太祖》的写作任务。

但感觉是一回事,写书又是另一回事。一旦写上手,就发现满不是那回事。正应了一句俗语,看人挑担不吃力,轮到自己就弄不像样了。只是话已出口,收不回来,硬着头皮一段一段啃。诚惶诚恐之下,可以说是边补习边写作,稍有空,就打开《明史》、《元史》认真研读,历尽艰辛,才得终篇。敢于向读者交出这本书,恐怕只有一点还可取,那就是书中的内容是忠于史实的,知之为知之,没有根据的话不敢乱说。实在想说的带有猜度成分的话,都不忘加上"估计"、"大概"之类的或然性的词语,以期避免误导。

写完最后一章的最后一个字,不禁长长地吁了口气,总算完成了这件吃力的工作,回想当初,答应写这本书,真是太孟浪了。但是,也要感谢崔女士,是她给了我这次机会,没有她的提议和督促,这本书是不可能写成的。

谨序。

目　录

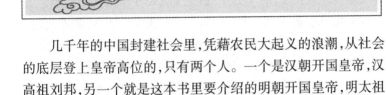

一 佃农家出了个皇帝

几千年的中国封建社会里，凭藉农民大起义的浪潮，从社会的底层登上皇帝高位的，只有两个人。一个是汉朝开国皇帝，汉高祖刘邦，另一个就是这本书里要介绍的明朝开国皇帝，明太祖朱元璋。

元文宗天历元年（1328年）九月十八日未时，朱元璋出生在濠州钟离县（今安徽凤阳），属龙。

朱家祖籍沛县（今江苏沛县），后来迁到句容（今江苏句容），族人聚居在朱家巷。朱元璋祖父朱初一为淘金户，身份低于平常人，按照元朝初年所定规矩，要按年向官府缴纳一定数额的金子。他实在负担不起，没奈何逃离家乡，跑到盱眙（今江苏盱眙）垦荒。他与王氏夫妇二人生了好几个儿子，只有老二朱五一和老四朱五四成了家，有子嗣。朱元璋便是朱五四的儿子。

二房朱五一留在盱眙，有四个儿子，其中老大有一个儿子。老三有四个儿子，他们分别叫重一、重二、重三、重五，都很早就死了。重五的妻子田氏，早就成了寡妇。这些人中间，朱元璋只对田氏有印象，说她有节行。至于二房里有没有女儿，嫁给谁，子嗣状况如何，史籍中了无记载。

四房朱五四这一系的情况，靠了朱元璋，现在知道得详细一点。

　　朱元璋父亲朱五四,史籍上称他名世珍,与妻子陈氏共生了四个儿子,两个女儿。朱元璋最小,上面有三个哥哥,两个姐姐。大哥重四,学名兴隆,结婚后生了两个孩子。大的早死,小的叫朱文正,后来跟随朱元璋打天下。二哥重六,学名兴盛,也有一个孩子,可惜夭折了。三哥重七,学名兴祖,当了上门女婿。大姐嫁给了王七一,夫妇二人死得很早。二姐的丈夫叫李贞。她本人年轻轻就死了,有个儿子,就是朱元璋手下大将李文忠。

　　朱元璋小名重八,学名兴宗。元璋的名字是后来才起的。依照旧时习惯,像他这样有身份的人,还有字,叫国瑞。实在弄不清什么时候他叫什么名字,这本书里就统一将他称作朱元璋。

　　从朱初一八个孙子都用“重”字排行,而且顺序有交叉的情况看,至少朱元璋出生时他们还有联系。

　　父亲和兄弟几个名字里都有数字,在今天看来很奇怪,在当时也就是一种习惯而已。朱元璋的死敌张士诚,小名就叫九四。大概平民百姓不识字的居多,起名字挑最方便记忆的,所以才有这么些数字。就像以前好多人小名阿狗阿猫一样。

　　朱元璋兄弟几个的名字连起来,就是“隆盛祖宗”,肚子里没有些墨水,要想出这样既有意思又大气的语汇,是很难的。很可能,兄弟几个的名字,甚至他父亲的名字,都是朱元璋发达以后才重新起的。

　　朱五四夫妇很刻苦,辛辛苦苦几十年,年轻时跟着长辈,然后又是拖儿带女走了不少地方。他们在盱眙时已经有了一群子女,却不顾安土重迁的古训,先是搬到灵壁(今安徽灵壁),又搬到虹县(今安徽泗县),再迁钟离(今安徽凤阳)东乡,住了十年,又迁西乡,过了四年,最后落脚在孤庄村。这么频繁地搬家,只因为家里穷,借用一句中国古代常用的话,叫做“上无片瓦,下无立锥之地"。没有土地，就只能佃种田主的地。一年到头播种、耕耘、收割，好不容易盼来一个好年成，田主倒要拿去一半以上，碰上歉收更日子难过。于是，一家人也就注定了要过飘泊不定的日子。一个地方呆不了几年，就要搬走。

中国历史上，遇着乱世，就会有大量流民。为着生存，他们顽强地挣扎着，与命运抗争。不幸的，倒在路旁田边，恰如灰飞烟灭。幸运的，则存活了下来。元代的朱家，就是如此。当然，像朱元璋那样从农民爬上皇帝宝座的，在中国历史上只有他和刘邦两例。实际上汉高祖刘邦还是个亭长，算是百姓中的头。他还能在地方上走动，与官府打交道，与县里小吏能攀上关系，与朱家纯是佃户的情况不一样。

朱元璋的母系，外祖父姓陈，朱元璋也不知道他的名字，《明史·外戚传》称他陈公，扬州人。他是宋朝大将张世杰部下的亲兵。元军南下，张世杰保护南宋最后一个皇帝赵昺，实际是一个小孩子，以及一些大臣，一直退到南海边。最后在崖山（在今广东新会）被元军逼得无路可走，丞相陆秀夫背着小皇帝跳海自杀，宋朝最终灭亡。乱军中，张世杰乘船出海逃亡，淹死海中。南宋灭亡的一幕，为陈公所亲历。

败军将士，溺死海中的居多，陈公侥幸逃脱死亡，又托庇于已经投降元军的一位旧日统领的保护，坐了船先是回到通州（今江苏南通），又回归故乡，不想再当兵了，脱下战袍，最终定居在盱眙县津里镇。他会巫术，靠画符念咒度日。他与王氏婚后生了两个女儿，长女适季氏，小女儿就是朱元璋母亲。

朱元璋的母亲不知听她父亲说了多少遍身世，也不知把这番话对小朱元璋讲了多少遍。

陈公晚年过继季氏长子，即朱元璋的大表兄为孙子，一直活到九十九岁才去世，差一岁就够得上人瑞了。但是季氏一家，却没有他那么幸运。朱元璋后来也没有寻访到他们的消息。

过去，相信当皇帝的总有些异常之处，即便没有，也要附会、夸大，制造一些异常出来。

《皇朝本纪》里说，朱元璋的母亲刚刚怀他时，梦见有神人给了她一粒丸药，放在手上会发光，吃下去口中还留有香气。这至多只能算是一个梦而已，并无佐证可言。《明史·太祖本纪》非但照录不误，还要讲这位未来皇帝出生时，满屋子都是红光。出生后，他家夜里好几次光芒四射，周围邻居误以为发生火灾，赶忙奔过来救火，又什么都没有。

但是，《天潢玉牒》则记载，他母亲是在打麦场上遇到一位穿着红袍子的长胡子道士，吃了他给的名叫大丹的白色丸药后才怀上朱元璋。这比起吃了神人丸药的说法，可信度应该大得多。《明史》不采用这个说法，无非要为朱元璋的出生抹上一圈神秘光环。无非想证明尽管出身低微，朱元璋是货真价实的"真命天子"。

朱元璋小时候的情况，现在知道的并不多。估计，大概还过得下去。这从父母还能供小儿子读几天书，可以大致推测出来。虽说读书为时并不长，朱元璋肚子里的墨水不多，但是后来他的发达，同小时候识的几个字还是大有关系。

另外还知道，朱元璋早早地就在干些小孩子力所能及的事，比如打柴割草，看牛放羊，不可能白吃闲饭。

在看牛放羊的日子里，朱元璋和小伙伴有时会扮皇帝玩。轮到别的小孩当皇帝，总会出点洋相，朱元璋却像模像样，棕树叶子撕成一丝丝的，扎在嘴上当作胡须，找一块木板顶在头上当平天冠，弄一块黄布披在身上算龙袍。土墩墩上一坐，煞有介事是个皇帝。同伴们则当大官，找些木板当朝笏，嘴里喊着"万岁"，还得跪拜"皇帝"。

其他小孩子只是好玩，过后并不当一回事。朱元璋却忘不了，真的当了皇帝，还把这儿时的游戏写成碑文，让它证明，朱元璋不单有当皇帝的命，而且从小就是当皇帝的料了。

一次，小伙伴们肚子饿了，不知如何是好。朱元璋抄起放牛绳，捆住了一头小牛的前后腿，带领大家杀了牛，又点起火，一群小孩子居然吃起野餐烤牛肉来。待到吃完，高兴劲过了，脑子清醒了，大家发起愁来，回去怎么向牛的主人交待。还是朱元璋想出了一个点子。大家听他的吩咐，把吃不掉的杂七杂八的东西统统埋了，单单剩下一根尾巴插进石头缝里。回到家里就说是小牛钻到山洞里去了，拉也拉不住。主人知道有假，自然不会轻饶。为首的朱元璋挨了一顿打，还丢了饭碗，但是在小伙伴中间的地位却又高了不少。

这些事是真是假，现在没有办法知道了。如果朱元璋说假话，小时候的伙伴汤和、周德兴诸人，不见得会出来纠正其伪。如果是真的话，正好应了一句老话，三岁知八十。朱元璋会动脑子，脾性也很泼辣，这在他小时候已经露出端倪。

二　元末皇位的
血腥争夺

　　要说到这位农民的儿子怎样改变他的命运,登上皇帝的宝座,就不能不讲到他所处的社会。时势造英雄,朱元璋是他的时代的产物。

　　朱元璋和他的父兄生活的时代,是个地道的乱世。

　　乱世,首先乱在中央政府。元朝皇室和权臣为了争夺权位,演出了一幕又一幕活剧。

　　朱元璋出生时,正是元文宗在位的时候。从成宗于大德十一年(1307年)去世,到元统元年(1333年)顺帝即位前,前后不过二十六个年头,登上皇位的却有八人之多。

庙号	本名	在位年数	年号	与前一皇帝关系
武宗	海山	4年	至大	侄
仁宗	爱育黎拔力八达	9年	皇庆,延祐	弟
英宗	硕德八刺	3年	至治	子
(泰定帝)	也孙铁木儿	5年	泰定	叔
(天顺帝)	阿速吉八	1月	天顺	子
明宗	和世㻋	1年	天历	堂兄
文宗	图帖睦尔	3年	至顺	弟
宁宗	懿璘质班	1月		侄

　　这八个皇帝,长的只做了九年,短的只有一个月,甚至连个年号都没有。皇位更替,少不了阴谋,少不了血腥气。

　　成宗死后,中书右丞相哈剌哈孙传递消息给他的侄子爱育黎拔力八达,皇后准备支持安西王阿难答登上皇位。爱育黎拔力八达赶紧带兵入京,将阿难答一党一齐抓了起来,为他的哥哥海山登上皇位扫除了障碍。阿难答等人后来被处死。

　　海山在位不满4年去世,庙号武宗。

　　兄弟间约定,由弟弟爱育黎拔力八达继位,即史称的仁宗,以后传位给海山的儿子和世㻋,再由和世㻋传给爱育黎拔力八达的一个儿子。但是,爱育黎拔力八达却封和世㻋为周王,让他出镇云南,实际上是让他远离中央。和世㻋走到半道,在陕西行省丞相阿思罕的支持下起兵,失败后逃到察合台汗国。爱育黎拔力八达于是立儿子硕德八剌为太子。

　　仁宗死于延祐七年(1320年),铁木迭儿乘皇位更替,在兴圣太后支持下乘掌握中书省大权的机会排斥异己,杀了曾为御史中丞的杨朵儿只和中书平章萧拜住,抄了两人的家。

　　硕德八剌不同意铁木迭儿的所作所为,两个月后先把与铁木迭儿一党的左丞相合散免职,代之以拜住。铁木迭儿马上反击,与合散等人说动兴圣太后,准备废掉硕德八剌,另立他弟弟安王兀鲁思不花为皇帝。事情被硕德八剌侦知,先发制人,将合散一干人一齐捕杀。安王兀鲁思不花降为顺阳王,不久也被杀。只有祸首铁木迭儿在兴圣太后的保护下不曾被处分,但从此称病在家,不敢过问中书省的事,一直到至治二年(1322年)八月病故。十月,他的保护人兴圣太后也死了。于是,硕德八剌在至治三年(1323年)五月将其夺爵,抄家,杀了他的长子宣政院使八里吉思,罢免次子知枢密院事班丹。

　　但是,硕德八剌自己三个月后却被铁木迭儿的养子铁失,联络翰林侍讲学士锁南所刺杀。庙号英宗。一同被杀的还有他的右丞相拜住。

铁失拥立晋王也孙铁木儿登上大位，至治三年九月初四即位。新皇帝一个多月后，就把铁失一党全部捕杀。

也孙铁木儿当皇帝不满五年，于致和元年（1328年）七月撒手人寰。当时太子阿速吉八只有九岁，在上都继位当了皇帝，并改元天顺。

不料，一向受也孙铁木儿信任的金枢密院事燕帖木儿，八月初四在大都（今北京）造反。他的叔父不花帖木儿说服齐王月鲁帖木儿，偷袭上都（即开平，今内蒙古多伦），小皇帝被杀。他们父子都没有庙号，史家用他们的年号来称呼，分别叫做泰定帝、天顺帝。

泰定帝认为仁宗爱育黎拔力八达违背约定，造成皇室内部纷争，而自己是元世祖忽必烈的太子真金一系长房甘麻刺的儿子，武宗、仁宗是二房，即甘麻刺弟弟答儿麻八刺的儿子，长房犯不着介入二房内部纠葛中去。泰定元年（1324年），他将武宗的另一个儿子图帖睦尔召回大都封为怀王。图帖睦尔的哥哥，远在察合台国的和世瑓，在与泰定帝派人送来的妃子八不沙团聚后，也向泰定帝回赠了礼物。

但是，权臣燕帖木儿另有企图。他声称正统属于武宗的儿子，派人迎立图帖睦尔。图帖睦尔到达后，登上了皇位，改元天历元年，又一再派代表到察合台国迎接和世瑓。经不住再三劝说，和世瑓东来，天历二年（1329年）正月在和林（今蒙古国乌兰巴托）之北即皇帝位。半年之后又在上都"暴崩"。这位短命皇帝的庙号为明宗。

七天后，弟弟图帖睦尔再次即位。第二年，改天历三年为至顺元年，至顺三年（1332年）图帖睦尔病故，庙号文宗。

　　燕帖木儿为首的一系权势滔天。明宗的小儿子懿璘质班年方七岁,十月初四当上了皇帝。不过,他不合燕帖木儿的意,小皇帝十一月二十五日就短命而死,庙号宁宗。

　　于是,宁宗的哥哥、明宗的长子,十三岁的妥欢帖睦尔被决定继承大位,是为顺帝。尽管他娶了燕帖木儿的一个女儿,老丈人还是担心妥欢帖睦尔不易控制。所以直到燕帖木儿元统元年(1333年)五月病故之后,小皇帝才能够正式即位。

　　顺帝当皇帝38年,元代皇帝中在位最久。这一段时间里,窥视皇位者不是没有,而权臣之间斗争接连不断。

　　顺帝任命的丞相,前期最主要的是伯颜,后来则是脱脱。

　　伯颜在迎立文宗图帖睦尔时,以河南行省平章政事的资格赞成密谋。文宗即位,他进入中枢,地位显赫。文宗让位给明宗,他职位依旧。文宗再度即位,伯颜升为中书左丞相,不久,又知枢密院事,封浚宁王。顺帝即位后,伯颜更当上中书省右丞相,集文武大权于一身。燕帖木儿的儿子唐其势和女儿伯牙吾氏(顺帝的皇后),都被他杀掉。顺帝不由得担心他是不是会像王莽一样,加官进爵之后,继之以篡位。逐渐长大的顺帝联合了一帮大臣密谋推翻伯颜,其中就有伯颜的亲侄儿脱脱。

　　脱脱对他父亲马扎儿台说,伯父骄纵太甚,万一天子震怒,我们难免要被株连,还不如乘他没有败亡就先想办法。伯颜大权在握,马扎儿台也当上御史大夫,以后又改知枢密院领岭北分院事。脱脱从顺帝的宿卫起家,元统二年(1334年)兼同知枢密院事,(至元元年1335年)改兼御史大夫。

　　脱脱于至元六年(1340年)二月让顺帝免去伯颜本兼各职,罪名是"不能安分,专权自恣,欺朕年幼,轻视太皇太后及朕弟燕帖古思,变乱祖宗成宪,虐害天下"。他后来"病死"在龙兴路(今江西南昌)。

　　脱脱早在天历元年（1328 年）入觐时，就受到过文宗的称赞，说是"此子后必可大用"。脱脱脱颖而出，文宗应该是最早赏识他的人了。但是执掌朝政不到半年，六月间，他就让顺帝把文宗的牌位移出太庙，徙太皇太后到外地安置，废去了文宗的儿子燕帖古思皇太子之位，把他放逐到高丽。次月，这位"太子"就死了。顺帝还下诏指斥文宗杀害明宗的罪过。政坛上，只有利害关系，并不讲究情义。

　　朱元璋出生前后，元朝最上层就是在这般对于权势的你争我夺中度过的。

　　而此时候，推翻元朝的大起义已经不能说只是星星之火了。

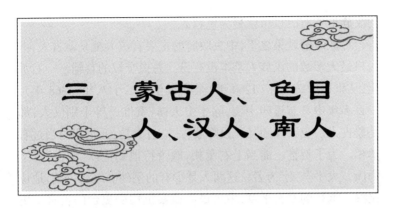

三 蒙古人、色目人、汉人、南人

　　元朝上层混乱或许并没有直接影响到朱元璋。但是与此相伴而行的社会黑暗却为朱元璋的出场铺就了一条通道。

　　元朝的黑暗，首先是元朝统治者推行种族歧视的政策，造成整个社会的紧张和不安。

　　蒙古贵族为了巩固他们的政权，采用了最惨酷的高压政策，推行民族歧视政策。为了保持蒙古族的优势地位，统治者禁止蒙人汉化，不许蒙汉通婚，禁绝往来。至元三年（1337 年），元朝统治者还下命令禁止汉人、南人学习蒙古、色目文字。这时候，距离元朝灭亡不过三十来年。

　　为了便于控制，元朝政府将全社会的人分成蒙古人、色目人、汉人、南人四个高低不同的等级。蒙古人，即元朝统治者的同族人。色目人，原指早先被蒙古征服的西域地区的各民族人。那里的人，眼睛有蓝的，有绿的，所以叫色目。汉人大体指中原地区先被蒙古统治的居民。南人则指南宋灭亡后才被蒙古人占领地区的居民。

　　四个等级的划分并不是根据民族或种族。比如，汉人与南人都是汉族，只是受蒙古人统治的时间先后不同，却被强行分成两个阶层。又比如，色目人并不限于蒙古族以外的非汉族，北方的汉族地主有时也可以划为色目人。

　　种族歧视政策之下,中央政府的主要官员大抵是蒙古人,占人口最大多数的汉族人基本没有份。总揽全权的首辅——右丞相,从世祖中统元年(1260年)至顺帝至元二十八年(1368年),一百多年中共有近四十位,除了史天泽、贺惟一等个别汉人,都是蒙古人。史天泽随父兄投降蒙古,立过大功,元世祖时当过右丞相。为了贺惟一能当上右丞相,顺帝特地赐他以"蒙古"二字为氏,"太平"二字为名。这两人是少有的例外。终元一朝,地位仅次于丞相的左右平章,中央最高监察机构御史台的长官御史大夫,几乎都是蒙古人。礼、吏、户、刑、兵、工六部的尚书和侍郎,大半是蒙古人和色目人。至于管理皇室宗族的宗人府,更是蒙古人独霸的天下。

　　地方上路、府、州、县的"总管",因为是亲民之官,倒大都由汉人充任。可是,副手就往往是色目人,而真正掌管大权的位于总管之上的"达鲁花赤",又几乎被蒙古人、色目人包揽。

　　至元三年(1337年)三月,元朝中央政府下令,省、院、台、部、宣慰司、廉访司及郡府幕官等重要政府机构的长官,蒙古人、色目人可以并用。实际上,就是将汉人和南人排除在外。

　　汉族人在仕途上会遇到不少限制,要踏上这条路的麻烦也不少。

　　元朝的入仕之路主要有两条。

　　一条是由禁军晋升。宿卫宫廷,在当时不但是一种殊荣,还是一条当官的终南捷径。在宫廷里转一圈,便可很快升迁,当时称"怯薛"出身。至元二十年(1283年)元朝政府颁令:久侍宫禁,而且守卫重要岗位者,初受朝命散官的官阶,只比他的侍卫职衔减去一等,时间不长,岗位也不重要的,则酌量减二等。至大四年(1311年),仁宗海山下诏,蒙古人降一等,色目人降二等,汉人降三等。但是,南人没有这样的机会。汉族人在仕途上,永远比不上蒙古人、色目人。

另一条是从科举或学校出身。蒙古民族是个马背上的民族,尚武不崇文,宿卫宫廷者吃香,科举或者学校出身的本来就低人一等。更兼这种科举,不是"分数面前人人平等"。

皇庆二年(1313年)十一月,仁宗爱育黎拔力八达下诏,颁布科举考试程式。规定蒙古人、色目人考二场。第一场考经问五条,在四书内设问。第二场考策一道,以时务出题,限五百字以上。汉人、南人则要考三场,比蒙古人、色目人多了一场。第一场两项内容,一是明经经疑二问,同样是四书内出题,限三百字以上。二是经义一道,包括五经,限五百字以上。考试内容明显比蒙古人要难得多。第二场,在古赋、诏、诰、章、表等文体内选择考一种。古赋、诏、诰,用古体;章、表,用四六骈文,参用古体。这是蒙古人、色目人不用考的。第三场,考试策一道,在经史时务内出题,限一千字以上,又比蒙古、色目人的难得多。

所有参加考试的,蒙古人、色目人作一榜,汉人、南人作一榜。一般情况下,参加会试的总共300人,蒙古人、色目人、汉人、南人各75人,共选取100人,也是四种人各取25人。这样看上去很公平。但是,汉族人多,能够参加科举考试的,考试及格取中的,按比例来说远远及不上蒙古人或是色目人。而且,当时还规定,蒙古人、色目人愿意参加汉人、南人考试科目的,中选的加一等授给官职。

元朝政府办的学校中,同样对汉族学生考试最严,毕业后授官却最低最次。至大四年(1311年)十二月,武宗海山下诏,恢复国子学试贡法,蒙古学生合格者授官六品,色目正七品,汉人从七品。而且规定测试蒙古生的方法宜从宽,色目生宜稍加密,汉人生则全部采用类似科举考试的方法。

因此,有的蒙古少年一字不识,照样高官厚禄。

当时有诗人咏叹:"年年去射策,临老犹儒冠",道出了汉人书生的满腹怨愤。

元朝政府颁布了大量的公文格式,方便它的官吏照搬照抄。虽说这般"规范化"有利于提高办理公务的效率,实际上也曲折地反映了政府官员文化水平的低下。这不能不说是元朝奉行种族歧视的后果之一。

种族歧视之下,蒙古贵族与汉族人发生争执,要交给管理蒙古贵族的宗人府处理,一般衙门无权处置。一般蒙古人犯重刑,或者蒙古族的官员犯法,则必须由执掌司法的蒙古官吏作最后判决,普通司法机构不敢裁决。按照当时法律,蒙古人打死汉族人,只判罚当兵出征,而汉族人打死蒙古人,就需要抵命。顺帝于元统二年下诏,蒙古人、色目人犯盗者免刺。

当时元朝的军队,蒙古兵不过十多万人。区区这点兵力,当然是不够守卫整个中国的。为此,不少军队是由汉人组织和指挥的。灭亡了南宋的张柔、张弘范等人,就是汉人军队的将领。汪家、史家、张家,以及易州(今河北易县)何伯祥、南乐(今河北南乐)王珍、涞水(在今河北保定)赵柔、冠氏(今山东冠县)赵天锡、曲阳(今河北曲阳)邸顺、藁城(今河北藁城)王善、宁晋(今河北宁晋)王义、历城(今山东历城)张荣等一批地主,蒙古贵族还有借重他们的地方,他们都拥有军队。

但是,对于普通汉人、南人的老百姓,元朝政府防范很严。顺帝登基不几年,就三令五申不准汉人、南人习武:

至元二年(1336年)十一月,"禁弹弓、弩箭、袖箭。"

至元三年(1337年)四月,"禁汉人、南人、高丽人,不得执持军器,凡有马者拘入官。"

至元五年(1338年)四月,"申汉人、南人、高丽人不得执军器、弓矢之禁。"

至元六年(1339 年)五月，"禁民间藏军器。"

这当然是重申早年的规定而已。蒙古统治者以为，汉族人不习武就少了反抗的可能。

这样的禁令，当然只适用于普通汉族百姓。

早在至元二十六年(1289 年)时，身为巩昌(今甘肃陇西)便宜都总帅的汪惟和向元世祖忽必烈报告，近来搜查汉人兵器，他的管辖区域内已经禁绝，自今之后凡是要使用兵器，请求允许他向安西(在今陕西西安东北)的官家仓库领取。忽必烈却对他说：你与其他汉人不一样，不禁止你拥有弓矢，随便你使用。

这里，民族斗争表现为阶级斗争。

蒙古贵族对一般汉族人的仇视，则到了疯狂的地步。至元三年(1337 年)，也就是元末农民大起义即将来临，山雨欲来风满楼之际，右丞相伯颜甚至主张杀掉张、王、刘、李、赵五姓汉人。这是当时最大的几个汉人姓氏，伯颜的主张实现的话，岂不是一场大灾难，只有狂热地推行种族歧视的蒙古贵族才想得出这样荒谬的念头。

元朝另一个无法根治的弊病，是土地大量被兼并。

以游牧为生的蒙古民族，长期生活在蒙古草原，幕天席地，走马为家，逐水草而居。对于开垦种植的生活方式，他们相当陌生。

为了这个缘故，蒙古贵族占据了黄河以北之后，有的甚至建议，把汉人赶走，把农田都辟作草场放牧牛羊。这个建议幸好没有实行。不过，蒙古铁骑在黄河上下，还是侵占了大量牧场作为军马的饲养场。与这些牧场相邻的农田，也就跟着遭殃。

元朝一代，一些王公贵族仗着权势，圈占土地少则上千顷，多者甚至有十万顷。它们与老百姓的农田犬牙交错，很难分清疆界。官府又总是向着蒙古贵族,处于社会底层的汉族百姓有冤无处申。

待到蒙古统治者懂得把土地租佃出去,可以获得比放牧更多利益的时候,圈占土地的行为便更加嚣张起来。他们视被征服者牛马不如,朝廷随便就把汉人的土地赠给皇亲国戚和有功之臣。耕种土地的农人,则成了佃户。当时各王,以及后妃、公主等贵族,都有采邑封地。在封地范围以内,可以推荐私人做地方官,不受元朝政府的铨叙。而这片土地上的农民,除了向元朝政府缴纳赋税之外,还要向贵族缴纳丝钞,负担沉重。

除了贵族、官吏,寺院道观也有赐田。元朝统治者崇信佛教道教,南北寺观林立。虽说也有僧道耕作,实际上这些寺观还役使了相当一部分佃户。

还不能忽视汉族地主也在兼并土地。忽必烈南征金国,黄河流域的汉族地主眼见女真政权即将覆亡,蒙古势力方兴未艾,纷纷转向支持蒙古军队,以保全自己的身家性命。他们有人有地,有钱财,有武装,配合兵力不足的蒙古军队作战。双方各有所需,形成了这些汉族地主武装占领的地区成为他们世袭领地的局面。北方的一些汉族大地主,不但没有因为改朝换代而丧失自己的财产,反而乘机扩大了势力,巩固了他们对财产的控制。到了他们的子孙后代,更发展到对待部下都像奴隶一般的地步,兼并土地没有一点顾忌。土地大量被兼并的结果,自然是大批自耕农沦为佃农。

吏治之坏更让老百姓难以忍受。

早年,蒙古人控制下的州县官吏没有官俸。他们的收入全靠直接向民间征索,难免养成贪暴之风。

元世祖忽必烈即位后才发给官吏俸禄。大德年间,因为有的官员在俸禄之外还保留职官田,于是无职官田者,另外增加了俸米。一般认为,元朝官吏的俸禄很丰厚。

丰厚的待遇,并不能遏制蠹虫们的贪欲。元朝末年,几乎无官不贪,无吏不污,上上下下都惘然不知廉耻为何物。

当官的要钱有固定的名堂。属下参见称为拜见钱,逢到节日称为追节钱,按常例办事称常例钱,打官司叫公事钱,查阅公文叫赍发钱,生辰有生日钱,迎送有人情钱,连无事白要也有名堂,叫做撒花钱。这等风气之下,官员只知道自己搜括钱财,贿赂公行。中央政府派到地方的巡视官员,公然带着管银子的仆人检验钱钞,秤量白银,就像在市场上一样。

当时人称,贼做官,官做贼,混淆贤愚。这也不尽是愤慨之词。按惯例,廉访使分巡州县时,要用巡慰司的士兵扯着旗帜敲锣打鼓迎来送往。锣鼓的节奏是二声鼓一声锣。而起解杀人强盗,也要敲锣打鼓,只是一声鼓一声锣。有人写打油诗:"解贼一金并一鼓,迎官两鼓一声锣。金鼓看来都一样,官人与贼不争多。"

让百姓苦不堪言的还有货币制度,当时人称为钞法,那简直是一团乱麻。

中统元年(1260年),元朝政府开始造交钞,它用丝绸印刷。同年十月,又印造纸币中统元宝钞,每一贯等同于交钞一两,两贯等同白银一两。为了发行这种货币,元朝政府在各地设立官库,用它来贸易金银。每花银一两,买入价至元钞二贯,卖出价为二贯五分;赤金一两,买入价二十贯,卖出价二十贯五百文。起初,一年只印造十来万锭,乃至七八万锭、三五万锭不等,元宝钞、交钞还比较坚挺。后来一年印造少则几十万,多则上百万,至元二十二年(1285年)甚至印了二百零四万锭,次年印了二百一十八万锭。这一来就通货膨胀,引出物重钞轻的毛病。

至元二十四年(1287年),元朝政府又改印造至元钞,与中统钞同时流通。至元钞一贯文当中统钞五贯文。这一年,除了印造八万多锭中统钞之外,又印造了至元钞一百多万锭,物重钞轻的局面越发严重。

过了 35 年,即至大五年(1312 年),武宗海山又改造至大银钞。每一两相当于至元钞五贯,白银一两,赤金一钱。至元钞五倍于中统,新造的至大钞更五倍于至元。不到一年,海山去世,仁宗爱育黎拔力八达即位,以至大钞轻重失宜,发布了停用的诏书,中统、至元两钞则照旧通行。

至正十年(1350 年),右丞相脱脱又提议变更钞法。吏部尚书偰哲笃及左司都事武祺都迎合脱脱的意见,主张以纸币一贯兑换铜钱一千文的比例发行至正钞,而且以纸币为本位,铜钱只居辅助的地位。第二年,正式设置宝泉司提举司,执掌鼓铸至正通宝钱、印造交钞事务,命令民间通用。推行不多久,物价腾踊十倍。恰好此时天下大乱,要用钱的地方极多,于是每月印造纸币不可数计。舟车装运,轴轳相接,交料散布,充塞世间。恶性通货膨胀终究还是出现了。首都大都,料钞十锭买不到一斗米。地方上,干脆不用货币,改而以物易物。这时候,公家私人所积蓄的中统钞、至元钞,都无法流通,人人都视若废纸。国用因此匮乏,百姓的日常生活更被搅得一塌胡涂。

在这混乱而黑暗的社会里,百姓被逼得无路可走了。

四 做了和尚

朱元璋,实际上这时候还叫朱重八,就在这样的时代里出生、成长。

有道是生于忧患,死于安乐。天降大任于斯人,也降艰难与困苦来锤炼斯人。

后来成为元朝送终人的顺帝,实在不走运。他登上皇帝宝座以后,天下灾害不断,饥荒不断。

元统元年(1333年)顺帝继位,一直到至正十一年(1351年),十八年间黄河没有安稳过。至正四年(1344年)五月一场大霖雨,黄河白茅堤、金堤决口,曹、濮、济、兖诸州(今山东菏泽、濮县、济宁、滋阳)平地水深二丈。第二年,黄河又发大水,七月间在济阴(在今山东菏泽)决口,十月间它从上到下又大肆泛滥。至正八年(1348年)正月,黄河再次决口。逼得元朝政府将济宁路(在今山东巨野)迁往济州。

黄河一发威,两岸的山西、陕西、河北、河南、山东各地的灾情报告,就接二连三送到了皇帝面前。

天子脚下的京畿地区,日子也不好过。至顺四年(1333年)六月,京畿大水平地深丈余。至元元年(1335年)五月,京畿民饥。次年八月,又是通州(今北京通县)霖雨,发了大水。第三年三月青黄不接之际,农村大都闹起饥荒。祸不单行,六月间,京师又遭水溢。战战兢兢过了两年,至元六年(1340年)正月,京畿五州十一县都发起大水。第二年,先是二月间宝坻(今天津宝坻)发生饥荒,三月间范阳、房山(今河北涿县、北京房山)的饥荒又接踵而至。至正五年(1345年)四月,大都(今北京)街头又挤满了乞食的流民。至正八年(1348年)三月,京畿地区又闹起饥荒。

元朝末年,连年灾荒,百姓在死亡线上挣扎。

至正四年(1344年)八月,山东霖雨,百姓因为饥荒,竟至人相食。

至正七年(1347年)四月,河东大旱,百姓多因饥饿而死。

就连富庶的江南也是天灾人祸不断。至顺四年(1333年)十一月,江浙旱、饥。第二年三月,鱼米之乡的杭嘉湖地区以及太湖周围水旱疾疫交至。至元二年(1336年)十月,应该是收获的季节,上海县居然发生了饥荒。这一年,江浙一带旱情严重。

朱元璋老家淮西是个灾荒窝,这些年也是灾荒连连。覆巢之下,安得完卵。

至正四年(1344年),先是大旱,继之蝗灾。老人哀叹,几十年没有见过这等年景,日子没法过了。

屋漏偏逢连夜雨,大灾之年又遇上了瘟疫。朱元璋老家钟离(今安徽凤阳)太平乡里的乡亲们,起初得病的不多,后来一天就死掉十几个。接着几乎天天死人,家家带孝。

瘟疫也降临到朱家。才二十来天工夫,一家就死了三口。父亲朱五四六十四岁,一染病就不行,四月初去世。三天后轮到大儿子重四病亡。四月二十二,五十九岁的母亲陈二娘又追随老伴去了。

中国人讲究死者入土为安。可是,一没有钱治棺材,二没有地葬爹娘,朱元璋和二哥简直走投无路。

他们没有亲戚可找。

朱家本来是逃荒来到此地,当地没有什么本家兄弟。泗州盱眙(今江苏盱眙)还有伯父朱五一,他家近年也衰落得不成样子。朱元璋的几个堂哥、侄儿先后去世,只剩一个四嫂在守寡。而且远水难救近火,不能指望会有帮助。

找舅家,则外祖父陈公只有两个女儿,大姨妈一家这时候音讯全无。

几门姻亲此时也靠不上:二哥重六的媳妇已经病死,与她娘家并无来往。大姊嫁给了王七一,早就满门死绝。嫁给李贞的二姊也已经死了,姊夫带着儿子不知逃荒到什么地方去了。

兄弟俩硬着头皮去求田主,本来希望种了几年他的地,或许有点情份,施舍点什么。不料田主一阵高过一阵的呼叱,周围邻居听了都心里难受,朱重八本人更不用说。一直到当了皇帝,他还恨恨地在《皇陵碑》里,记述了这位田主"呼叱昂昂"的神态。

天无绝人之路。田主的呼叱,却引出田主的哥哥刘继祖的恻隐之心,慨然舍了块地给他们安葬亲人。后来的事实证明,刘继祖这一举动得到的报答,完全是出乎他意料之外的。

谢过刘继祖,朱家兄弟想想还有棺材没有着落,无奈中找出两件破衣裳,将父母包裹起来,总算不是赤身裸体葬了下去,了却一件大事。三十五年以后,朱元璋雄视天下之际回顾往事,还是伤感父母下葬时的惨象:"殡无棺椁,被体恶裳,浮掩三尺,奠何肴浆。"

但是,好事者却又编造了一段朱元璋父母"天葬"的神话:朱家兄弟在抬送父母尸体落葬时,中途绳子断了,二哥回家弄绳子去,留下朱重八看守。忽然风雨大作,天色昏暗,待到复明时,则土裂尸陷,原来停尸处,已然赫然成一土坟。

这段故事实在太离奇了,连《明史·太祖本纪》也没有采纳。

　　死者已逝,生者何堪。从四月捱到九月,灾情一直没有缓解,连树皮草根都吃得差不多了,离乡背井去逃难的也越来越多。父母死后,朱家还剩四口人:大嫂和她的儿子文正、二哥重六和朱重八自己。没奈何中,大嫂带着儿子,投靠娘家去了,二哥也不得不外出谋生,只有朱元璋没有着落。邻居汪大娘提醒,他小时候多病,父亲朱五四曾许过愿,给朱重八舍过身,不如去当小和尚。

　　就这样,在汪大娘和她儿子汪文的陪同下,朱元璋进了皇觉寺,高彬法师于至正四年(1344年)九月收了这个徒弟。

　　这一年朱元璋十七岁。

　　朱元璋出家的皇觉寺就在孤庄村的西南角上,只有八九个和尚。

　　在元朝时,佛教得到统治者的高度推崇。当初兵进西域,元世祖忽必烈在那里大力推广佛教,在各个地方设立官职,专门处理有关佛教的事务,还专门在中央设立帝师统领这批官员。后来,在中央还设有宣政院,虽说长官是俗人,但位居第二的,必定是僧人。此人大抵由帝师推荐。因此之故,西部地区,帝师的命令,与皇帝的诏令旨敕差不多具有同等效力,无论军民僧俗,都得遵行。

　　元朝对佛教尊信崇礼,达到了无所不用其极的地步。即使贵为帝后,也会因为受戒而向佛祖顶礼膜拜。而逢到朝会之际,帝师还有专座。以致皇帝即位之始,往往要颁诏褒护。平时的赏赐,难以计数。元朝没收的宋、金两国的官田,除了赏赐贵族、大臣,就是赏给寺院,或者道观。所以,大的寺院往往占有大量土地,收容的佃户也很可观,几百上千的并不稀奇,还有以万计的。有些人甚至说,元朝时僧道要占总人口的十分之九,农民只有十分之一。这话太夸张了,却说明了当时僧道之多。所以,汪大娘才会想到把朱元璋送到寺院里求一条生路。

皇觉寺原不出名,只是个乡间寺庙,和尚也不多,施主们施舍的地还是有一点。挖地垦田都要人力,朱重八虽只是个半大小子,总可以算个劳力。

进了皇觉寺,朱元璋还来不及受戒,照规矩称不得和尚,只是小沙弥。按规矩,先进山门为大,皇觉寺中不是他的师伯师叔,就是师兄。何况,元代中原的寺庙里,僧人不少是有妻室的,师父高彬长老的家小就住在庙里。这些人个个有资格使唤他。

所以,朱元璋有饭吃,但要干活,除了种地,杂事还不少。他在家里是老末,父母疼爱,哥哥姐姐爱护,在外边又受小伙伴尊敬。现在为了吃上一口饭,处境大不如前,自然气不打一处来。但是,活人一个都得罪不得,气只能出到不会张嘴的神像身上去。打扫佛殿累了,拿起苕帚打了伽蓝神一顿。大殿里大红烛给老鼠啃掉了一块,长老数说了朱重八。他想伽蓝是管殿宇的,管不了老鼠,害得自己受罪,于是在伽蓝神背上写上"发去三千里",罚菩萨去充军,出一口恶气。他当上了皇帝,追忆当小和尚的经历,自然有些咬牙切齿的味道,但是也透出些得意:得意自己胆子大,会弄些小聪明。

可是大灾之年,皇觉寺出租的土地收不到租米,寺里没有吃的了。师娘出主意,打发和尚们到外面寻食。朱元璋进寺才两个月,是最后一个走的。

两个月里,他没有学过佛经,游方的事倒听说了一点。他人灵巧,一点就通。拿着木鱼、瓦钵,沿路化缘。朱元璋后来回忆,皇觉寺和尚都各奔前程,如云似水,飘泊不定。他一无所长,无所作为,孤零零只有影子和自己相伴。早晨,冲着有炊烟的地方急匆匆赶路;晚上,踉踉跄跄投宿古寺。有时候错过宿头,要赶夜路,仰头望去,山崖崔嵬与月亮相接,耳边又听猿猴悲啼,声音凄凉。每逢这等时候,他就不由思绪悠悠。思念起父母,无处可觅;想想自己丧志落魄的样子,心中感伤。

这一次当游方和尚,他往南先到庐州(今安徽合肥),转西到固始(今河南固始)、光州(今河南潢川)、息州(在今河南汝阳)、罗山(在今河南汝阳)、信阳(今河南信阳),又北转到汝州(今河南临汝)、陈州(今河南睢阳),再东返由鹿邑(今河南鹿邑)、亳州(今安徽亳县)到颍州(今安徽阜阳)。一个大圈子从至正四年(1344年),走到至正八年(1348年),足迹遍及皖西豫东八九个郡县,才回到皇觉寺。总的感受,拿他自己的话说,是"身如蓬逐风而不止,心滚滚乎沸汤"。

事实大概也是如此。进皇觉寺,在朱元璋的人生路上是一大转折。否则,他可能不过又是一个朱五四而已。当游方和尚的经历,让他知道的事情多了,眼界开阔了许多,熟悉了这一带的地理,认识了社会风土人情,可能还结识了一些朋友。而且,这一段时间也正是元末的多事之秋。庙堂中风风雨雨,他可能不会知道。民间的疾苦,民间正在孕育的风暴,他应该深切地感受到了,所以才会"心滚滚乎沸汤"。

五 "石人一只眼,挑动黄河天下反"

在朱元璋当游方和尚的前后几年中,反元的星星之火正在逐渐燎原。

黄河在至正四年(1344年)以后,常常是旧水未退,新洪又至,被淹者遍及山东全省。百姓老弱者葬身滔滔洪水,年轻力壮者流离四方。无所制约的洪水乘势北侵安山(在今山东东平西南),沿途灌入会通河、运河,一直影响到河间(今河北任丘及山东齐城、青城)等地。任其发展下去,这水患还将毁坏两漕司盐场,严重妨害元朝政府的财政收入。

至正九年(1349年)冬,脱脱东山再起,重新登上丞相宝座。他雄心勃勃,很想借任事建功,树立自己的威望。治理黄河水患,让黄河恢复到故道上去,成为他理想的选择。

至正十一年(1351年)春,脱脱派大司农秃鲁和工部尚书成遵去实地考察。他们自济宁(今山东巨野)而至大名(今河北大名),沿河行数千里,测量地形高下,研究水势浅深,遍阅史籍,博采舆论之余,认为恢复黄河故道并不可取。秃鲁和成遵进言:济宁、曹、郓(今山东巨野、菏泽、郓城)一带连年饥馑,民不聊生,假使聚集二十万人于此地,恐怕要发生重于河患的后日之忧。

脱脱一听大怒:你们说百姓要造反吗! 一句话就把反对意见堵了回去。

脱脱相信都漕运使贾鲁,他力言必治。

至正十一年(1351年)四月初四日,顺帝下诏,任命贾鲁以工部尚书的名义为总治河防使,征发汴梁、大名(今河南开封、河北大名)等十三路百姓十五万人,庐州(今安徽合肥)等地十八支驻防部队二万人开赴河工一线;一切从事黄河河工的大小军民,听从贾鲁调度。浩大河工当月二十二日开工,十一月全部完毕,黄河算是复归故道,南面还通淮河,向东入于大海。完工之日,顺帝赐脱脱世袭"答剌罕"的称号,越级提升贾鲁为荣禄大夫、集贤学士,其余在河工上出力的大小官员均有不同迁赏。

作为工程,这次整治算是成功的。政治上却不然。

黄河为害,是天灾,也是人祸。黄河河道经常变动。元朝中叶,东至杞县(今河南杞县)三叉口一带,河道一分为三,黄河水势分杀,有利下游防洪。然而黄河边涸露的水泊汗池,多为官宦势家占据作为耕地。致使南北二个分叉相继湮塞,三河之水重又合而为一。河水下泄不畅,自然上溢为灾。非河犯人,人自犯之。元朝黄河水患严重,人为因素占了很大比重。光治河,不治人,难收理想的成效。

再则,成遵等人的担心事出有因。至正十年(1350年)治河之议还没有定论,河南河北许多地方就开始流传童谣:石人一只眼,挑动黄河天下反。

实际上,造反的队伍早就遍布天下了。远的不说,顺帝即位之后,元统二年(1334年)九月间,北方的益都、真定(今山东益都、河北正定)就爆发了起义。

至元三年(1337年)正月,南方广州增城县(今广东增城)朱光卿举起造反的旗帜,党徒石昆山、钟大明等率众追随,建立大金国,并改元赤符。

同年四月间,惠州(今广东惠阳)聂秀卿、谭景山等无视官府三令五申,打造军器,拜戴甲为定光佛,也举起造反的旗帜,与朱光卿相呼应。

这一年四月间,还有西面的合州大足县(今重庆大足)民韩法师造反,自称南朝赵王。

这一年八月间,腹心之地的京畿也出现了反叛。至正二年(1342年)九月,京城中强人四起,骚乱不止。至正六年(1346年)三月,京畿再度出现造反的百姓。至正七年(1347年)二月,通州(今北京通县)又有起事。

监察御史建言,通州靠近京城而盗贼蜂起,宜增兵讨伐之,以杜绝乱源。这般忠言,居然没人理睬。

温州、台州(今浙江温州、台州)一带乡间,出现过这样的揭贴:天高皇帝远,民少相公多,一日三遍打,不反待如何。天高皇帝远的地方,何止温州。即使不兴河工,同样会烽烟四起,元朝政府同样不得太平。

至元五年(1339年)十一月,开封杞县(今河南杞县)范孟反,假传圣旨,杀了河南行省平章政事月禄帖木儿、左丞劫烈、廉访使完者不花等地方大员。

自至正元年(1341年)到至正八年(1348年)间,各地造反队伍此起彼伏,元朝统治受到沉重打击。这些起事的武装,有些有明确的反元目标,有些不过是打家劫舍而已。有的旋起旋落,有的持续了很长时间。他们分布满中华,其中既有周边的少数民族,也有大河上下、大江南北的汉族。动荡局面的出现,说明元朝的统治者,已经无力控制整个局势。

至正五年(1345年),有官员建议朝廷:盗贼蜂起,在于岁饥民贫,宜大发仓廪赈济百姓,以收民心;同时分布重兵镇抚中夏。朝廷没有采纳。

至正八年(1348年),监察御史张桢上书说:现在灾异迭见,盗贼蜂起。海寇敢于夏乔君主,闽帅敢丁纵容定贼。假使再不振作,有所举动,恐怕有唐末藩镇噬脐之祸。同样,这封奏事如同泥牛入海,消息全无。

元朝的统治者已经彻底腐朽了。面对迫在眉睫的危机,照样的君主荒淫,照样的大臣弄权,照样的文恬武嬉。他们不灭亡,实在没有道理。

对元朝威胁最大的,是明教徒们所发动的起义。他们有理想,有组织,前仆后继,终于燃起漫天大火。

明教是一种多元的宗教,它供奉弥勒佛和明王,主要的经典有弥勒降生经、大小明王出世经,所以当时又称为弥勒教。又因为信徒都用红布裹头,当时人称他们红巾。

明教唐朝时叫摩尼教,是波斯人摩尼所创立,糅合了祆教、基督教、佛教。这个宗教认为,世界上有明暗两宗力量,明是光明,暗为黑暗,光明一到,黑暗就被消灭,光明必然战胜黑暗,最后人类必然走上光明极乐世界。所以,明就是善,就是理,暗则是恶,是欲。明教的神是明使,也称明尊明王,还有净风、善母一光明使,和净气、妙风、妙明、妙火、妙水五明使。

它于唐代武后延载元年(694年)传入中国,后来又传到回鹘,回鹘朝廷和百姓极为信奉。教规不设偶像,不崇拜鬼神,吃斋禁杀生,教徒穿白衣戴白帽,天黑了才吃饭。这时回鹘正在帮唐朝打仗,他们崇信的传教,唐朝不得不保护。9世纪中期,回鹘内乱,被唐军打得大败。而唐武宗会昌年间(841～846年)禁止佛教,明教也不许传播,从此成为秘密宗教。

此时,明教还是舶来品。它与同属舶来品的佛教明显的区别在于,佛教既在上层经营,又深入民间,在中国上上下下各个阶层里都有信徒,最终在中国站住脚跟。明教似乎专走下层路线。

史籍中常指责明教"吃菜事魔"。吃菜指吃斋,事魔指挂的神象是高鼻子的摩尼和夷数(即耶稣),明显同中国人的习惯差异很大。这就逼得明教为了站住脚,只好慢慢地变,加进了佛教、道教的一些东西,又加上民间的原始信仰。为了适应农村的环境,明教除了提倡素食,还要求薄葬,要求节约消费,要求互相帮助,逐渐在民间站住了脚。

这样,尽管政府压制,甚至镇压,五代时明教传到福建。北宋时,福建南部变成明教最重要的传播区域,还将明教经典编进了道教的典籍汇编——《道藏》。之后,明教又从福建进入浙江,温州一带居然建起四十多个斋堂。斋堂长老称行者,教中执事有侍者、听者、姑婆、斋妹等多种。南宋初年,淮南、两浙、江东、江西都有明教的活动。

明教在传播过程中已经和弥勒教和白莲教混合在一起。

弥勒教和白莲教都源自佛教净土宗。根据佛教的说法,佛祖释迦牟尼死前留下一句话,再过若干年会有弥勒佛出世,会带来一个美好的世界。弥勒教的教徒们一直期待着弥勒的降生,改变苦难的现实世界。白莲教供奉的是阿弥陀佛,劝人念佛修行,多做好事,死后到西方净土白莲地上过快活日子。演变到后来,因为仪式和戒条与明教、弥勒教相近,三教也就合流,分不清你我了。

明教和弥勒教都不满意现状,都相信会有一个理想世界出现,标志就是弥勒佛的出世。此时信徒就要听从他的号召。这样,宗教的信仰转化成造反的鼓动,明教逐渐成为造反者经常利用的宗教。五代时,明教徒就在河南陈州(今河南睢阳)有过起事。从北宋末年起，浙江的睦州、台州、衢州、东阳(今浙江淳安、台州、衢州、东阳)，江西的信州(今江西上饶)，安徽的泾县(今安徽泾县)，都发生过明教徒的暴动。

元朝中叶以后，社会极为黑暗。明教因宣扬黑暗终将过去，光明就会到来的思想，又流行开来。以弥勒佛出世为号召的起事，也就一再爆发。

泰定二年(1325年)，息州(今河南汝阳)赵丑厮、郭菩萨宣传弥勒佛要来治理天下了，被官府知道了，宗人府、刑部、枢密院、御史台以及河南行省等中央和地方机构，都出动来办理这个案子。这一年距离朱元璋出生还有三年。

至元三年(1337年)二月壬申，陈州(今河南睢阳)棒胡在汝宁信阳州(今河南汝南)起兵。他名叫闰儿，以烧香供奉弥勒佛为名，聚集起一批群众。《元史·顺帝纪》说他"妄造妖言作乱"。但是这"妖言"够厉害，棒胡的队伍破归德府鹿邑(今河南鹿邑)，焚陈州，屯营于杏岗时被河南行省左丞庆童领兵镇压。缴获的物件，包括弥勒佛、旗帜、紫金印、量天尺以及棒胡颁布的命令等被献给了皇帝。这一年朱元璋十岁。

另一起与明教有关的，是至元四年(1338年)六月，袁州(今江西宜春)周子旺的造反。周子旺是被称作"妖彭"的袁州慈化寺和尚彭莹玉的徒弟。彭莹玉又名彭翼，一直劝人念弥勒佛号，每晚点着火把，烧香礼拜，口宣佛偈，跟从的人极多。据说约定寅年寅月寅日寅时起兵，至元四年为戊寅年，实际起兵的日子是辛巳，并非寅日。周子旺自称周王，改了年号，共组织了五千人起事，却被元军一举击溃。周本人被俘，处死。彭莹玉侥幸脱身后还在淮西一带活动。这一年，朱元璋十一岁。

朱元璋游方淮西三年，他所到的息州、陈州、信阳，正好曾是彭莹玉鼓动、组织起来的明教徒起事、而后又失败的地区。

　　另一支明教派系首领是韩山童、刘福通。他们活动的区域,与彭莹玉的地区有些重合。彭莹玉播下的种子虽然被扼杀,但恰似"离离原上草,一岁一枯荣,野火烧不尽,春风吹又生",气候适宜,自会重新萌发。

　　"春风"是脱脱、贾鲁送来的。贾鲁主持的河工开到黄陵岗(今河南兰考东)时,果然掘到了一只眼的石人,上面还刻着"莫道石人一只眼,此物一出天下反",正好应验了"石人一只眼,挑动黄河天下反"的童谣。

　　宛如黑夜里亮起一盏灯。这成了元末农民大起义的信号。

　　不必追究谁埋下了石人。历史上类似的一幕并不少。陈胜、吴广起义前,吴广就在鱼腹中放过"陈胜王"的字条,又曾装神弄鬼,吼叫过"大楚兴、陈胜王"。黄巾起义前,谋划者也大量散播过"苍天已死,黄天当立,岁在甲子,天下大吉"之类的言语。

　　韩山童是栾城(今河北栾城)人,本是白莲教世家,祖上以"烧香惑众"的罪名被谪徙永年(今河北永年)。传到他这一代,倡言"天下当大乱,弥勒佛下生",引得河南、江淮间很多百姓的信奉。他的同伙颍州(今安徽阜阳)刘福通,以及党徒杜遵道、罗文素、盛文郁等人还广为宣传韩山童是宋徽宗八世孙,应当执掌中国政权;刘福通是宋朝大将刘光世的后人,应该帮助旧主起义,恢复天下。

　　至正十一年(1351年)四月间整治黄河的工程动工,五月间刘福通就聚集了三千人在颍州白鹿庄,杀白马黑牛,誓告天地,商议起兵的事。大家约定,头裹红巾作为符号。

　　不料消息走漏,当地官府抓走了韩山童,马上把他处死。韩山童的妻子杨氏、儿子韩林儿混乱中逃脱性命,起初躲在永年武安山中。

　　刘福通见事已暴露,一不做二不休,立即占据颍州,举起了造反的大旗。

从此，星星点点的野火，汇成了燎原大火，焚烧着元朝摇摇欲坠的统治。

刘福通振臂一呼，天下响应。各路起义队伍都头带红巾，当时人称红巾军，或者就叫"红军"。也有称为"香军"的，大概因为他们都属明教一系，都烧香拜弥勒佛的缘故吧。

不多时，刘福通率领的队伍占据了亳州（今安徽亳县）、项城（今河南项城南）、朱皋（今河南固始北），接连破罗山、上蔡、真阳（今河南汝阳、上蔡、正阳）等地，还进攻叶县、舞阳（今河南昆阳、舞阳）。

九月，刘福通领导的红巾军攻陷汝宁（今河南汝南）、光州（今河南潢川）、息州（今河南息县）等地，起义军达到十万余之众。元兵无法抵御。这一支起义军作战区域在皖西豫东，偏于东部，有的史家称其为东系红巾军。

差不多同时并起的，有蕲、黄一带的徐寿辉领导的西系红巾军。有的史料称这支队伍是彭莹玉组织发动起来的。

但是在《元史》和《明史》上，都只记录了徐寿辉的名字。徐寿辉又名徐真逸，他的部下先后攻下德安、沔阳、安陆、武昌、江陵（今湖北安陆、沔阳、钟祥、武汉、江陵），以及江西许多郡县。十月，徐寿辉被推为皇帝，定都蕲水（今湖北蕲春），国号宋，后改天完，年号治平。随后，太师邹普胜西进，夺取武昌、江陵。

有人说彭莹玉则向东发展，甚至进至浙闽一带。

此外，还有布王三、孟海马起兵湘水、汉水之间。布王三的队伍称北琐红军，占据地区包括唐、邓、南阳、嵩、汝、河南府（今河南唐河、邓县、南阳、嵩县、临汝、洛阳）一带。孟海马的队伍称南琐红军，占领了均、房、襄阳、荆门、归峡（今湖北均县、房县、襄阳、荆门）一带。

　　距离朱元璋最近的是丰沛地区芝麻李、彭大、赵均用的起义部队。他们控制了徐州附近一些州县,南边一直到安丰、濠、泗一带。

　　这样一来,前后不过几个月,东西两系红军,从淮河到汉水,把个大元帝国生生地切成南北两半。当时民间流传一首小令《醉太平》:"堂堂大元,奸佞当权,开河变钞祸根源,惹红巾万千",勾勒出元朝行将覆灭之际的图像。

　　除了红巾军,还有其他的起义。

　　至正八年(1348年)起兵,后来又投降元朝的方国珍,重新扯出反元的旗号,并逐渐占领了庆元(今浙江宁波)、台州及温州一带。方国珍此后还是反反复复,一会儿降元,一会儿又反元,摇摆不定。

　　这似乎也是元末不少起义部队的通例,包括本书的主角朱元璋,也有与元朝将领通好的记录。

　　问题在于,不要说其他起义军相互间不通声气,甚至还互相攻击,连各派红巾军也各自为战。元朝虽然遭受打击,却还不至于致命。

六　投奔红巾军

　　红巾万千，还有形形色色的起事队伍，将中原搅得烟尘滚滚
之际，朱元璋还在皇觉寺披着袈裟。

　　但是，云游归来已经三年的他，不再是朦朦胧胧的小沙弥。
他发现了一片新天地，一袭袈裟之下，跃动着的已经是一颗勃勃
野心。他不再满足于青灯黄卷的佛门生涯，而想在社会大舞台
上着力地表演一番。根据他自己后来的回忆，当时人在皇觉寺，
有条件读书识字，却更留意结交朋友，还时不时的进濠州城探听
消息。天下风云际会，再让朱元璋当一个吃斋念经安分守己的
和尚着实困难。

　　至元十二年(1352年)一月十一日，郭子兴与孙德崖及俞
某、鲁某、潘某在定远(今安徽定远)起事。二月二十七日，郭子
兴带领数千人马，袭据濠州(今安徽凤阳)，五个头目都称元帅，
队伍也以红巾包头。

　　郭子兴祖上曹州(今山东菏泽)人，父亲靠占卜相命闯荡江
湖，定居在定远，言人祸福猜中的不少，赚了点钱。城里一家富
人有个盲女嫁不出去，郭父娶了回来，家中更有钱了。生了三个
儿子，郭子兴是老二。生下来时，他父亲给他算了个命，说是很
好，长大了，行事有侠气，喜欢招待宾客。郭子兴长大后，果然散
家财、杀牛置酒，结纳各方英雄好汉，最终乘时而起。

　　郭子兴起兵之初,元将彻里不花心中胆怯,不敢进攻濠州,只是抓些平民冒充起义军士兵以请功邀赏。反倒激起更多的人参加起义。濠州周围起义军声势大振。

　　近在身边的红巾军起事,对朱元璋不啻一个响雷。他不可能心如止水。促使他跨出最后一步的,起因于濠州城中已经升为千户长的汤和给他来了封信,要他加入红巾,共成大业。

　　处于人生叉道口上的朱元璋着实犯难。本来朱元璋就有心投军,投到哪里还在考虑之中。投元军,恐红巾势大;投红巾,又怕元军兵盛。偏偏来了封劝他投红巾的信,偏偏被旁人察破机关,将要张扬出去。不得已,朱元璋出门找人商量,没有结果。

　　他离开皇觉寺,碰巧躲过一场大祸。待到他回转,巍巍庙宇只剩一片断垣残壁。原来元朝官军以为寺庙里供奉着弥勒佛,红巾军里有和尚,怕寺庙和红巾军串通一气。打不过红巾军的元军,便拿焚烧寺庙出气。皇觉寺遇此劫难,只烧剩了伽蓝殿。

　　被逼得无路可走的朱元璋与相知者商量,认定与其束手待毙,不如豁出去闯一闯。相知者还出主意,先卜个卦试试。

　　朱元璋果如其言,连卜了三卦。

　　似乎冥冥中的神灵也了解朱元璋心底里究竟在想些什么,卜卦的结果,既不许他逃难走避他乡,也不许他死守破寺,唯独指示他去投红巾军。

　　他当了皇帝之后,追溯那天情况,说是"卜去守之何祥,神乃阴阴乎有警,其气郁郁乎洋洋,卜守卜逃则不告,将就凶而不妨"。显然朱元璋是将投红巾军当作冒险之举,是一着凶险的棋。但是神灵也认为此举虽凶却并无妨碍。

　　朱元璋冒险的天性最终支配了他的行动。

　　中国就此少了个敲钟的和尚,多了个和尚出身的皇帝。

　　朱元璋投红巾军还有个插曲。

至正十二年(1352年)闰三月初一,他来到濠州城下。据守濠州的部队正与元军对峙,防范严密。见到一个年轻和尚走来,盘问了两句。朱元璋的面相实在不好看,颧骨高高,下巴突出,太引人注目。不知怎么一来,守城士兵竟把朱元璋当成元军派来的奸细,将他捆了起来,报告郭子兴。郭子兴一见朱元璋,就对他奇特的相貌感到兴趣,解开捆绑的绳索,让他参加了自己的队伍。

因祸得福,这四字用在朱元璋身上相当贴切。进城时的一场虚惊并不影响他以后的发展,或许有此遭遇,还让人更对他感兴趣。

朱元璋体格强壮,加上脑子好使,常常出些主意,总是得便宜讨乖。投军时间虽短,在士兵中名声越来越大,同伴们都听他的,连头目遇事也和他商量。这些事传到郭子兴的耳朵里,欢喜之余,就将朱元璋调到元帅府,当上十夫长,侍奉在自己左右。

投入红巾军不过几个月,朱元璋的才干就得以施展。

当兵就要上阵打仗。他身高力壮,胆子又大,打仗时总是冲锋在前,数度立功,很得头领和同伴的称赞。他的优势还不止于此。

朱元璋不光是凭体力当兵吃粮,他在用脑子当兵。平日里处世待人很是得体,说话不多却相当有斤两,又粗通文墨,上头的命令他能看得懂,周围人要写封家信,他会帮个忙。各种各样的好名声因此都加到他身上。

最先收留朱元璋的郭子兴看了当然高兴,而且还不止是高兴,渐渐地还把朱元璋当成亲信。

朱元璋地位逐渐上升,最关键的转折跟着发生。

郭子兴的二房张氏,抚养了郭子兴老友宿州(今安徽宿县)闵子乡新丰里马公临终时托付的女儿,此时已经二十岁,很是贤惠。郭子兴有意将马氏许配给朱元璋，沾上些亲戚关系，可以让朱为自己出死力。张氏也听说朱元璋能干，很有心计，正好可以帮助丈夫成大事，于是见人就说朱元璋是个异人，竭力促成这件事。

　　二十五岁的朱元璋已经到了谈论男婚女嫁的时候，一个前和尚、现亲兵能娶掌门人的干女儿，没有不应允的道理。但是，这又不同于一般的男欢女悦，明显带有政治姻缘的色彩。

　　与郭子兴攀上亲，朱元璋身份大变。原来的名字重八非但有些土气，还令人想起他本是一名不足道的亲兵，甚至投军前还是一个和尚，因此改名元璋，还起个字叫国瑞，和以前切断了关系。军中上上下下还要称呼得客气些，都称他朱公子。不消说，这都是郭子兴养女马氏的关系。对朱元璋来说，马氏决非普通的媳妇。日后她成了马皇后，影响当然更大。这是后话。就当时而言，朱元璋由此改变了命运，从前是穷困、颠沛，只是在士兵堆里厮混；现在跨入了上层，一条前程灿烂的道路，正在他面前展开。

　　虽则马氏并非郭子兴亲生，但名分上朱元璋终究是郭子兴的女婿，自然要替郭子兴办事。然而，朱元璋要处理的第一要务不是对元军的作战，而是协调郭子兴与濠州城里其他几个首领的关系。二夫人张氏看中的，恐怕也是朱元璋这方面的能力。而朱元璋至少在最初一个阶段，确实很为郭子兴出力。

　　郭起兵时，为首的五个头领一字并肩，谁也不服谁管，都称元帅。或许这就是农民的平等。但是作为一支部队，没有一个权威，事情就麻烦了。孙德崖等四人只图掳掠百姓度日，郭子兴很看不起他们。孙德崖等也不买账，联合起来与郭子兴作对，彼此矛盾越积越深。等到朱元璋娶马氏时，事情已经闹到郭子兴家居时间为多，很少外出视事了。

　　朱元璋劝郭子兴，说是他们四人合得越来越紧密，我们与他们越来越分离，日子一久，必然受他们制约。郭子兴勉强出去应付了几天，终究貌合神离，又闹翻了睹气一走了之。朱元璋不得不向孙德崖等人赔笑脸，说好话，免得真的决裂了，以少对多明着吃亏。

　　由于徐州红巾军退入濠州，郭、孙间的窝里斗愈发加剧。

　　原来，元朝丞相脱脱亲自出马镇压起义农民，至正十二年（1352年）统领大军南下讨伐徐州红巾军芝麻李。官军以不服水土为名，派逯鲁曾以淮南宣慰使名义召募五千盐丁，以及附近城镇的壮丁，共二万人，配合脱脱率领的军队一起行动。实际上，是让元军注入新的成分，恢复战斗力。这一招收到了效果。九月，脱脱大军攻到徐州城下。

　　攻城之战打得激烈。弓箭射到了脱脱坐骑，脱脱不为所动，仍然指挥部队攻城。第一天破了外城，第二天攻入内城。得胜的元军不以缴获旗帜大鼓、俘获数十名军官、烧毁粮草军械为满足，还下令屠城。徐州百姓遭了殃。

　　芝麻李本人落荒逃走，有的说他被逮处死。余部由彭大、赵均用带领退往濠州。虽是败军，人数比本地军队多。郭子兴、孙德崖等人不得不推奉彭大、赵均用为尊，说他们是有名将领，位居自己之上。

　　在濠州城共同相处中，郭子兴与彭大比较接近而看不起赵均用。孙德崖等人挑动赵均用，说郭只知道有彭将军，不知道有赵将军。大怒不已的赵均用瞅个空子，抓了郭子兴幽禁在孙德崖家。

　　朱元璋听到消息大为吃惊，赶紧带了郭子兴的次子天叙、三子天爵（长子已经战死）向彭大求救。彭大很恼火，说是有我在，谁敢动你们父亲，亲自带了朱元璋等人闯到孙德崖家中，救出郭子兴。

事情到了火并的边缘,但由于外敌兵临城下,濠州城里不得不一致对外。

脱脱乘连下徐州、汝宁的兵威,于至正十二年(1352年)年底派以治河有功而升任中书左丞的贾鲁,和总兵官平章月可察儿率军进围濠州,起义军内部的激烈争斗,才得以暂时缓和。围城七日之际,贾鲁要求诸将一定要在当天巳、午时分攻下濠州,然后再吃午饭。不料进至城下,贾鲁头晕跌下马来,虽然告诫部队攻城弗懈,攻下濠州的计划终究被迫中止。之后元军围攻濠州五个月,起义军抵抗了五个月,终因贾鲁不治身亡,元军退去而告终止。

濠州之围刚刚解除,彭大、赵均用多少有点急不可待,分别自称鲁淮王、永义王,郭子兴、孙德崖五人则仍然称元帅。

朱元璋投军时间不长,却深知没有自己的部队成不了事。于是向郭子兴说明情由,回到老家钟离,竖起招兵大旗。小时候的伙伴见朱元璋作了红巾军头目,都来投奔。不多时,招募到七百人。郭子兴很高兴,至正十三年(1353年)六月,委任朱元璋为镇抚,这是他的第一个官职,大概相当于现在的营级团级而已。

朱元璋志不止于此,地位上升,他的目标更大了。元末起义军信奉的是实力原则,谁的实力强,谁就有发言权。身处其中的朱元璋,深得个中三昧。度量形势,赵均用、孙德崖辈横暴异常,郭子兴同他们相比又太懦弱,不足与之共事。为之,他努力构建自己的势力。

徐达、汤和、费聚等人就是最初的班底。

徐达,字天德,濠人,先世业农,少有大志,长身高颧。朱元璋当上郭子兴部将领那年,徐达二十二岁,两人一见就很投合。

也有说徐达是朱元璋小时候的伙伴的,但在《明史》里找不到这样说的根据。

汤和,字鼎臣,濠人,与朱元璋同里。从小嬉戏时就开始学习骑射,部勒群儿。长大后身长七尺,倜傥多计略。郭子兴初起,汤和带了十多个壮士去投奔,后来以功授千户。朱元璋投奔郭子兴,他还是个引路人。

费聚,字子英,五河人,少年时就开始学习技击。朱元璋在濠州与他初次相见,见其貌雄伟,深相结纳。

有了干部,还要有自己的部队。红巾军起义时,不少地区的元朝政府机构陷于瘫痪,局势混乱,一些地方人士拉起队伍自保,形成所谓民兵。当时,定远(今安徽定远)张家堡有民兵无所归属。郭子兴早就想招抚他们,只是觉得没有适当人选可以派遣。朱元璋竭力讨来这个差使,将所带的兵交给其他将领,自己与平素相契的徐达、汤和、费聚等带了二十四人前往定远。

可能要招抚的不止一处,他们分头行事。朱元璋、费聚以及步卒九人的目标是张家堡。抵达宝公河时,一行人看到那里营全严整,弓弩都向着外面,随时准备发射。步卒们害怕,想后退。朱元璋对步卒分析利害,说若是他们骑兵来追,我们逃到哪里去?步卒们只得壮着胆前往。

招抚很顺利,朱元璋同张家堡民兵头领约定三天后来接他们,就先回濠州,留费聚在张家堡等候。不料朱元璋一走,那头领就后悔了,想改投别人。费聚赶紧回去报告。朱元璋与他带了三百人赶过去,设计抓了那头领。这一次,共收编了三千士兵。

朱、费两人此行收获不小。豁鼻山秦把头手下八百余人,也让费聚招降了。

最大的收获,是朱元璋、徐达等人带着新归附者夜袭滁州

(今安徽滁州)横涧山,屯兵那里的元将张知院、缪大亨所部,即先前贾鲁攻濠时的一部。元兵攻濠不利溃散,他们这一支部队退往横涧山固守。这一次朱元璋攻破营寨,缪大亨与儿子先是逃走,天亮后又收拾逃散兵卒,列阵以待。朱元璋派缪大亨的叔父缪贞劝谕投降,一共收降士卒两万人,并趁势攻下滁州。

有了队伍和地盘,朱元璋自己说是从此"赤帜遍野而盈冈",但并没有因此忘乎所以,他训诫将士,你们原来是一支人数不少的部队,可是毫不费事就到我这边来了。原因在那里? 一是将官没有纪律,二是士卒缺乏训练。现在我们得严格地训练,才能建功立业,大家有好处。于是将队伍立即重新编制,加以训练。训练中特别重视纪律,使他们有了很强的战斗力。

七 崭露头角

朱元璋攻下滁州时,濠州的红巾主力在彭大、赵均用带领下也攻下了盱眙、泗州(今江苏盱眙、泗县)。军事胜利没有消除裂痕,反而加剧了内部矛盾。彭、赵两人为郭子兴的事已经结下怨恨。赵均用与孙德崖等人联合与彭大作对。彭大每每不能如意,劳累加上气闷,很快死了,由儿子彭早住继承鲁淮王称号,继续带领部属。但他是小辈,并不在赵均用眼中。郭子兴失去有力奥援,处境更难。

碍着朱元璋兵马在滁州(今安徽滁州),赵均用不便下手,遂下令调朱元璋守盱眙。朱元璋明白这是调虎离山,死活不肯,又使出钱能通神的一招,买通赵均用身边人,说动赵均用放郭子兴带领人马,到滁州与朱元璋会合。

由此,郭子兴拥有滁州地盘,好几万人马,其中大部分是朱元璋组建训练的部队。

除了上面提到的几次攻城略地,收服部众之外,朱元璋及其部下还取铁佛冈,战三叉河,破全椒、后河诸寨,击鸡笼山,捣乌江,下含山,拔板门、铁长官两寨,都有不小的收获。此外,还有邓愈率部自盱眙来归,被授为管军总管。吴复,原先集众保乡里,归朱元璋于濠州。张赫,团义兵以捍乡里,率众来附,被授千户。此类零零星星的为数不少。

　　此时朱元璋地位并不高,仍只是郭子兴手下众多带兵官中的一员而已。

　　至正十四年(1354 年)十月,元丞相脱脱率军大败张士诚于高邮(今江苏高邮),分兵围困六合(今江苏六合)。

　　至正十三年(1353 年),张士诚与几位弟弟士义、士信、士德,及李伯升等十八人一同起事,攻陷泰州(今江苏泰州)。旋被高邮李齐招降,不久又叛去,还杀了河南江北行省参政赵琏,攻陷兴化(今江苏兴化)。元朝答应给他以万户的名义,招降他。张士诚没有接受,还袭据高邮,杀了李齐,自称为诚王,国号大周,年号天祐。虽说一直与元朝若即若离,但终究这时候正与脱脱苦战。六合守将向郭子兴求救。

　　郭子兴与之有仇,不想援救。

　　朱元璋看得清楚,若六合破,滁州就是元军的下一个目标,便说动郭子兴抛弃前嫌,出兵解六合之围。

　　郭子兴派朱元璋及耿再成前往救援,驻扎在瓦梁寨。

　　元军势大,朱、耿只能掩护老弱妇孺退往滁州。元军随即分兵进攻滁州。

　　朱元璋确实不愧为人杰,战败之余头脑相当清醒。一是安排耿再成引诱追兵进入了预先设伏的山间涧侧,非但挫折了追兵,还缴获了一些战马。二是又派遣当地父老具备礼物,送还战马,说他们守护城池只是为了防备盗寇,请元军不要放过巨盗而来杀戮良民。

　　元军居然就此放过滁州,退兵而去。

　　郭子兴为人枭悍善斗,却不大度,又耳根子软,容易听人闲话。事情急迫需要用人之际,他对朱元璋言听计从。一旦事情缓解,又会听信身边人的胡言乱语,猜忌疏远朱元璋。甚至连朱元璋手边的人都被召回,以抑制朱元璋的权力。朱元璋是个晓事的人，知道自己羽翼尚未丰满，不可造次，侍奉郭子兴愈加谨慎恭敬。手底下将士有所奉献，马上通过马氏之手转给郭子兴的二夫人张氏。这样才得无事。

外界压力轻了，郭子兴开始考虑称王的事。朱元璋劝他，滁州四面是山，舟楫商旅不通，不是可以长久安居的地方，暗示郭子兴称王之后目标变大，元军去而复返，将无以自处。郭子兴权衡利弊，称王之事才作罢。

张士诚在元军紧逼下快要支持不住之际，无意中顺帝却救了他一命。顺帝下诏斥责脱脱劳师费财，罢去了脱脱兵权。连脱脱之弟、此时实际主持朝政的也先帖木儿也受牵连发配宁夏。时为至正十四年(1354年)十二月。次年十二月，脱脱于流放地大理腾冲(今云南腾冲)被毒死。

这一幕权力之争的主角是哈麻。他原本为脱脱一党，与深受脱脱信任的汝中柏争宠失利，转恨脱脱。作为宁宗懿璘质班乳母之子，哈麻得以出入宫廷。他曾经伙同其父秃鲁帖木儿等人向顺帝进房中术，后来发展到男女裸处相与亵狎，秽声远播，连市井小民都听说了。宫廷中，长大了的皇太子爱犹识礼达腊深恶这班人所为，想除掉他们。朝廷里，汝中柏更是累次向也先帖木儿进言，要拔去这些眼中钉。哈麻闻讯，以攻为守向皇后告密，说脱脱屡次反对授皇太子册宝礼，由此扳倒脱脱。秃鲁帖木儿与哈麻父子取而代之，显赫一时。脱脱这根敢任事有威名的擎天大柱一倒，元朝的命运就快终结了。

得益的首先是张士诚。原本危在旦夕的张士诚乘机反攻，击溃了围城元军之后，由通州(今江苏南通)渡江入常熟(今江苏常熟)，开始在江南发展。

郭子兴这一支起义军也乘机发展。至正十五年(1355年)正月，郭子兴听从朱元璋建议，派遣张天祐等人攻下和州(今安徽和县),下手令任朱元璋为总兵总领其军。

朱元璋很聪明,知道自己年轻,名位也不高,难以服众,没有马上拿出手令。

当时尚右,会聚议事时,其他将领都不客气,纷纷占据了右边的座位,朱元璋故意后到坐在左边。等到处理各项事务时,坐在左边的朱元璋却说得头头是道,又快又准。右边的那些人没有什么本事,瞠目结舌不会出一点主意,稍稍有点佩服朱元璋。

议论分工修理城墙时,各人都认定自己负责的一段,并说好三天完工。可到了期限检查,只有朱元璋的一段如期完成,其余全未修好。

此时朱元璋才放下脸,拿出手令问诸将,他奉命统领各位,现在修理城墙都脱期,按军法该怎样处理。诸将不得不惶恐谢罪。朱元璋趁势立威,向诸将说明,大军从滁州到此,大家都是单身,没有带妻小,现在打下和州,凡抢得妇人女子,除没有了丈夫和还没有出嫁的可以留下,不许占有有夫之妇,下令将军中劫掠所得妇女悉数放还。一时间军营外父认女、夫领妻,热闹得很。和州百姓都很高兴。

此时距离朱元璋投军不过三年。

和州地方不大,事情却不少。

一是内部纷争又起。孙德崖因为驻地饥荒,投奔和州觅食,朱元璋接纳了他们。郭子兴听到消息,怒从心头起,赶到朱元璋驻地兴师问罪。等到朱元璋晋见时,他立即问朱元璋是否知罪。朱元璋一边低声软语,自称儿女有罪,逃不脱大人手掌。一边又说家中事迟早好说,外边的事要马上办。向郭子兴进言,孙德崖曾经拘押过你,应该加以防备。子兴听了这话,才知道朱元璋还向着自己。

孙德崖听说郭子兴来,马上准备离开。朱元璋发现孙并不打算马上动武,劝说孙开拔时要提防两军冲突,请孙德崖殿后。孙德崖答应了,朱元璋随前营为孙军送行。

走了一阵,后军送来话,说两军在城里打了起来。朱元璋赶紧唤过身边的耿炳文、吴祯,夺路而逃。孙德崖部下紧追不舍,枪箭齐发。幸亏朱元璋内穿甲衣,伤得不重,马却跑不动,终于被俘。

情势汹汹中,有人要杀朱元璋,也有人说孙德崖在郭子兴手中,不能杀,要两下交换。

郭子兴又怕吃亏。徐达挺身而出,愿意先换回朱元璋。然后这边放了孙德崖,那边也放徐达回来。

这一次朱元璋被囚3天,几度差一点被害,全赖熟人维持,才得脱险。

二是元军此时前来围攻和州,时间长达三月之久。元军十万人马分屯新塘、高望、鸡笼山等处,断绝了和州的粮道,城里差一点食尽。朱元璋指挥冯胜、赵德胜诸将与之决战,总算击败元军,打破包围。

三是郭子兴至正十五年(1355年)三月去世,葬在滁州。十五年之后,即洪武三年(1370年),朱元璋追封郭子兴为滁阳王,下令官府建庙祭祀。

此前,刘福通拥立的小明王韩林儿根据杜遵道、刘福通的建议,通告各地红巾军,要将他们收编为部下,曾派人到和州。现在和州首领新亡,群龙无首,而周围虎视眈眈者不少,大家都在担心。郭子兴次子郭天叙、三子郭天爵、郭子兴妻弟张天祐、朱元璋及诸将共同商议,要派人去亳州(今安徽亳县),仰攀小明王做靠山。

郭氏兄弟热孝在身,不便远行,只有在张天祐和朱元璋之间选一个,最终决定由张天祐去。

　　亳州是小明王驻地。此前一个月,刘福通找到在砀山(今安徽砀山)夹河避难的韩山童的遗孤韩林儿,接回亳州,立为皇帝,由于明教的关系,又称小明王。小明王立国号宋,年号龙凤,尊母亲杨氏为皇太后,拆鹿邑(今河南鹿邑)大清宫木材建宫殿。以杜遵道、盛文郁为丞相,刘福通、罗文素为平章政事,刘福通弟刘六为知枢密院事。还打出反元复宋的口号:虎贲三千,直抵幽燕之地。龙飞九五,重开大宋之天。

　　刘福通也是争权夺利的好手,以杜遵道擅权为借口,挝杀了他,自封丞相加太保衔,把军政大权都抓到自己手中。

　　张天祐亳州之行的结果,是郭天叙被任命为都元帅,张天祐右副元帅,朱元璋左副元帅,并在军中开始使用龙凤年号。这一年是至正十五年,就是龙凤元年(1355年)。

　　由此,朱元璋在这支部队中排名第三,在小明王、刘福通一系,即东系红巾军中也算得上是一名角色了。

　　然而朱元璋并不满意,说是"大丈夫宁能受制于人耶"。兵,大部分是他招来的,将,大都听命于他,他已经是实际的首领。但是,这支队伍毕竟是郭子兴拉起来的,是郭家的,理所当然子承父业。他能力再强,实力再足,位次却只能在郭天叙、张天祐之后。朱元璋心雄万夫,明显流露取而代之的意图。

八 淮西集团

依照小明王的任命，朱元璋在郭家军中不过是第三把手。但是，郭子兴的部队至少有一大半是朱元璋组建训练的。

几年经营下来，有勇有谋的武将，博学多才的文人，在他周围越聚越多，声势逐渐大了起来。上文已经提到了徐达、汤和、费聚，以及耿再成、耿炳文、吴祯、缪大亨、邓愈、吴复、张赫、冯胜、赵德胜等人，就是最初聚集在朱元璋身边的得力干将。后来明朝建立时封王封公封侯的，在朱元璋渡过长江谋取新的发展之前，已经有不少聚集在朱元璋帐下。见诸《明史》记载的，还有吴良、丁德兴、郭兴郭英兄弟、陆仲亨、华云龙、胡海、顾时、陈德、王志、张龙、常遇春、周德兴、张温、陈桓、朱寿、谢成、李新、胡大海、茅成、孙兴祖、蔡迁、宁正、费子贤、花茂等，都可以加入这份名单。总数可达三四十名。

乱世要让竖子成名，不能没有武力。朱元璋拉帮结派首先注重的也是上述武将。而他之所以能够在元末诸多武装集团中脱颖而出，最终登上皇帝的宝座，与结交、信用一批文人谋士不无关系。

冯国用、冯胜兄弟，两人都喜欢读书，通晓兵法，元末大乱时结寨自保。朱元璋略地至妙山，兄弟两人前来归附，很被亲信。他们文武兼备，也可以算是谋士。而谋士中最早依附朱元璋，也是最重要的当推李善长。

李善长,与一般读书人只读儒家不同,他喜欢读法家的书籍。小时就有智谋,长大后预料事情多能中的。朱元璋略地滁阳(在今安徽合肥东),李善长就去拜谒。朱元璋听说他为里中长者,礼遇之,留他掌管书记。随着朱元璋威名日盛,来归者日多。李善长从旁观察他们的才能,告诉朱元璋,让他量才录用,还替他坦诚布公联络诸人,让大家得以自安。人多了,难免有相龃龉者,李善长委婉曲折为之调和护持,不让生事。郭子兴听信流言,怀疑朱元璋,稍夺其兵权。又想调走李善长辅助自己。李善长知其不可为,固谢不去,朱元璋由此更加倚重他。此人不单知人善任,打仗也有一套。朱元璋亲自率军进击鸡笼山寨时,只留了少许兵卒让李善长带着据守和阳。事为元将侦知前来偷袭,被李善长设伏击败。很受朱元璋的称赞。

朱元璋帐下还有其他几位谋士。

略地定远(今安徽定远),当地人毛骐引县令出降。朱元璋请他吃饭,与他议论军事,很合心意,授以总管府经略,管理仓库兼稽查军官违反纪律等事。他与李善长共同协赞文书机密。

军次滁州时,范常杖策拜谒军门。其人早有名声,朱元璋与之接谈甚为合意,留置幕下。克复和州时,军纪不好。范常进言,得一城而使人肝脑涂地,怎么能成大事。朱元璋于是切责诸将,搜索军中所掠妇女,统统归还家属。由是百姓大悦。

郭景祥与李梦庚两人也是早就跟随朱元璋,替他掌管文书,帮助策划。朱元璋称赞,郭景祥是个文吏,有折冲御侮的才能,能尽忠于我,可以派大用处。攻克滁州后,就命令他督理修治残破的城郭。

又有杨元杲、阮弘道,家中世代都是儒者。二人都与朱元璋很亲近,为人儒雅嗜好文章学问,练达政务。

　　朱元璋后来评论：文臣跟从我渡江的，掌理簿书文字，勤劳十余年，都比不上杨元杲、阮弘道、李梦庚、侯元善、樊景昭这些人。可见，朱元璋帐中文人谋士不少，最合他心意的就有上述诸人。

　　朱元璋加入红巾军时间不长，因缘际会升迁很快，还在濠州、和州时就吸引了不少人。

　　早先，他身边人不多。费聚跟着朱元璋招抚张家寨民兵，使其由此有了基本部队，当是朱最早的亲信之一。还有一位陆仲亨，朱元璋曾经说，也是他初起时的腹心股肱。

　　后来人多了，李善长、徐达、邓愈、汤和、常遇春等人的地位凸现。费、陆等人虽然还被信用，重要性却明显下降，攻城略地的将领中间，再也难得见到他们的名字。

　　这当然与各人的才能不无关系。然而一个人是否能得到信用，关键还在于朱元璋的态度。常遇春的境遇就是例证。

　　常遇春勇力过人，善于射箭。起初跟从刘聚当强盗，至正十五年（1355年）四月投奔朱元璋，并没有什么理由就请求当先锋。朱元璋很不客气，说他不过是肚子饿了来吃饭的。常遇春一再请求，朱元璋还是推辞说等过江以后再用他也不晚。只是后来采石一役，常遇春立了大功，才在朱元璋军中脱颖而出。

　　时间一长，郭子兴部下已经出现了一个以朱元璋为首的派系。

　　其中有些人是朱元璋的乡亲。汤和、周德兴与朱元璋一个村子，小时候就在一起。濠州人也不少，徐达、丁德兴、郭兴郭英兄弟、张龙、顾时、陈德、唐胜宗、陆仲亨、常遇春、曹震、陈桓、谢成、孙兴祖、赵德胜。一大帮濠州小同乡，加上周边几个州县的，使它赢得了淮西集团名声。

　　这些人中，不少人像朱元璋一样，来自社会底层。汤和、周德兴与朱元璋从小友善,家境当相差无几。常遇春初从刘聚为盗。华云龙聚众居韭山,大概干的也是盗劫的勾当。王志,原先是个乡兵。费聚父亲是个当兵的。赵德胜也是当兵出身。他们大抵乱军之中无以自存,投奔朱元璋找一条出路。

有些则原本有些家资,李善长、冯氏兄弟,以及不少谋士,应该都有些家产,否则最多如朱元璋那样只能读几天书,没有机会接受更多的教育。乱世中,他们的生命财产没有保障。这些人中有不少人曾经集聚起私人武装以图自保。冯氏兄弟就是如此。

类似的还有不少。韩正曾经是义兵元帅。吴复聚众保乡里。张赫团聚义兵以捍乡里。更有缪大亨,还曾集合义兵与红巾军作战。

看来,义兵的情形都差不多。红巾军起义后,他们起来保乡里,保自己身家性命。许多人说朱元璋的部队是农民起义军,其实成分很复杂。或许,这复杂就是农民起义军的特点。

奇怪的是,朱元璋出身郭子兴门下,而郭的部下转而投奔他的却不多,郭兴、郭英兄弟是少数几个的代表。

但是不管原先情形如何,现在统统集合在朱元璋的大旗下。看来朱元璋对有一技之长的人,都广为收罗。比如吴良、吴祯兄弟,只会打听些消息,无异于鸡鸣狗盗之辈,但是对朱元璋有用,还是被罗致为部下。

这个集团,元配夫人马氏也是重要一员。当初郭子兴听信周围人议论,怀疑朱元璋。马氏走内线,善事郭妻,朱元璋的处境才有所改善。她为人仁慈,不像丈夫好猜忌,很得人心,称得起朱元璋的贤内助。淮西集团中,她应该起不小的作用。

这个集团还包括朱元璋的三两亲属。

朱元璋在红巾军中刚刚发迹,大嫂王氏带着儿子朱文正,二姐夫李贞带着儿子李文忠相继前来投奔。一则乱军之中流散的亲人能够相聚实在不易，二则与朱元璋有血缘关系的小辈也就剩了这两位，所以他对待他们如同己出。侄儿、外甥都以文字排行，当是投奔朱元璋以后才取的名字。

朱文正能力不差，很早就随军作战。李文忠也很争气，读书颖敏，十九岁就成了朱元璋卫队的将领。

两个侄子、外甥对朱元璋来说似乎太少了点。他需要更多的亲属帮助他成功大事，采取的对策是大量收养义子。

义子中最出名的是后来为朱元璋镇守云南的沐英。他小时候跟着母亲逃难，母亲死了，无所依靠，被朱元璋夫妇收养，当时叫周舍，又叫沐舍。

另一个何文辉，后来也很出名。他十四岁时朱元璋在攻滁州途中得之，赐姓朱氏。当时叫道舍，大概与道途中得之有关。

另外还有马儿，即徐司马；柴舍，即朱文刚；朱文逊、真童、金刚奴等，都是义子。

这些义子与朱文正、李文忠相仿，大多以文字排行，表明朱元璋抚养他们，几乎视同自己子侄。

或许，收养他们原是仁慈的马氏所为，朱元璋不过顺水推舟。否则，以朱的寡恩，很难想象会有此善举。而得益的，却是朱元璋。这些义子长大后，都被派往各地，代表朱元璋监视将领们的一举一动。至于没有这些义子的监督，朱元璋手下的将领、谋士是不是还会尽忠于他，这是一个永远也无法回答的问题。看来，朱元璋早就深深地懂得驭人之术。在他收养这些义子时，大概未必会有人为他出主意，告诉他有如此的驭人术。

淮西集团形成之初，朱元璋人在偏僻的和州，却心怀天下。

他问李善长：四方战斗，什么时候能够平定。回答是：秦末大乱，汉高祖起自布衣，豁达大度，知人善任，不嗜杀人，五年成就帝业。现在元朝纲纪紊乱,天下土崩瓦解。你出生濠州,距离刘邦出生地沛县不远。山川王气,你应当也受到了。师法汉高祖所为,平定天下很容易。李善长的进言,朱元璋听了进去,此后作为,很多在学习刘邦所为。

具体的步骤,则是冯国用的主张。冯国用建议,金陵(即今江苏南京)龙蟠虎踞,乃是帝王之都,宜先占领了作为根基,然后四出征伐,倡导仁义,收服人心,不要贪图享受钱财,天下很快可以安定。

这番话对朱元璋的影响极大,他心中已经在考虑谋求更大的发展。

和州不是可以依靠的基地。一方面受元军压迫,一方面又在小明王、刘福通控制下,难以施展。更兼集中了交战各方的十几万大军,逢到青黄不接,缺粮少食是个大问题。

与和州隔江相望的太平(今安徽当涂)一带是个产粮区。苦于没有船,更没有水军,不能过江。

九　建立金陵根据地

天遂人愿。巢湖水军头目李扒头在这个时候派人来与朱元璋联络。

大乱之际巢湖一带的大族,俞家俞廷玉、俞通海、通源、通渊父子,廖家廖永安、永忠兄弟,赵家仲中、仲庸兄弟,推李扒头、赵普胜为头领,结寨湖中,拥有千多条船。他们和庐州(今安徽合肥)红巾军左君弼结仇,征战不已,却难占上风,因此派俞通海到朱元璋处求援。

朱元璋喜出望外,亲自到巢湖劝说诸人一同去江南。

当时元将蛮子海牙率军扼守铜城闸、马场河等隘口,只有一条港汊可以通到长江,但是早已干涸,所以元军没有设防。不料恰逢霉雨,接连下二十多天雨,港汊水满,巢湖水军大小船只得以从巢湖转移到了和州。朱元璋诸人运气好到极点,好像真有天助成功的味道。

其时元军曾在峪溪口、马场河等处拦截。廖永安、廖永忠、俞通海等驾舟攻击。元军楼船体大,不利进退,巢湖水军的船只速度很快,元军被击败。渡江的障碍被扫除。

有人请直击集庆(今江苏南京),朱元璋不以为然。他认为取集庆应从攻打采石(今安徽马鞍山市长江东岸)开始,采石重镇守备必定坚固,而牛渚矶(今安徽当涂西北长江边,北部突出部分为采石矶)前临大江,元军难以守卫,可以攻克。

至正十五年(1355年)六月初一,江面正好刮西北风,朱元璋指挥大军渡江,先攻牛渚矶。

元军在牛渚矶布下阵势,阻止朱元璋的船只靠近。朱元璋亲自指挥士兵鼓起勇气登陆,常遇春驾船急速冲向岸边,他离岸还有三丈多就首先挥戈上岸。一时杀声震天,元军披靡。登陆的部队乘胜追击,又攻下采石。沿江各处守备部队都闻风投降。

诸将以和州饥荒,争着多抢些粮食牲口,准备运回和州。

朱元璋与徐达商议,渡江一战幸而告捷,如果舍弃此地回到和州,江东一带从此非我所有。朱元璋看中这一片土地南靠芜湖,东北可达集庆,东倚丹阳湖,湖周围的丹阳镇、高淳、宣城物产丰富。以此为根据地,既能解决迫在眉睫的粮食问题,又能摆脱元军纠缠,还能远离小明王,一举数得。于是他下决心命诸将攻取太平(今安徽当涂)。

占领太平时朱元璋张榜禁止剽掠。有一个军士违犯命令,被立即正法。于是军中肃然。

首要之务是巩固太平这块立足之地。于是置太平兴国翼元帅府,朱元璋自任元帅,李善长为帅府都事,汪广洋为帅府令史,潘庭紧为帅府教授,留陶安参赞幕府,授左司员外郎。并将太平改路为府,以李习为知府。

顺利渡江的首功当推水军。但是朱元璋卸磨杀驴,以庆功为名诱杀李扒头,赵普胜侥幸逃脱,投奔徐寿辉。俞氏父子和廖氏、赵氏兄弟,本来是朱元璋的友军,现在成了他的部下。

但是,环顾四周都是元军。水路上,右丞阿鲁灰、枢密副使绊住马、中丞蛮子海牙严守姑孰口(今安徽当涂县南)。陆路上,方山寨(今江苏江宁东南)义兵元帅陈野先与康茂才率领数万人马攻城。

朱元璋将太平四郊百姓组织起来作民兵，又将城外居民的积蓄扫数运进城来，准备大战。

新娶的二夫人孙氏劝朱元璋说，倘有不测，府库里藏着的金银有何用处。他觉得有道理，遂将金银悉数分给将士。新胜之余，部队本来士气旺盛，又多得金银，更加奋勇。

朱元璋部署徐达、邓愈出北门绕到敌军背后，自己与汤和出南门迎战，夹击陈野先、康茂才。一场激战后，陈野先被擒，手下也被招降。

水路阿鲁灰、绊住马、蛮子海牙见势不妙，退守峪溪口。康茂才则结集剩余部队，在天宁洲立寨抵抗，又被攻破。康茂才不得已退入集庆。

太平暂时太平。朱元璋占领此地，是作为进攻集庆的跳板。

至正十五年（1355 年）七月，朱元璋分兵两路向集庆进攻。南路由徐达率领，进占溧水、溧阳、句容、芜湖（今江苏溧阳、句容、安徽芜湖）等州县，切断元军增援。北路由郭天叙、张天祐率领，直逼集庆。陈野先所部配置在北路。陈野先背地里告诉部下不要出力。集庆守将福寿力战，郭、张首攻不利。

虽然《明史》上已经将朱元璋写成部队的主帅，但至少在名义上，此时朱元璋的部队还姓郭。攻取集庆是生死攸关的大事，是主攻方向，所以才有郭、张这样一二把手一起行动的事发生。只是他们不争气，首战不胜，不如偏师的徐达一路马到成功。

但是集庆还是要攻，于是要增兵。留在后方的朱元璋让陈野先率领旧部，与郭、张会合。

为了拉拢陈野先，朱元璋宰杀白马乌牛，与他结为兄弟。临别时，朱元璋显得十分大度，对陈野先说，人各有志，从元从我，不相勉强。陈野先则赌咒发誓，说背叛此再生之恩，神人共殛。

分手后,陈野先渐露本相。他致信朱元璋,说集庆地势险阻,守军众多,不如南据溧阳(今江苏溧阳),东进镇江(今江苏镇江),作长久围困的打算。

这些话可以早说,偏偏率部离开后才说,显然别有用心。朱元璋十分警惕,回信说,天险长江我已经渡过,集庆咽喉我已经控制,正是克敌奏捷之时,你报效尽力,正应该及时进取,怎么会舍弃全胜之策,反而打算迂回作战呢?反手将了陈野先一军。

陈野先一计不成,又想以受俘为名,诳骗朱元璋到他营中。朱元璋没有理会,他的注意力在夺取集庆。

郭天叙、张天祐指挥攻城部队先攻破方山,那是元将左答纳识里的营寨。随之进逼集庆城下。

胜利在望,郭天叙、张天祐接受陈野先设宴款待。没想那是鸿门宴。席间郭天叙被杀,张天祐被抓。后来陈野先将张送给元将福寿,福寿将张也杀了。

趁着攻城部队混乱,元军反攻,郭家军死伤上万。二攻集庆又失败。

陈野先也没有好结果。他率军追击败军至金坛(今江苏金坛),当地民兵不明底细,认为他投降了红巾军,将他杀了。所部由他的儿子陈兆先接管,屯方山,与蛮子海牙犄角相望,抵抗朱元璋。

有说朱元璋事前得知陈野先逆谋的消息,借刀杀人,达到吞并郭家旧部的目的。以朱元璋强烈的权势欲,这并非没有可能。但测度当时刚刚渡江立足未稳的形势,朱元璋是否会冒如此损兵折将的风险也很难说。

不管朱元璋是有意还是无意,郭天叙、张天祐一死,姓郭的家当就此改姓朱了。小明王任命朱元璋为平章政事,郭家小儿子天爵只当个中书右丞。后来朱元璋斩草除根,将无权无势的郭天爵借故杀死。朱元璋得了兵马，还得夫人，将郭子兴小女儿纳为第三房夫人。

解决陆上的威胁之后，朱元璋依靠俞通海父子、廖永安永忠兄弟率领的水军，于至正十六年（1356年）二月间进攻在采石沿江的蛮子海牙水寨，大破之。至正十五年（1355年）六月渡江后的七八个月中，朱元璋等占据了太平、溧水、溧阳、句容、芜湖等地，在江南有了块小地盘。之前，由于元军封锁了长江，断绝了与老根据地和州的联系，朱元璋部下将士不知那里家眷的安危。至此，封锁被打破，两地来往畅通，军心得以安定。

三月头上，朱元璋指挥水陆各路人马三攻集庆。他出手果然不凡。

先是城外陈兆先战败被擒，部下三万六千人投降。这些将士因为曾经跟着陈野先有过反复，都惶惶不安。朱元璋为安定人心，选择其中骁勇健壮者五百人担任警卫，自己则解了盔甲酣睡到天明。一番表演收了众人的心，第二天，五百壮士奔走相告，降兵都愿为朱元璋卖命。

于是，七天后朱元璋再败元兵于蒋山，守将福寿战死，康茂才投降，只有蛮子海牙逃逸。三攻集庆赢了。

从至正十四年（1354年）冯国用向他提出占领金陵的设想，到十六年三月占领金陵，朱元璋用了两年时间，完成了创业工程的奠基。

朱元璋入城后召集官吏百姓，宣布自己的政策：元朝的政治贪渎扰民，以致干戈蜂起。我来只是为百姓清除乱政，希望大家各各安堵如故。贤士，我将以礼相待而用之；不便于民的旧政，我将革除掉；官吏不要贪暴，殃害我的百姓。这大概是朱元璋仿效刘邦，也来个约法三章。百姓当然喜欢。

攻下集庆，朱元璋将其改为应天府，可能取其顺应天道之意。设立天兴建康翼统军大元帅府,任命廖永安为统军元帅。以赵忠为兴国翼元帅,守太平。

朱元璋这时统军十万,有了以应天为中心的一块地盘,局面与前大不相同。他对徐达等人说:金陵险固之地,古时候有长江天堑的说法,真正是一块形势很好的地盘。这里仓库充实,人民众多,我现在占有了。各位又能同心协力相助在左右,还担心什么大业不能成功呢?

一○　东出南进

　　朱元璋这块地盘四周,除了北面小明王,都不是自己人,并不安稳。东北方青衣军张明鉴占据扬州(今江苏扬州),东面元将定定扼守镇江(今江苏镇江),南面别不华、杨仲英屯军宁国(今安徽宣城),八思尔不花驻扎徽州(今安徽歙县),石抹宜孙驻守处州(今浙江丽水),其弟石抹厚孙守卫婺州(今浙江金华),宋伯颜不花屯兵衢州(今浙江衢县)。而池州(今安徽贵池)方面也受徐寿辉所部威胁,张士诚此时已经从淮东出兵攻陷平江(今江苏苏州),转掠浙西:这些势力个个虎视眈眈,尤其以徐寿辉和张士诚实力足,威胁最大。要想扩展地盘成就大业,还需要仔细选择突破方向。

　　至正十六年(1356年),朱元璋决策向东、南两个方向拓展,扫除那里的元军,巩固现有地盘。这样做也显得名正言顺。

　　徐达、常遇春、邓愈等受命先向东进攻。怕诸将打仗时还是杀人放火奸淫抢掠老一套,失却民心,出兵前,朱元璋与徐达商量好,演了一场戏。朱元璋故意找了徐达一个错处,要杀他。李善长等人再三求情,才松了绑,条件是此次出兵不烧房子,不抢东西,不杀百姓。徐达答应了。

　　二月克复镇江,元军守将段和平、平章定定战死,百姓却安静如常。朱元璋大喜,改镇江路为江淮府,后来又改为镇江府,命令徐达、汤和镇守该地。徐达又攻占金坛、丹阳(今江苏金坛、丹阳)等地,此时,他得授淮兴翼统军元帅。

六月间,邓愈也因功授广兴翼元帅,并受命与邵成、华高、华云龙、汤昌等南攻广德(今安徽广德县)。在广德城下击败长枪帅谢国玺,俘虏了甲士千余人。朱元璋下令将广德改为广兴府,置广兴翼元帅府,以邓愈、邵成为元帅,汤昌为行军总管,镇守广德。

七月,小明王得到捷报,先升朱元璋为枢密院同佥,以李善长为经历。后任命朱元璋为平章,李善长为左右司郎中,以下诸将都升元帅。

于是朱元璋在应天建立政权,设江南等处行中书省,自己亲揽省大权,以李善长、宋思颜为参议,李梦庚、郭景祥为左右司郎中,陶安等为员外郎。另设江南行枢密院,以汤和摄同佥枢密院事。又建帐前总制亲兵都指挥使司,以冯国用为都指挥使,立前后左右中翼元帅府,华云龙、唐胜宗、陆仲亨、邓愈等为元帅。还设立了五部都先锋、省都镇抚司、理问司、提刑按察使司、兵马指挥司等机构。这些机构中,与军事有关的居多,无疑与处在战时有关。

手下诸人,则尊奉朱元璋为吴国公。

这是朱元璋的意思。封建时代的惯例,封赏爵位是上对下的行为。自行称公,至少表明自立门户。当然,此时的朱元璋还不够强大,一边自称吴国公,一边还听小明王的号令。一只脚在门外,一只脚还在门里。

这一年朱元璋才二十九岁。

当时张士诚的势力已经占据江南,正在向西扩张。侥幸逃脱元军的打击之后,至正十五年(1355年)他由通州(今江苏南通)渡江占据常熟。到次年二月,他已经占据平江,并逐步扩至湖州、松江、常州(今浙江湖州、上海、江苏常州)等地,将富庶的长江三角洲变成了他的势力范围。如此,两股正在兴起的势力日益趋近,眼见要发生碰撞。

朱元璋写信给张士诚,说是近来听说足下称王,我深为你高兴。我与你东西相邻。如果相互睦邻守国,保境息民,这是自古以来人们所珍贵的,我也很希望这样。自今以后大家通使往来,不要迷惑于虚构的交恶言论,甚至发生边界纠纷。

信是派杨宪送去的。张士诚没有回信,还扣押了杨宪,派遣水军进攻镇江。

徐达在龙潭(在江苏句容北)击败张士诚的消息传来,朱元璋马上派人告诉徐达,张士诚出身盐民,很会盘算,机诈多端,与他相交必定生变,与他相邻必定有事端。应当马上出兵攻打常州。倘若有说客,不要让他说话,阻止张士诚欺诈之术得逞。要围困他的营垒。

徐达遵照执行,进攻常州。

常州是块难啃的骨头。更兼朱元璋的队伍大量是收编来的,难免有缝隙可钻。黄包军头目陈保二在镇江投降徐达,此时被张士诚拉了过去,阵前倒戈。幸而得到常遇春的支援,徐达大破陈保二,总算没有吃更多的亏。

常州久攻不下,朱元璋派兵增援。

至正十六年(1356年)九月,张士诚担心常州守军抵挡不住,也派出援兵。

徐达闻讯,在城外设伏,大败张士诚援军,俘虏了两员大将。

张士诚也有占上风的时候,一度将徐达围困在牛塘。幸亏常遇春往援解围。而常遇春也因此进阶统军大元帅。

由江北而江南,张士诚本来风顺帆满,所以才对朱元璋友好相处的要求不予置理。常州受挫后,他来了个大转弯,派人到应天求和。求和信写得很不堪,自称愿意反省,愿意讲和,只求解除困厄。还表示愿意岁输粮二十万石,黄金五百两,白金三百斤。

这边卑躬屈膝,那边却搭起架子。朱元璋不但指责张士诚收纳己方叛逃者,拘留通好使者,而且还问张士诚,答应岁输的粮食金银假使中途变更怎么办?他开出天价,要张士诚拿出五十万石粮食,送归使者。朱元璋还摆出一副教训人的架势,说是大丈夫做事,应该赤心相示,讲些浮夸的言词,我很讨厌。

张士诚当然无法接受。朱元璋正好施展咄咄逼人的兵锋。

至正十七年(1357年)二月,耿炳文攻克长兴(今浙江长兴)。朱元璋立永兴翼元帅府,耿炳文被任命为总兵都元帅。朱元璋认为长兴据太湖之口,得到这个战略要点,张士诚就不敢出广德,窥视宣州、歙州等处。

三月,徐达攻克了被围半年的常州。朱元璋听到捷报,即立长春枢密院,任命徐达为枢密院佥事,汤和为同佥,镇守常州。随后徐达又派人攻克宜兴(今江苏宜兴)。

五月,俞通海、张德胜受命率舟师进略太湖。在洞庭山附近打败了张士诚大将吕珍。

六月,赵继祖克复江阴(今江苏江阴)。

战前,朱元璋就指示:江阴枕大江,扼苏州、通州交通要道。得到此地,张士诚水军将不能随意出入长江,无法威胁镇江北面的金山、焦山。既克之后,他又再三叮嘱守将:江阴是我东南屏障,你们要约束士兵,不要与外面打交道,不要接纳外面逃来的人,不要贪小利,只要保境安民。

最主要而且多少有点意外的胜利是在七月,赵德胜攻克常熟(今江苏常熟)。

这里由张士诚弟弟张士德亲自把守。他小名九六,有勇有谋,是张士诚重要助手。出兵前,徐达嘱咐赵德胜,张九六狡猾而善斗,让他占了上风,更不可阻挡,只有想办法用计谋取胜。赵德胜战场设伏,捉住张士德解往应天。

朱元璋大喜,说张士德是他哥哥谋主,有智有勇,被我们抓住了,张氏的成败可以知道了。于是派人到平江谈判。张士诚母亲心疼儿子,要张士诚同意每年贡粮十万石,布一万匹,永为盟信。但是朱元璋是想让张士德招降张士诚,两边要价距离太远。一年后吕珍俘获了廖永安,打算交换张士德,朱元璋也没有答应。

张士德不但拒绝投降,还自认被俘为失身,设法托人带话要张士诚降元,自己后来绝食而死。廖永安也被囚八年,死在狱中。

张士诚听了弟弟的话,八月间请降于元浙江丞相达识帖睦儿,被授为太尉,部下将士也各有差使。张士诚去掉了周王称号,仍然拥有自己的军队。

朱元璋、张士诚两强相争,大体是朱元璋略胜一筹,巩固了自己的东线。张士诚没有占到便宜,但给了朱元璋强大的压力。

南出皖南,转而东取浙东,是朱元璋拓展地盘的另一重要方向。

至正十六年(1356年)底,宁国路(今安徽宣城)守将、长枪军元帅谢国玺向广兴(在今安徽合肥东北)进攻。邓愈反击,谢国玺折地损兵,丢了武康、安吉(今浙江武康、安吉),作了朱元璋祭旗的牺牲。

至正十七年(1357年)四月,朱元璋亲自挂帅,带领邓愈、胡大海等攻打宁国。谢国玺留下别不花、杨仲英、朱亮祖等守城。战斗相当惨烈。朱亮祖想突围。常遇春与之交锋,被流矢射中,仍然负伤指挥作战,才打退元兵。

　　朱元璋听到消息,恼恨这么小的如斗之城也敢抵抗,披铠甲亲自上阵督战。别不花、杨仲英只得开门投降。朱亮祖被擒。

　　朱亮祖在朱元璋攻克太平时曾经投降过,后来又叛逃,一直与朱元璋部队作战,让朱元璋相当头痛。这次朱元璋问他作何打算。朱亮祖态度很强硬:被捉了,没办法。我生当尽力,死就死吧。朱元璋居然生了惜才之心,为朱亮祖松绑。朱亮祖也趁势投降。后来他成为朱元璋麾下一员猛将。

　　邓愈又受命与胡大海合兵攻克徽州(今安徽歙县),这是至正十七年(1357年)七月间事。他们先攻下绩溪、休宁(今安徽绩溪、休宁),再下徽州。朱元璋将其改为兴安路,升邓愈为枢密院判官。

　　其间,十九岁的李文忠率领亲军增援池州(今安徽贵池),打败投奔徐寿辉的赵普胜,还攻下了青阳、石埭、太平、旌德(今安徽贵池、当涂、旌德一带),在万年街打败元将阿鲁灰,随后也加入了邓、胡集团共同作战。

　　他们面对的劲敌,是驻守杭州(今浙江杭州)的苗族将领杨完者。他统率的从湖广带来的十万子弟兵虽军纪不好,却也骁勇善战,与邓愈、李文忠、胡大海部反复争夺。

　　先是杨完者进攻徽州。邓愈兵力单薄,一面激励将士,一面要胡大海增援,与之合击,在徽州城下大破杨完者。一路追击,邓愈所部攻下休宁、婺源(今安徽休宁、婺源),俘虏三千。皖南大部分落入朱元璋之手。

　　至正十七年(1357年)十月,常遇春攻克池州。年底,西边的徐寿辉、陈友谅集团在小孤山击破元军,次年正月攻破安庆(今安徽安庆),与常遇春把守的池州相距不过百里。两强在此相遇碰撞,又各各自谋发展,徐寿辉、陈友谅志在南进,朱元璋则把眼光盯在浙东。

两强碰撞,产生了几点火星,火星暂时还燃不起大火。

至正十八年(1358年)初,邓愈、胡大海、李文忠率领大军越过皖浙分界的昱岭关,在遂安(今浙江遂安)城外破长枪帅余子贞,一路追杀至淳安(今浙江淳安),淳安守将逃走。遂安守将洪元帅赶来增援,李文忠与胡大海合军打败援兵。

标志性的胜利是三月攻克建德(今浙江建德),元参政不花、院判庆寿,以及谢国玺等弃城逃走。朱元璋把建德改为建安府,又改严州府,立德兴翼元帅府,升邓愈同佥行枢密院事,胡大海为判官,李文忠镇守严州。

杨完者带兵从水陆两路反扑。李文忠率领轻兵先破陆路进犯者,把斩下的首级放在竹筏上,让其顺流而下。水路上来的见了,也都逃遁。

随后战斗围绕婺州(今浙江金华)的争夺展开。李文忠沿西、北两个方向包抄婺州,六月间攻克浦江(今浙江浦江)。

杨完者平日骄横,部下也不受约束,民间流传“死不怨泰州张(士诚),生不谢宝庆杨(完者)”的说法,可见军纪之糟糕。浙江行省左丞相达识帖睦儿又嫌他不听指挥,与张士诚密商,以南下收复建德路为借口,调动张的部下史文炳突袭杨完者军营。杨完者兵败自杀,部将员成、李福等率三万苗军投奔李文忠。这不但扫除进攻婺州的一大障碍,还增添了进攻的实力。

但是,正面进攻的胡大海自至正十八年(1358年)十月攻下兰溪(今浙江兰溪)后,久攻婺州不克。十二月,朱元璋亲自率领十万大军增援。

处州守将石抹宜孙派遣战车部队增援。朱元璋得到消息大喜,认定道路狭隘,用战车是取败之道,而援军被破,城中绝望,可不费力而攻下。于是命令胡大海养子胡德济为诱兵,大破元兵于梅花门,擒元将季弥章。孤立无援的婺州,正如朱元璋所料终被攻破,守将石抹厚孙被俘。此地被改为宁越府。

至正十九年(1359年)上半年,朱元璋指挥夺取浙东尚未占领地区。

一种办法是招抚。宁越附近的地方武装,如浦江蒋铺、嵊县(今浙江嵊州)郝原和赵可兰、平阳州周宗道、台州(今浙江临海)冯辅、新昌(今浙江新昌)何用常等,都在朱元璋使者劝说下归附。

最重要的,是招抚方国珍。

方国珍至正八年(1348年)起兵后,通过被俘元将朵儿只班得到庆元定海(今浙江定海)尉的官职。后来怕被召去打刘福通,逃避海中,还杀死前去招降的台州路达鲁花赤泰不花,引来元军征讨。至正十三年(1353年)又被招安,接受徽州路治中的官职,但不愿遣散部属,还攻陷台州、温州、庆元(今浙江台州、温州、宁波)等地。

至正十六年(1356年)张士诚攻下平江。方国珍升任浙江行省参知政事,七败张士诚,直至张士诚也当上元朝太尉为止。方国珍始终对军队不放手,也不肯离开自己的老巢。有人劝他扩大势力范围,得到的回答是,我的志向并不在此。

至正十九年(1359年)初,朱元璋派刘辰、蔡元刚来劝降方国珍。方国珍明白自己四面受敌,东与张士诚结怨,南面又有新兴起的陈友定,北面朱元璋更不好惹,便采取了姑示顺从,藉以声援,静观其变的政策,向朱元璋表示愿意共同对付张士诚。三月,又派人送次子方关到朱元璋那里作人质,还说要献出温、台、庆元三郡。

朱元璋做功也不错,对使者说,既然诚心归附于我,我也推诚相待,就像青天白日一般,还用得着疑心疑惑的送什么质子?他在打发方关回去的同时,授方国珍江南行省平章、福建行省右丞,授他弟弟方国瑛福建行省参政,授方国珉江南行枢密院佥院,派夏煜带着几方银印去见方国珍。

夏煜复命,说是除方国珉用了行枢密院佥院的印之外,其他人都没有用,显见方国珍心持两端。

朱元璋成竹在胸,说道:让他去,等我打下苏州,他再来投靠我就太迟了。

胡大海部攻下诸暨(今浙江诸暨),守将宵遁。朱元璋改诸暨为诸全州,胡大海继续东进绍兴(今浙江绍兴)。张士诚部将吕珍围诸全,胡大海回兵援救。吕珍堰水灌城,胡大海夺取围堰反灌吕珍营。

双方争夺不下,吕珍于马上折矢誓,要求各自退兵。

胡大海答应了。郎中王恺说:吕珍狡猾不可信,不如乘势击之。胡大海说:一言既出而背悔,是不守信用;既然已经放过了他又去攻击,是不守武道。遂率领部队退还。

实际上,胡大海不敢作主,是朱元璋认为解决张士诚的时机未到,与之保持一种相对平衡的状态。

朱元璋离开应天已经半年,急于返回,临行交待胡大海任务,进取衢州、处州、绍兴的机宜都交付于他。还特别关照,衢州的宋伯颜不花多智术,处州的石抹宜孙善用士,绍兴被张士诚部将吕珍掌握。这几处地方与宁越靠近,你要与常遇春同心协力,看准机会夺取。此三人都是劲敌,不可忽视。

常遇春、胡大海认真执行。

九月,常遇春围攻两个月之久的衢州终被攻克。朱元璋将它改为龙游府。

十一月,胡大海、耿再成攻打处州。元帅胡深在龙泉(今浙江龙泉)举城投降,提供处州城内空虚的情报。胡大海一路扫荡,石抹宜孙弃城逃往福建建宁(今福建建瓯)。胡大海占领处州(今浙江丽水)七邑。朱元璋改处州路为安南府。次年六月，石抹宜孙反扑被击退，途中被乡民截击而死。

这两年中，江北方面也有好消息。

至正十七年(1357年)五月，朱元璋派张鉴、何文正攻克泰兴(今江苏泰兴)。

十月，缪大亨不但攻取了扬州(今江苏扬州)，还降伏了张明鉴。

原先张明鉴聚众淮西，以青布为号，称青军，又以善使长枪，称长枪军，由含山转掠扬州。元镇南王孛罗普化招降了他，封他为濠泗义兵元帅，形成对朱元璋老巢的莫大威胁。但是他的部队粮食吃完后，又发难作乱。镇南王逃走，死在淮安。张明鉴遂占据了扬州城。没有吃的，竟惨无人道地屠杀居民以为食物。

缪大亨报告朱元璋，张明鉴饥困，如若让他们四出抢掠食物则难以制服。而且这批人骁鸷可用，不要被其他人得到。朱元璋命令缪大亨急攻，于是张明鉴投降，朱元璋得士兵数万、马二千余匹。

通过此役，朱元璋不但巩固了自己东北方向的防务，还增加了不少人马。

张明鉴部下将校妻子都被送至应天作为人质。这也是朱元璋的一贯手法，将领出征，妻子儿女都要留下来作为人质，以防生变。

一一　尊崇儒学

　　进入集庆,也就是应天之后,朱元璋除了军事上攻城略地,扩充部队,还花大力气礼用贤士。

　　攻下太平(今安徽当涂),当地父老陶安、李习等人迎接朱元璋到来。陶安称赞朱元璋龙姿凤质,是个非常人,认为他们现在有个可依靠的主子了。他向朱元璋进言,海内鼎沸,豪杰并争,他们的意向只在抢夺子女玉帛,没有拨乱救民安定天下的心愿。你渡江以来,军事神武,又不嗜杀戮,人心悦服。如此顺天应人,进行吊民伐罪的大业,天下很容易平定。这番话与冯国用倡仁义收人心的主张相仿佛,朱元璋很听得进。

　　应该信奉弥勒佛的小明王部下,对儒家理论开始感兴趣,这是一个值得注意的信号。当然,朱元璋更关心这些儒家信徒对进攻集庆的看法。陶安认为,金陵自古以来就是帝王之都,取而有之,凭借形胜君临四方,可以攻无不克。这是老天用来资助明公你的。这些话当然更合朱元璋心意。

　　至正十六年(1356年)三月,即进应天后不久,他就实践自己"贤士吾礼用之"的诺言,征召夏煜、孙炎、杨宪等十余人。

　　这又是一个重要信号,朱元璋开始接近士大夫了。

　　至于这些人当不当得起"贤士",或许是个次要的问题。

　　以夏煜而言,他有才气,工诗,被征召后成为朱元璋的重要侍臣。但《明史》上说他开国后与高见贤、杨宪、凌说四人老是揪人家小辫子，想置人于死地，后来都死于非命。当然，这可能与他不属于淮西集团不无关系。两者的出身、社会地位都有很大差异，彼此不相容也在情理之中。

至正十七年（1357年）攻下徽州，邓愈推荐了曾经做过池州学正的老儒朱升来见朱元璋。朱元璋请他谈对时务的看法。朱升说了很有名的三句话：高筑墙，广积粮，缓称王。说到了朱元璋的心里，很受称赞。实际上他在此前后的行事，正是按此进行的。

至正十八年（1358年）十二月胡大海攻婺州（今浙江金华）不利。朱升劝朱元璋亲征，并进言杀降不祥，只有不嗜杀人者天下无敌。朱元璋明白，这是借题发挥，在说三个月前郭天爵以谋叛的罪名被杀一事。

前往婺州途中，朱元璋在徽州小停，并召见当地儒生唐仲实、姚琏等，谈及历史上有名的帝王一统天下的原因。

唐仲实的答复离不开儒家王道的一套。他说这些君主都不嗜杀人，所以能定天下于一尊。公英明神武，驱除祸乱没有妄杀。然而以现在看来，百姓虽然得到归依，还没有实现休养生息的愿望。

朱元璋深以为然。向这些儒生说，我积蓄少而耗费多，取于民，很是不得已。然而都是为军需所用，没有以一丝一毫用在自己身上。对于百姓，我常想能让他们得到休养生息，哪里会忘记呢。

至正十九年（1359年）正月，在新攻克的婺州，朱元璋用不杀人者天下无敌的道理训戒诸将：行仁义者足以得天下，而光凭威武不足以服人心。攻克城市虽然要用武力，安定百姓必定要用仁义。我从进入集庆以来，秋毫无犯，所以一举而平定这些地方。现在新克婺州,百姓获得复苏的机会,政令应当抚恤民人,使百姓乐于归附。这样的话,那些没有攻下的城市必定闻风而归。每当我听到各位将领得一城而不妄开杀戒,辄喜不自胜。因为军队行动起来如火烧一般。不加控制就会烧成燎原大火,火势太大则百姓必定躲避。鸟不会聚集在苍鹰出没的树林,野兽不会跑到张着罗网的旷野,百姓必定投奔施政宽厚的地方。当将军的能够以不杀生为原则,岂但是国家之利,你们自己也蒙受其福,子孙也必定昌盛。你们听从我的话,则事情就不难成功,大功可以告成。

从攻下集庆宣布三项政策以来,行仁义已经成为朱元璋的重要指导原则。

婺州,也就是宁越府,号称小邹鲁,为南宋浙东学派的重要活动基地。浙东学派陈亮等人反对程朱理学,看重能够见诸实用的学问。

朱元璋在此地的一项重要举措,是辟范祖干、叶仪、许元等十三人为他分别讲解经史。

朱元璋问范祖干,治理天下何者为先。范祖干举起《大学》说道:不出此书。又为朱元璋剖析帝王之道,自修身齐家以至治国平天下,必须上下四旁都均齐方正,使得万物各得其所,然后可以说到"治"。朱元璋很欣赏,说是圣人之道所以成为万世不替之法。他以自己的感受为例,说自从起兵以来,号令赏罚一旦有所不平,将何以服众。认为文致太平,武定祸乱,都要靠均齐方正。

朱元璋披过几年袈裟,又在红巾军中干了几年,似乎佛教和明教的教义并没有对他有多大影响,有吸引力的倒是儒家经典。然而作为一支原本信奉弥勒佛的军队,作为这样一支军队的司令官,朱元璋此时的举动不能不在历史上留下深深的一笔。他打下婺州，府署前树了两面大黄旗，上书"山河奄有中华地，日月重开大宋天"，表明他和他的军队还是小明王的部下，还信奉弥勒佛。然而与范祖干的对话表明，朱元璋转向了，从造反的明教转向讲究中庸之道的儒学。

至正十九年(1359年)正月，朱元璋命宁越知府王宗显立郡学。请出儒士叶仪、宋濂、戴正、吴沉、徐原，分别担任五经师、学正、训导。战乱之中，居然听到读圣贤书的声音，这对于士大夫们，不能不是一个深深的触动。与此同时，他又起用范祖干为咨议、王冕为咨议参军，还召许瑗等人入幕府参议军政大事。

打下处州(今浙江丽水)，朱元璋征召儒士，也是地方豪族的刘基、章溢、叶琛。

章溢，龙泉(今浙江龙泉)人，理学大师许谦的再传弟子，组织过乡兵与徐寿辉的红巾军作过战。

叶琛，处州(今浙江丽水)人，博学有才藻。元末风云骤起，曾从石抹宜孙守处州，为之策划，被授行省元帅。处州被攻克，章、叶两人避走福建，见朱元璋不算旧账，就应聘出山。

刘基，字伯温，青田(今浙江青田)人，至顺(1330～1331年)间举进士，博通经史，号称于书无所不窥，尤精象纬之学，有人将他比作诸葛亮一流的人物。方国珍起兵海上，江浙行省召刘基为元帅府都事。他建议筑庆元(今浙江宁波)诸城以逼迫之，方国珍大受压制。后来左丞帖里帖木儿招谕方国珍时，刘基声言方氏兄弟乃是首乱，不诛无以惩后。元朝政府没有采纳这建议，反而斥责刘基，将他羁管。没有多久，起义蜂起，江浙行省重新召刘基担任剿捕之事，与石抹宜孙守处州。经略使李国凤上报他的功绩，元朝政府因为方氏的缘故压抑他，只授总管府判，不让他参与兵事。刘基弃官回到家乡青田，著《郁离子》以见志。此时躲避方氏者争着依附刘基。刘基稍作部署，方国珍就不敢前来进犯。可见,他本与造反者属于不同的阵营。

章、叶等应聘而至,刘基则以做过元朝的官,耻于为其他人驱使,没有答应。处州总制孙炎受命再度邀请,刘基回赠一把剑,人还是不来。孙炎以"剑当献天子,斩不顺者"为由,说自己不敢受用,又写了一封千言长信,非要请他出山不可。陶安、宋濂也应朱元璋的要求分别写诗劝说刘基。重重压力之下,刘基才出山。

刘基诸人既是儒学中人,又大多有与起义军对抗的经历,按说与朱元璋应该道不同不相为谋,此时走到了一起。形式上是刘、宋诸人为朱出力,实际不如说是朱元璋接受了他们的思想,拜倒在儒学脚下。

至正十九年(1359年)三月,刘基、宋濂、章溢、叶琛来到应天。识时务的刘基,呈上时务十八策。朱元璋见了大喜,说是我为天下屈四先生,特地在自己住地西边建筑礼贤馆,请刘基等人居住。

此时朱元璋名义上还是韩林儿部下。元旦时,设立韩林儿御座向之行礼,只有刘基不拜,说是放牛娃娃,朝奉他干什么。就是这样一个刘基,朱元璋奉为心腹。每次见面,就屏开众人长时间密语。刘基也自称不世遇,所以知无不言。遇到朱元璋急难之事,他总是勇气奋发,计划立定,而且旁人莫能测其高深。有闲暇,就向朱元璋敷陈王道,朱元璋洗耳恭听,常只称老先生,不叫刘基姓名,还说这是我的张良张子房啊。又说,刘基经常用孔子之言开导我。只是帷幄之语秘莫能详,至于世间所传刘基神奇阴阳风水之说,如将《烧饼歌》、《推背图》之类都算到他头上,并不确实。

宋濂长刘基一岁,两人都在东南一带有大名气,但也有区别,刘基雄迈有奇气,而宋濂则是儒者。所以两人的职司不同,刘基主要辅佐军中谋议，宋濂则以文学受知，经常侍奉朱元璋左右，备顾问。宋濂称，《春秋》是孔子褒善贬恶之书，假使能够遵行，则赏罚适中，天下可定。又称，《尚书》二典三谟，帝王大经大法毕具，愿留意为朱元璋讲明之。与朱元璋议论赏赉之事时讲，得天下要以人心为本。人心不固，虽然金帛充盈，又有什么用呢。

朱元璋与刘基、宋濂结合，刘、宋仍然以儒家学说行事，并没有改变，改变的是朱元璋。他是个聪明人，知道凭弥勒佛可以聚众起事，却难以成就大业；而尊崇儒学，无论对于巩固自己的队伍，还是对于拉拢士大夫，对于拉拢整个地主阶级，争取更多更有力的支持，在乱世中脱颖而出，会有极大用处。此时他虽然还头戴红巾，骨子里已经视大袍宽袖的儒家装束为正统了。

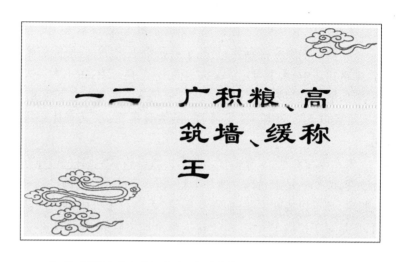

一二 广积粮、高筑墙、缓称王

朱升建议的广积粮,高筑墙,缓称王,实际上也是朱元璋占据江南后,经济、军事、政治上的行动纲领。

渡江,为的是解决粮食短缺。但是多年战乱,江北无粮,江南粮食也不见充裕。他的军队原先的解决办法,与其他部队没有两样,无非是"寨粮"、"稍粮"。

所谓寨粮,就是所得州县,征粮于民。以全副武装的军队向百姓寨粮,等同于勒逼抢粮,只不过名称上好听一点而已。

稍粮更不堪。军队出征时概不支粮,而靠攻城时"检刮"。这是前面提到的苗军创造的名词,不过苗军刮得重些,重到不留一点余地,所以百姓恨极。朱元璋的军令规定,凡入敌境,听从稍粮。若攻城而遇到抗拒,任从将士检刮,听凭将士将夺取的东西占为己有。假若敌人投降,则要命令安民,一无所取。朱元璋自诩,实行这样的办法,可以激励士气,可以打灭敌人的威风,人人奋勇向前,攻无不取,战无不胜。

但是只要是寨粮、稍粮,毕竟如同抢劫,只要它还在实行,百姓总还是不满。胡大海向朱元璋报告,百姓深以为苦。朱元璋也知道这不是办法。

帐中谋士认为，解决问题还要靠发展生产。至正十六年（1356年）九月，徐达攻克镇江不久，朱元璋就去拜谒当地孔庙，告谕父老，劝导农桑，也就是想发展生产。

当时战争正剧，大批百姓被征来当兵，从事农业的劳动力缺乏。光劝导农桑，还只是一句空话，不解决实际问题。

又有人出主意，学历史上屯田的办法，朱元璋接受了。

至正十八年（1358年）二月，以康茂才为都水营田使，仍兼帐前总制亲兵左副指挥使。依明朝官制，"都水"管理河堤、水利、道路桥梁、舟船车辆，以及织造、契券、度量衡等事务。实际上，康茂才负责兴修水利，巡视各地，让水蓄泄得当，迅速恢复农业生产，保障军队所需。

这一年十一月，又有民兵万户府之设，寓兵于农。朱元璋命令诸将屯兵各处，征战归来就从事农业生产，还立下章程，以生产优劣定赏罚。一年下来，康茂才成绩最好。他的部下得谷一万五千石，余粮七千石，受到褒奖。

朱元璋还在婺州（今浙江金华）检查户口。他亲自签发户田，交给民户，承认农民占有的土地。这又是一项提高农民生产积极性，增加生产的重要措施。

有人说，古代中国的统治者需要解决的无非是人和土地的问题。有了这两样东西，就可以有粮食，有军队。而且互相影响，要么是军队和粮食越来越多，要么恶性循环，军队越来越弱，粮食越来越少。朱元璋在他的战争实践中加深了对这个问题的认识，比较好地解决了这个问题，兵多粮足，实力就比旁人高出一等。没有一个坚实的经济上的基础，朱元璋无法成就他的大事。

仓库满了，至正二十年（1360年），朱元璋下令停止寨粮。

他这样做,老百姓自然拥护,自然军队更强,地盘更大。

政治上,朱元璋奉行缓称王的政策。

至正十九年(1359年),正是朱元璋进取浙东,顺利发展之际。以土地之广、人口之多、军队之强,朱元璋完全可以自立门户。但是,他还是接受了小明王升其为仪同三司江南等处行中书省左丞相的任命,没有马上称王。

长期保持对小明王的隶属关系,目的为了降低元朝政府对自己的关注程度,减轻元朝对自己的压力。朱元璋深谙此理,自认"林儿势盛可倚藉",不但不称王,公文告示都用龙凤年号,旗帜战袍都是红色,口号也是恢复宋朝,尽量隐蔽自己的独立色彩。从小明王封他枢密院同金开始,提升江南等处行中书省平章,以后又是左丞相,又是吴国公,都是小明王的官职,一直到至正二十年(1360年)消灭了陈友谅,他才当吴王。但是发布文告,开头第一句还是"皇帝圣旨,吴王令旨",仍然将自己置于小明王臣子的地位,免得招人注目,遭受打击。

"广积粮"也罢,"缓称王"也罢,都可以由朱元璋他们自己控制,或者主要经过自己的努力可以达到目的。"高筑墙"三字,尽管确实需要,却受地理位置影响,非朱元璋一系自身可以左右。而他所处环境,恰似有如天助。

朱元璋夺取应天,谋求江南大发展之际,小明王在北方十分活跃,与元朝主力缠斗相当激烈。

至正十五年(1355年),元军曾大败刘福通于太康(今河南太康),并进围亳州(今安徽亳县)。刘福通被迫带着小明王退走安丰(今安徽安丰)。这一段是红巾军的低潮。

至正十六年(1356年)三月亳州解围,小明王、刘福通兵势复盛。九月,李武、崔德率军西征陕西,次年初破商州(今陕西商县),攻武关,直指长安。十月,攻破淮安的赵均用接受了大宋龙凤年号,第二年二月,刘福通派赵均用部将毛贵自海州(今江苏东海)从海路攻打胶东。这才是第一波的攻势。

至正十七年(1357年)六月,刘福通发动第二波攻势,自率大军攻打汴梁(今河南开封),并且分军三路出击:中路关先生、破头潘、冯长舅、沙刘二、王士诚进攻晋冀;西路白不信、大刀敖、李喜喜进攻关中;东路毛贵北出山东。

在红巾军攻势下,七月间,原镇守黄河的义兵万户田丰和归德知府林茂倒向刘福通。八月,刘福通攻陷大名(今河南大名),自曹州(今山东菏泽)、濮州(今山东鄄城)进克卫辉(今河南汲县)。

元军在达理麻失理和答失八都鲁率领下反击。刘福通回师曹州,击杀达理麻失理,答失八都鲁被怀疑失机,年底忧愤而死。次年,答失八都鲁之子孛罗帖木儿被任命为河南行省平章政事,继续总领他父亲原有人马与红巾军作战。

至正十八年(1358年)五月,刘福通西进攻破汴梁,将它定为大宋国都,接小明王到此居住。此时,东起齐鲁,西至秦陇,烽烟滚滚,红巾军的军事行动看得人眼花缭乱。

前此,东路的毛贵继至正七年(1357年)攻陷胶州(今山东胶县)、莱州(今山东掖县)、益都(今山东益都)、滨州(在今山东济南)等地之后,又于至正八年(1358年)二三月间攻克沧州(今河北沧县)、清州(今河北清县),占据长芦镇(在今天津),引兵向北发展,杀宣慰使董搏霄于南皮(今河北南皮),又攻陷蓟州(今河北蓟县),进攻漷州(在今北京通县西南),掠略柳林(在今北京通县西),距离元朝首都大都(今北京)仅一百二十里。逼得元顺帝征发四方兵入卫,还想迁都避其锋芒。毛贵后来被元知枢密院事刘哈喇不花所部击败,还兵据济南。但是祸起萧墙。至正十九年(1359年)初原在淮南的赵均用被张士诚击败,北退山东。他与毛贵火并起来，四月袭杀毛贵。

中路军至正十八年(1358年)春越太行山，攻克晋宁(今山西临汾)之后，关先生、破头潘等又分其军为二，一南攻绛州(今山西绛县)，一北上沁州(今山西沁县)，攻克冀宁(今山西太原)、大同(今山西大同)后准备与东路军会师。被元军察罕帖木儿阻击，这一支中路军分道前行，在进攻保定(今河北保定)时失利，但攻陷完州(今河北完县)，又攻掠大同、兴和(今河北兴和)等州县，直至攻陷上都(今内蒙古多伦)，毁坏宫殿。顺帝以上都宫阙尽废，自此不复北巡。这一路又向东攻去，于至正十九年(1359年)陷辽阳(今辽宁辽阳)，后直抵高丽。

与此同时，向西的一路，可能进展不太顺利。白不信、大刀敖、李喜喜等于至正十七年(1357年)西入关中，增援李武、崔德，十月攻克兴元(今陕西汉中)，攻凤翔(今陕西凤翔)，遭到察罕帖木儿、李思齐袭击，又折向四川。次年二月，白不信再攻凤翔，失败。四月，元军进逼巩昌，李喜喜被迫进入四川。但是这一路一直在坚持战斗，至正十九年(1359年)，李喜喜余部重新攻陷宁夏，还曾经攻略灵武(今宁夏灵武)等边远城邑。

这几年中，黄河上下，被小明王属下兵马像犁地似的来来回回"耕"了个遍。

当时元朝政治腐败，各州郡都没有守备。官长听说红巾军攻来，都弃城逃遁。然而小明王缺乏通盘考虑，又听命于刘福通，徒拥虚名。各将领在外作战时又大多不遵约束。只知道攻城劫掠焚烧，甚至军无粮草，就将老弱者杀了充当军粮。他们与刘福通一同起事，刘福通也不能制约他们。所以兵势虽盛，却威令不行。往往是攻下城邑，元兵追踪其后又将城邑夺回，那些将领不能长期坚守，长期流动作战。北边的红巾军与南方的朱元璋形成鲜明的对比。

诸多红巾军将领中,惟独毛贵比较有头脑。他攻破济南(今山东济南)之后,就设立宾兴院,选用元故官姬宗周等分守诸路。又在莱州(今山东掖县)设立屯田三百六十所,凡官民种田按十取其二的比例征收税粮。这与朱元璋所为几乎异曲同工。

只是周围环境不同,毛贵没有"高墙"可资凭借,只占据山东三年。一幸一不幸,上苍太眷顾朱元璋了。

与红巾军作战的元军,早已丧失成吉思汗时代金戈铁马的威风,大都失却战斗力。能打的军队主要有两支:一支起自民间,以察罕帖木儿、李思齐等为首。至正十一年(1351年),汝、颖(今河南临汝、临颖)一带红巾起义,元朝征兵讨伐不成功。次年,察罕帖木儿起兵沈丘(今河南沈丘),与在信阳(今河南信阳)的李思齐合兵袭破罗山(在今河南汝阳)。朝廷由此授察罕帖木儿中顺大夫、汝宁府(今河南汝南)达鲁花赤。周围民兵都来会合,约有万人,开始自成一军。继之在河北、山西、河南等地与红巾军激战,互有胜负。至正十八年(1358年),顺帝令察罕帖木儿守御关陕、晋、冀,镇抚汉沔荆襄,便宜行阃外事。这一年,正是刘福通等攻陷汴梁,号召巴蜀、荆楚、江淮、齐鲁、辽海,西至甘肃各地红巾军一起发动攻势之时。各地兵起,势相联结,察罕帖木儿北塞太行,南守巩洛,自己率军居中驻守沔池(今河南渑池)。

另一支则是元朝官军,由孛罗帖木儿率领。他的父亲铁失因为杀英宗于卧所,被诛。而父亲被诛似乎对孛罗帖木儿并没有什么影响。至正十八年(1358年)正月,他被任命为河南行省平章政事,仍总领其父原管诸军。此后就在河北、山西一带与红巾军作战。至正二十年(1360年)七月,顺帝下诏令孛罗帖木儿总领诸军,便宜行事。八月,又命他守石岭关(今山西阳曲东北)以北,命令察罕帖木儿守关南。

　　这两支部队,后来成为朱元璋的劲敌,但当时还在与小明王、刘福通交战,打得昏天黑地,还打不到躲在小明王背后的朱元璋。

　　小明王,就是朱元璋最高的高墙。

一三 先打陈友谅

朱元璋的东邻张士诚，西邻徐寿辉，以及东南方的方国珍，南面的陈有定，虽则作为高墙阻隔着朱元璋不与元军接触，但更阻拦着朱元璋的发展。

徐寿辉一系内部很不稳定。徐寿辉布贩子出身，生得魁梧福相，起兵后被推为皇帝，建都蕲水(今湖北浠水)，国号天完，年号治平。他嫌蕲水风水不好，迁都汉阳(今湖北汉阳)。所控制地区西达四川，东边一度进到杭州，地方虽大却守不住。他为人忠厚老实，不像朱元璋那样会算计，兵权被丞相倪文俊掌握。

至正十七年(1357 年)九月，倪文俊以取得湖广行省平章为条件向元朝请降，没有得到准许，转而又觊觎天完皇位，谋杀徐寿辉不成，出逃部下陈友谅的防区黄州(今湖北黄冈)。

陈友谅渔人家世，自己读过书，略通文义，在县里当过小吏。红巾军起事后，与兄弟陈友仁、陈友贵聚众起义，投奔徐寿辉。他在倪文俊帐下，积功升至领兵元帅。倪文俊穷途末路来投，心狠手辣的陈友谅干脆杀了他，夺过军队，自称宣慰使，不久又自己升任平章政事。至正十七年(1357 年)底，陈友谅率军东下，在小孤山大败元军。集合饶州(今江西波阳)守将祝宗的部队，增援从池州(今安徽贵池)溯江而上围攻安庆(今安徽安庆)的赵普胜。至正十八年(1358 年)正月，安庆城破。

常遇春夺取池州,正是趁了这个空隙。但是,至正十八年(1358年)四月赵普胜就夺回这座城池。他本与俞通海等一同在巢湖起事,并一同投朱元璋,随后就分道扬镳,投奔徐寿辉。他以骁勇闻名,绰号"双刀赵",成为朱元璋西境大患。

朱元璋一面兵进浙西浙东,一面又调徐达到西线,取道无为(今安徽无为)攻占潜山(今安徽潜山)。徐达从西北侧后威胁安庆,遭到赵普胜顽强抵抗。同时朱元璋使反间计离间陈友谅和赵普胜。

赵普胜有勇无谋,还对陈友谅派来的使者喋喋不休自诉功劳,更引起陈友谅的怀疑。至正十九年(1359年)九月,陈友谅以会师为名亲至安庆,趁赵普胜不备杀了他,还兼并了他的部队。

还在至正十八年(1358年)四月陈友谅攻破龙兴路(今江西南昌)之后,徐寿辉就想迁都到那里,陈友谅没有答应。至正十九年(1359年)十一月,徐寿辉突然从汉阳来到陈友谅驻地江州(今江西九江)。陈友谅设伏杀了徐寿辉部下,留徐寿辉当傀儡,自封汉王,完全控制了权力。

陈友谅此时犯了一个致命的错误,离开了主战场,不去与朱元璋作战,却派邓克明南下攻打邵武(今福建邵武)、汀州(今福建长汀),与陈友定战于黄土砦,大败而归。

朱元璋这边却思路清楚。徐达趁赵普胜被杀,陈兵安庆城下。

陈友谅这才大梦初醒。

至正二十年(1360年)四月,陈友谅亲率大军声称去安庆,实际想偷袭池州。朱元璋识破计谋,在池州南面九华山设下埋伏,斩杀陈友谅军队万余人,还俘虏了三千人。常遇春认为这些是劲敌,主张都杀了。徐达急报朱元璋,等到朱元璋"不可纵杀,以绝人望"的命令到达池州时,只剩三百人没有被杀。

陈友谅不服,闰五月挟带徐寿辉挥师东下,绕过池州,直扑太平(今安徽当涂),还传话朱元璋说,前一仗不是我的意思,不过是巡守边境的一场遭遇战而已。言下之意,现在才是真正的战斗。他确实凶悍,将船尾直接靠上城墙,指挥士兵攀上去,攻破太平。守将朱文逊、院判花云、王鼎,知府许瑗都死于此役。

太平是朱元璋踏上江南之地的跳板,朱文逊又是他的义子。此役失利,对朱元璋和他的手下,是一个极大的刺激。

太平得手,对陈友谅也是刺激,刺激他杀了徐寿辉。不顾风雨交加,搬出采石五通庙的神像,就在大殿上自称皇帝,改国号汉,改元大义。以张必先为丞相,张定边为太尉。

虽则只是西系红巾军头目的更换,毕竟懦弱的变成了强悍的,朱元璋不得不认真对待。他让刘基分析局势。

根据刘基的看法,张士诚是个自守虏,不足挂虑。陈友谅此时刚杀主子徐寿辉,名号不正,但是地据上游,一心想借地利顺江而下,宜先打他们的主意。而且陈氏势力消灭,张氏势孤,可以一举而定。然后再北向中原,大业可成。

朱元璋十分喜欢,称赞刘基好计谋,要他尽量贡献意见。

与一般人想像的不同,风雅的刘基体貌修伟,还长着一把虬髯,活脱一副关西大汉模样。他议论天下安危,每每义形于色。朱元璋当时并不见怪,还对人说这是至诚所致。对付陈友谅、张士诚两大劲敌的方略,基本上是按照刘基的设想实行的。

但是,陈友谅也很绝,他约张士诚合攻应天。

消息传来,应天城里议论纷纷。

有主张先克复太平,以牵制陈友谅。朱元璋否定。他说陈友谅居上游,舟师十倍于我,仓猝之间很难克复。

有主张朱元璋亲自带兵迎击的。他也不同意。说如果陈友谅以偏师粘住我，而全军直趋应天，顺流而下半天就可到达，我的步兵骑兵急促之间很难还救。而且，百里趋战，是兵法所忌讳的。这不是办法。

有主张放弃应天，出城占据钟山的。

甚至还有说要投降的。

刘基瞪大眼睛一言不发。朱元璋将他请入内室密商。刘基奋然陈言：主张投降和逃跑的，可杀。他认为，陈友谅已成骄兵，要让他深入我境，用伏兵攻击他就很容易。天下之道后发制人者胜。我们是以逸待劳，有什么敌人不能打败。现在的办法，最好是打开府库发放钱财，以稳固人心，再设下伏兵等机会攻击陈友谅。制服敌人取得威望以成就王业，就看此举了。

朱元璋于是决策：派胡大海在陈友谅侧后骚扰，攻打信州（今江西上饶）作为牵制。同时命令康茂才写信骗陈友谅，声称愿里应外合，要他迅速赶来。

康、陈之间有旧。陈友谅收到信，马上领兵东来，一心想吃掉朱元璋。

朱元璋部署：派冯国胜、常遇春设伏石灰山，徐达布阵南门外雨花台一带，杨璟屯兵应天西南大胜港，张德胜等以舟师出龙江关（今南京兴中门）外，朱元璋亲自督军卢龙山（今南京狮子山），还把木头的江东桥连夜改成石桥。专等陈友谅掉下陷井。

陈友谅在距应天三十里的大胜港，击败杨璟所部，进入新河。新河河道狭窄，陈友谅的大船行进缓慢，只得回到大江，顺流到达江东桥，只见是座铁石桥。陈友谅明白上当，连忙指挥军队驶向龙湾，但那里正是伏击圈。

手下众将想马上就打。朱元璋说，天马上要下雨了，赶紧吃饭，乘下雨时再攻击他。须臾，果然天降大雨，吃饱饭的士卒奋勇向前。双方交锋时，朱元璋水陆夹击，大破敌军。陈友谅乘船逃走。

　　这一仗朱元璋光俘虏就有二万多，数百条战船成了战利品，陈友谅手下将领张志雄、梁铉等投降。

　　本来朱元璋想乘胜追击，张志雄不满陈友谅杀赵普胜，向朱元璋提供了一条重要情报：这次东下，陈友谅将安庆守军全数带来，现在投降的都是安庆兵，那里没有守城的了。于是，朱元璋派徐达、冯国胜、张德胜等追杀陈友谅，另外派兵攻占安庆。徐达等一路追至池州。在敌后骚扰的胡大海也打下信州（今江西上饶）。

　　这一战役之初，李善长心中疑惑。朱元璋解释，二个敌人合力攻击，我首尾受敌，只有将其中先来的陈友谅一路先行击破之，则张士诚胆气丧失，不再构成威胁。形势发展正如朱元璋的判断，畏畏缩缩的张士诚竟然没有出兵。

　　此战之后，轮到陈友谅集团震动了。至正二十年（1360 年）七月，于光引献浮梁（今江西景德镇）；九月，欧普祥以袁州（今江西宜春）降。

　　至正二十一年（1361 年）正月，小明王封朱元璋为吴国公。其实，朱元璋已经是一股独立的势力，小明王根本约束不了他。这吴国公，《明史》上说是小明王封的，也完全有可能是朱元璋自封的。此时的朱元璋，虽则距离称王只差一步，但毕竟还有一步。

　　陈友谅并不服输，五月，派李明道攻信州，但是被胡大海击退，李明道也被俘。七月，又派张定边攻陷安庆。

　　虽然战场上很吃紧，被俘的李明道却向朱元璋透露了陈友谅的致命弱点。一是杀徐寿辉，军队产生离心倾向。二是政令不统一，自行其是的很多。三是骁勇的将领，如赵普胜，又招忌而被杀。所以他虽然军队众多，不足为虑。

　　朱元璋决定再给陈友谅打击,八月率师亲征。行前,他在龙
湾誓师,告诫各将领:陈友谅杀害徐寿辉,僭称皇帝,天理人情不
容。而且不度德量力,肆意横逞凶暴,侵占我太平,侵犯我应天,
从而自取祸败。现在又不知悔悟,打我安庆。看他的所作所为,
不消灭他不会停止。你们各各督促部下跟从我进兵。

　　朱元璋带领着徐达、常遇春诸将,溯江而上。战船上高悬
"吊民伐罪,纳顺招降"的旗帜,直扑安庆。初战不利,朱元璋调
整部署,集合廖永忠、张志雄率水师破敌水寨,剪除安庆羽翼,再
猛攻安庆城,终于得手。陈友谅逃往江州。朱元璋继续西进,进
军小孤山,收降了陈友谅部将丁普郎、傅友德。然后进军湖口
(今江西湖口),击败陈友谅水师,迫使陈友谅退居武昌。朱元璋
乘胜派军分取南康(今江西星子)、建昌(今江西南城)、饶州(今
江西鄱阳)、蕲州(今湖北蕲春)、黄州(今湖北黄冈)等地。十一
月,还攻克抚州(今江西抚州)。

　　至正二十二年(1362年)正月,陈友谅部下江西行省丞相胡
廷瑞欲以龙兴(今江西南昌)献降。但是使者郑仁杰提了一个颇
使朱元璋为难的条件:胡廷瑞带领的将校都是跟随他多年的部
下,希望能维持原状。

　　朱元璋犹豫不决之际,刘基踢了他一脚,他顿时省悟,马上
写回信:

　　郑仁杰极力说足下有效顺的意愿,这是足下的明白通达。
足下又怕分散手下将士,这是多虑了。我起兵十年,奇士英才已
经得到四万多了。他们能够审度天时预料时机,不等到交战就
毅然委身而来。他们都希望立功勋于今世,垂名声于后世。大
丈夫磊磊落落,一句话投缘,就洞察肺腑。所以我就以赤心相
待,根据他们的才能而任用。兵少的增加他们的兵力,位置低的
提高他们的地位,钱少的重重赏赐他们,并没有彼此之分,这是

我对待将士的原则。怎么会分散他们的部下，使人产生疑心，辜负他们来归附于我的心愿呢？

朱元璋还用赵普胜被陈友谅杀害，张志雄等受到自己重用为例子，反复陈说。甚至说，自己对待张志雄等人尚且如此，更何况胡廷瑞这样不费一兵一卒以完整的城池、部队来归附的。

胡廷瑞决定到江州(今江西九江)投降。

朱元璋做得更地道，屈尊跑到龙兴迎降。

龙兴官民欢迎他，朱元璋当众宣布：自古以来攻城略地，刀枪弓箭之下，百姓遭受祸殃。现在你们百姓生命财产安全，都是胡廷瑞明白天道，率先来归附，这是你们百姓的福分。姓陈的占据这里，供给部队各种需求，百姓非常苦。现在我把那些弊端都去掉，军队供应都不拖累百姓。你们各自从事本业，不要游走懒惰，不要纠缠诉讼，不要交结权贵，各自保护好自己的父母妻子，当我的良民。

朱元璋改龙兴为洪都府。在那里，朱元璋又去谒拜了孔子庙。二月，留邓愈守洪都，自己返回应天。

一年多来，在与陈友谅的争夺中，朱元璋得分颇多，江西及湖北东南几乎尽入版图，陈友谅的部下改换门庭投到朱元璋手下的为数不少。

但是他仍然在盘算，打陈友谅与打张士诚何者为先。最后的看法是：陈友谅剽悍而轻浮，心高气傲；张士诚狡猾而懦弱，器识狭小。心高气傲则容易生事，器识狭小则没有远见。假使先打张士诚，陈友谅必定倾巢出动，这样我们将疲于应付两面夹攻的敌人，事情难有所为。假使先打陈友谅，张士诚必定不会越过姑苏一步，来援助陈友谅。

基于这样的判断，朱元璋决定还是执行刘基为他策划的先算计陈友谅的战略。

一四 也与元朝
交往

朱元璋与陈友谅争斗还没有定局,北方局势巨变。

还在至正二十年(1360年)间,关先生攻陷大宁(在今河北平泉北),田丰攻陷保定(今河北保定),王士诚也在晋冀一带活动。这已是东系红巾军的强弩之末,此后元军逐渐占据上风。关先生、李喜喜等部多年流动作战,早已精力疲惫,从高丽向上都(今内蒙古多伦)进攻时,遭孛罗帖木儿打击而投降。孛罗帖木儿又在台州(今山西五台)击败王士诚,迫其向东南撤退,与田丰会合。而察罕帖木儿至正十九年(1359年)八月强攻汴梁(今河南开封)得手,刘福通带着小明王突围至安丰(今安徽寿春)。尽管形势不利,刘福通还准备以逗留不进的罪名处罚李武、崔德。两人无奈于至正二十一年(1361年)夏投降李思齐。与此同时,察罕帖木儿派外甥、养子扩廓帖木儿进逼田丰经营多年的东平(今山东须城),田丰、王士诚投降。

但是,察罕帖木儿并没有打下陈猱头还在坚守的益都(今山东益都)。陈猱头与安丰的刘福通遥相呼应,也就是说小明王依然可以作为朱元璋的北面屏障。朱元璋正是看准这一点,才抓紧时机打败了陈友谅。

等他回应天不久,北方形势急转直下。

至正二十二年(1362年)六月,田丰、王士诚与陈猱头联络,刺杀了察罕帖木儿,退入益都。

这更增益都之急。

元朝政府封扩廓帖木儿为中书省平章政事、兼知河南、山东等处行枢密院事,将察罕帖木儿的军马全交给扩廓帖木儿指挥,紧紧包围益都。九月,刘福通驰援,被扩廓帖木儿部将关保打败,退回安丰。十月,扩廓帖木儿挖地道攻入城中,杀了田丰、王士诚,为养父报仇,又将陈猱头械送京城。

这一来,除了孤立无援的安丰,朱元璋的北方屏障岌岌可危。这是外患。

还有内忧。

朱元璋二月回到应天,三月间就接连接到坏消息。

先是东线发生动摇。

苗军降将蒋英、刘震等袭杀婺州(今浙江金华)守将胡大海。严州(今浙江建德)守将朱文正闻讯,立即派人镇压。蒋英等叛降张士诚。

婺州动乱刚刚平息,处州(今浙江丽水)又生变乱。同是苗军降将的李祐杀死驻守那里的耿再成、孙炎、朱文刚等。

震怒之下,朱元璋派出邵荣、胡深,于四月间收复处州。

西线也不稳。

就在朱元璋回应天的第二个月,刚投降过来的祝宗、康泰反叛,洪都陷落,邓愈逃回应天,知府叶琛、都事万思诚死在这场叛乱中。四月间徐达收复洪都。朱元璋认为洪都重镇是自己西南方的屏障,非骨肉重臣无法应付,派了亲侄朱文正,以及赵德胜、邓愈一同镇守洪都。

更严重,也是更影响恶劣的是邵荣和赵继祖的叛乱。

朱元璋崛起时,邵荣是与徐达、常遇春齐名的猛将。赵继祖当时是参政。至正二十二年（1362年）七月，两人密谋暗杀朱元璋，被人告发。朱元璋命廖永忠设宴，在席间抓了两人。

朱元璋问他们：我与你们同起濠梁，希望事业成功，共享富贵，为一代君臣，你们为什么要谋害于我。

邵荣回答，我们连年出外，夺取城池，多受劳苦，不能与家人相厮守一起快乐，因此有这个举动。说完流泪不止。

赵继祖则恶狠狠地说，假使早干此事，就不是今天我们这些猎狗在床下死了。事已至此，哭有什么益处。

常遇春在一旁按捺不住，说是主公不忍杀他们，我们义不与之俱生。朱元璋遂将他们缢死。这是他第一次杀死手下大将。

内外交迫中，朱元璋应付方法之一是与元军通好。

至正二十一年（1361年）八月间，朱元璋与察罕帖木儿通好，派遣使者向他致意，并要求"结援"，这不过是投降的代名词而已。实际上，这已经是第二次，第一次在两年前。

这大概也是高筑墙的一项内容。身为小明王的部属，与小明王的敌人通好或者说投降，可以理解为战略上远交近攻的需要，但这终究不光彩。当然这不是朱元璋首创，张士诚、方国珍等，早在朱元璋之前就这样做过。

察罕帖木儿一面将朱元璋两次通好的情形奏报朝廷，一面扣留使者，一面致书朱元璋，通知他已经奉报朝廷，授以行省平章。

朱元璋却不回信，他向部属透露了自己真实想法：察罕信中语辞婉媚，是想讨好我，我岂是用甜言蜜语就能诱骗的。况且只写信来，而不送还我的使者，其中诈伪就可以想见了。现在张士诚占据浙西，陈友谅占据江汉，方国珍、陈友定又梗阻在东南，天下纷纷攘攘，还没有安定。我正处多事之秋，没有空与他们计较。

实际上，朱元璋是在观察形势，以决定何去何从。形势对自己不利时，就与可能的敌人通好，力求减轻压力。压力轻了，他的态度又会变化。

朱元璋机遇实在是好。察罕帖木儿死后，养子扩廓帖木儿，又名王保保继领其军。此前，当至正二十年（1360年）七月孛罗帖木儿击败王士诚之后，顺帝曾下诏让孛罗帖木儿总领诸军，便宜行事。察罕帖木儿不甘心居其下。于是顺帝在八月间又下诏，以石岭关（今山西阳曲北）为界，以北归孛罗帖木儿，以南归察罕帖木儿。但是孛罗帖木儿不干，九月就越过石岭关，围攻冀宁（今山西太原）。十月，顺帝同意孛罗要求。这次轮到察罕帖木儿不干了，双方战斗不止。至正二十一年（1361年）初，朝廷派人劝解，九月，又划出保定（今河北保定）以东、河间（今河北河间）以南作为孛罗屯田范围。察罕帖木儿死后，他的继承者扩廓帖木儿继续与孛罗为晋冀一带地盘争斗不已。

这些情况，朱元璋了然于胸。他断定，此时元军内争甚烈，并无南下可能。

所以，当扩廓帖木儿派遣使者来到应天，还送还了他养父扣留的来使时，朱元璋态度与以前不同了。虽则他也派人送去回信，表示愿意信使接踵往返，商人们来往不绝，大家不分彼此疆界，同时声明，前两次要求通好，实在是想观察世事变化，并不是想投降。

扩廓帖木儿见朱元璋拒绝投降，又扣留了朱元璋的使者。

毕竟扩廓帖木儿还有实力，朱元璋还不敢过分激怒他。

元朝从察罕帖木儿那里知道朱元璋有投降的打算，派出尚书张旭从海道到达庆元（今浙江宁波）。

方国珍两次通知朱元璋，说他们带来了任命朱元璋为荣禄大夫、江西等处行省平章政事的诏书。朱元璋一直没有答复。

方国珍粘上这团湿面粉,急于撒手,硬将张旭一行送到朱元璋控制的地区。

朱元璋接待他们的方式完全是侮辱。先是让张旭一行裸体入城,到了他的府前才让穿上衣服。入见时,张旭等人不拜。朱元璋大怒,杀了张的随员,还杀了一个囚犯,将他的首级冒充张旭,送到方国珍边界上示众。

实际上张旭也是一个饱学之士。就在送走假张旭的首级后几天,朱元璋又对刘基、宋濂说,元朝送了个大贤人给我,你们可以跟他谈论谈论。

此人正是熟悉元朝典章制度的张旭。杀随员而留使者,表明朱元璋不想与元朝完完全全断绝关系,他还要保留一些余地。

总之,在没有彻底解决陈友谅、张士诚之前,他还不想与元军直接对垒。

因此,至正二十三年(1363年)初张士诚派吕珍进攻安丰,二月小明王向朱元璋告急,朱元璋就亲自带领人马救援。

行前,他听过别人的意见。刘基明确反对。理由两条:一条是陈友谅正在窥伺,不可动。一条是,假使救出小明王,应当安置在什么地方。前者提醒要防备陈友谅来攻,后者考虑的则是将来如何对待小明王,这是个尴尬的问题。

朱元璋则对刘基说,安丰一破,张士诚势力益发膨胀,不可不救。

待他带了徐达、常遇春等人赶到,吕珍已经攻进安丰,刘福通也已经被杀。徐达、常遇春等与吕珍激战,三战三捷,大破之。陈友谅的庐州(今安徽合肥)守将左君弼出兵援助吕珍,也被击败。

这一仗,只救出小明王。他后来被安置在滁州(今安徽滁县)。

　　三月,小明王封赠朱元璋三代:曾祖父朱九四资德大夫江西等处行中书省右丞上护军司空吴国公,曾祖母侯氏吴国夫人;祖父朱初一光禄大夫江南等处行中书省平章政事上柱国司徒吴国公,祖母王氏吴国夫人;父亲朱五四开府仪同三司上柱国军国重事中书右丞相太尉吴国公,母亲陈氏吴国夫人。

　　这一举动,尽管只有象征意义,却明白无误地宣布,小明王现在名义上还是朱元璋的领袖,实际上却完全置于朱的控制之下。曹操、司马懿都干过类似的事。

　　还在朱元璋假杀张旭,与扩廓帖木儿纠缠不清时,宁海(今山东牟平)儒士叶兑写信给朱元璋,为朱元璋分析形势出主意。叶兑认为,听说察罕帖木儿妄自尊大,写信给你,就像曹操要招降孙权一样。现在元朝气运将终,人心已经不向着它了。察罕想效仿曹操所为,做的事与天下形势太不相称了。应该像鲁肃策划的,先拿下江东,静观天下动乱的走向。这是处理事情的大纲。

　　说元朝气运已终,说应该定鼎江东,自然是朱元璋希望听的。说察罕帖木儿像曹操招降孙权那样招降朱元璋,则是冤枉了察罕。有关与元朝方面的举动,应是朱元璋的活动在先,只是形势变了,他的态度也变了而已。不过即使变,也是还留一手,没有彻底断绝关系。

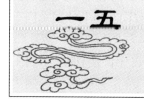

一五　大战鄱阳湖

在朱元璋紧急救援小明王的当口,又发生了一件使他震惊的事:驻守诸全(今浙江诸暨)的谢再兴投降了张士诚。他本是淮西旧人,曾派手下到杭州贩卖违禁品,被朱元璋杀了。谢自己则被召还,由李梦庚代替他。后来朱元璋考虑谢再兴是旧人,于是让侄子朱文正娶了他的长女,徐达娶了幼女。还让他回到诸全,但只能当李梦庚的副将。谢再兴顿生怨恨,说是嫁女儿不让我知道,好像发配一般,还让我听人节制。于是捉了李梦庚,跑到绍兴(今浙江绍兴),投入张士诚怀抱。

淮西旧人也不是都靠得住的。谢再兴的叛变,是一个不祥的信号。

而让朱元璋更为震惊的,是自己千虑之下引来一失,而且几乎是致命的一失。

朱元璋想先打陈友谅,陈友谅也因为在朱的压迫下疆土日蹙而忿忿不能自已,一直在寻机复仇,企图恢复以往的声势。为此他大造楼船数百艘,都高数丈,上下三层,层与层之间有走马棚,外面包裹铁皮,漆上红漆,耀眼夺目,在元末称得上无敌战舰。听说朱元璋去救援安丰,陈友谅感到机会不能错过,于至正二十三年(1363年)四月带领文武百官、六十万军队倾巢出动,全线进攻。主力直扑洪都,同时分兵攻占吉安、临江(今江西清江)等地。

这场大战,前期围绕洪都(今江西南昌)的攻防展开。

朱文正等受命守备洪都,吸取以往战例的教训,已经将西南面城墙向后移动三十步,又将东南方城墙向前移了两里多。陈友谅进至城下,见以往用大船直接靠上城墙的老办法派不上用场,只得舍舟登陆。

洪都城里,邓愈守抚州门,赵德胜等守宫步、土步、桥步三门,薛显等守章江、新城等门,牛海龙守琉璃、澹台二门,朱文正率领二千人居中节制,往来应援。

从四月二十三日开始,陈友谅军队开始全力攻城,守军拼死抵抗,双方用尽招数。

陈友谅先倾力攻打邓愈守卫的抚州门,无法得手。十天后,又将主攻方向移向薛显的新城门,仍然不能如愿。一个月后,他用新打造的武器向水关发动又一轮攻势,还是劳而无功。

守军不是一味死守,看准机会也会出城反击。

这一战激烈而艰难。攻城的不顾死伤,如同怒涛拍岸,一浪连着一浪。守城的也损失惨重,赵德胜以下,战死者不在少数。

陈友谅见强攻难以奏效,把在吉安、临江等地俘虏的朱元璋方面的将官押到城下示众,企图动摇守城部队军心。

守军已经杀红了眼,这一招并不灵。

朱文正也在动脑筋,一面传出投降的风声,让陈友谅部队懈怠下来,一面派千户张子明趁黑夜出城,赶赴应天求援。

朱元璋问张子明陈友谅兵势如何。回答是,兵势虽盛,战斗而死者不少,现在江水日涸,他们的巨舰将不利于使用,援兵一到就可破敌。当时,徐达、常遇春的部队围攻庐州(今安徽合肥)已经三个月。朱元璋清楚其中轻重缓急,关照张子明回去告诉朱文正,再坚守一个月,我亲自率军来取陈友谅。

　　张子明衔命回去,在湖口(今江西湖口)被抓获。陈友谅要
他去劝守军投降。张子明假装答应,到了城下却大喊,我已见到
主上,他命令诸公坚守,救兵马上就到。

　　这下,城中抵抗更有力。

　　七月初六,朱元璋对徐达、常遇春、冯胜、廖永忠、俞通海等
人说,陈友谅累次失败而不醒悟,是老天不让他有脑子而让他灭
亡。我这次亲自去,你们各自整理舟船,率领兵马跟着我一起
去。于是指挥着二十万人马坐船逆流而上。途中,冯胜的船被
风吹翻,朱元璋要他回应天去。

　　十天后,朱元璋大军赶到湖口。这是鄱阳湖进出要道。他
派戴德带一支部队屯江口(在今江西赣县东),另派部队守南湖
嘴(今江西湖口西北),切断陈友谅水上归路。还派人守住武阳
渡(今江西南昌东),防止陈友谅从陆上逃走。

　　七月十九,陈友谅得报朱元璋大军来援,立即撤洪都之围,
东出鄱阳湖迎战。这时,围攻洪都已经八十五天。

　　朱元璋也进入鄱阳湖。鄱阳湖上掀起一场惊天动地历时三
十六天的大决战。

　　七月二十,双方在康郎山水域(在今江西鄱阳湖康山附近)
遭遇。陈友谅的船只大而多,高的十余丈,绵延数十里,望上去
像是大山,旌旗戈盾光辉夺目,而且是顺流而下。朱元璋船小,
军队只及陈友谅的三分之一,又是逆流而上,作战起来吃亏不
少。

　　朱元璋鼓励将士:两军相斗勇者胜。陈友谅久围洪都,现在
听到我军到来而退兵迎战,他们势必拼死战斗。大家都要尽力,
有进无退,消灭这个家伙正在今天。又说:陈友谅船大,又首尾
连接,不利于操纵进退,是可以击破的。

　　他下令将所有船只编为十一队,交战时先用火器,稍近时用

弓弩,靠拢了再用兵器格斗。

第二天,朱元璋改用合战的办法,组织船队冲进敌军阵营中厮杀。徐达率先冲击敌军前锋。俞通海则用火攻焚毁数十艘敌船。总的来说,双方得失差不多。

但是,张定边曾经驾船直冲朱元璋的座船。朱元璋急忙指挥躲避,偏偏船又搁浅。幸亏常遇春在旁射中张定边,俞通海又赶来救援。急驶的船掀起波浪,将朱元璋的船冲离浅滩,他才脱险。俞通海的小船被对方大船压在下面,全靠士兵用头死死顶住,才得以幸免,而他们的头盔全部都碎了。

第三天,陈友谅派出的都是巨舰。朱元璋这边船小,仰攻不利,有人流露出害怕的神色,朱元璋亲自靠前指挥,还斩杀了十多个退缩者,形势却难有改观。部将郭兴看出问题症结:并非将士不拼命,而是船只大小悬殊太大,不能单靠攻杀而应辅以其他方法。于是朱元璋再次改变战术,命令常遇春调来七条船,装上火药和引火物,敢死队驾船冲进敌阵。老天也帮忙,刮起东北风,风大火烈,烟焰漫天,湖水都红了。霎时对方阵脚大乱,朱元璋诸将乘势发起冲锋,斩首二千余人,烧死的、溺水死的无法计算,连陈友谅的弟弟友仁也被烧死,陈友谅气焰顿减。

朱元璋的部队打得十分顽强。陈友谅侦知朱元璋坐的是条白色桅樯的船,下令全力攻击它。这情报又被朱元璋知道了,下令将所有桅樯都漆成白色。

次日开战,陈友谅找不到朱元璋的坐船,仍然下令发炮攻击。刘基苦劝朱元璋换条船。才换好,回首一望,原先那条已经被陈友谅的炮火击中。廖永忠、俞通海等本是水军将领,这次正得其所。他们驾了六条战船,冲入陈友谅的船队中,又从里面旋绕而出,没有受到损失,朱元璋手下将士齐声欢呼起来。

但是,陈友谅依仗装备、兵员的优势,还在顽强作战。

战场形势反反复复。开战头几天很难断言谁占优势。

第五天上午，陈友谅又大败了一阵。张定边感到无力再战，挟带陈友谅想占据鞋山(今江西湖口南)再北出长江，不料遭到朱元璋部队的阻击，终于收拢船只，不敢再战。

有将领建议，可以还师休整了。朱元璋不敢大意，因为从康郎山水域退下来的陈友谅船队，阵容还很可观。在他看来，此时还是胜负相当，现在先退，陈友谅必定要追过来，不同意退军。

因为此次作战出力而受到朱元璋表彰的俞通海，此时建议：湖中有浅滩，舟船难以回旋调动。不如到长江里去，占据敌人上游的有利位置，让他们舟船来自投罗网。

朱元璋同意了。白天不敢移船，怕陈友谅乘机攻击，而是趁着夜色，越过陈友谅水师营地，移泊鄱阳湖入口处的左蠡(今江西都昌西北)，扼守陈友谅退入长江的必经之路。这是第六天晚上的事。

陈友谅水师也移渚矶(今江西星子南)驻泊。

从此，两军隔湖相望，只有些小接触，再也没有康郎山那样激烈的大战。事实上，中国历史上建造战舰的记载不少，真正在水面上双方主力决战的，康郎山之役还是空前绝后的大水战。

双方相持，并不对陈友谅有利，因为他困在湖中。三天后，他问计于亲信，手下将领观点针锋相对。有的建议弃舟登陆，回去后再作打算。有的反对退兵，坚持一战。陈友谅唯恐再吃败仗，倾向于登岸回军。坚持一战的将领实际上并没有把握，害怕打输了被陈友谅降罪，于是便投降了朱元璋。主张退兵的将领本来就没有斗志，听说有人投降，更觉得大势已去，跟着也投降了。

此时，朱元璋又给陈友谅送来一封信。信中通篇在教训、奚落陈友谅：现在天下大势，上策是一同讨伐夷狄，安定中原。而互相结怨,然后再对付夷狄,是无策。从前你进犯池州,我不以为嫌,送还俘虏,想与你结成联盟,各自安定一方,至于谁能一统天下,就要听从老天的安排。你不作这样的打算,先与我为仇,所以我破你的江州,占领蕲、黄、汉、沔等地,还占据了龙兴十一郡。现在你又不吸取教训,先困于洪都,再败于康山。你的亲人被杀,损兵折将达数万之多,而没有一尺一寸的功劳,这就是你逆天理、悖人心所致。你乘坐尾大不掉的船只,兵甲委顿疲惫,与我相持。以你平日的狂暴,正当亲自决一死战,为什么畏畏缩缩跟在我的后边,像是听我指挥似的,莫非你不是个大丈夫吗?你早点决定吧!

这封信其实是心理战,是为了激怒陈友谅,言辞不实以及过分之处很多。莽撞的陈友谅却不能忍耐,只可怜那些被陈友谅俘虏的军士,因此都作了刀下之鬼。

朱元璋听说后,马上释放了所有俘虏,有伤的还给医疗。又下令军中,以后抓到了俘虏都不要杀死,还在战场上祭奠阵亡将士。

在做这番动作的同时,朱元璋没有忘记整顿自己的阵地,严防陈友谅突围。

陈友谅一连半月,动静全无。

朱元璋又写信挑衅,一面说江淮英雄只有你我两人,一面又说陈友谅现在战败,要去掉帝号,等待真命天子,也就是自己的到来,否则,到丧家灭姓之时就悔之晚矣。

陈友谅虽然愤恨,又无可奈何,而且只能在鄱阳湖里眼睁睁看着朱元璋夺取蕲州(今湖北蕲春)、兴国(今湖北阳新),退往老巢武昌的路途愈来愈艰难。还有情报说,朱文正扫荡自己派出的收集粮食的小股部队,军中存粮日少一日。

陈友谅被围湖中一月,外无救兵,内无粮草,不得不于八月二十六日冒险突围。船队在南湖觜遭到阻击，又突向湖口。

朱元璋手下诸将顺流与之搏战，一直打到泾江口。

陈友谅的船队且战且走，到天黑还没有脱离战斗。当陈友谅在船舱里探头张望时，被流箭射中身亡。太子善儿被俘。张定边保护着陈的次子陈理逃回武昌。延至第二天，无人统领的残部投降了朱元璋。

一场两大势力间的决战，以朱元璋取得决定性胜利而告结束。

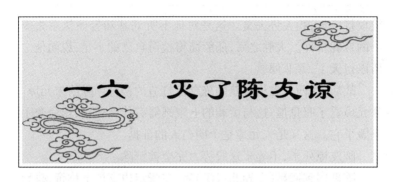

一六　灭了陈友谅

至正二十三年(1363 年)九月,朱元璋回到应天(今江苏南京),论功行赏。

有人对这次取胜不解,认为陈友谅在上游,得了地利,而自己千里赴援,对方以逸待劳,为什么自己反而得胜。

朱元璋讲了一套道理:你们没有听古人说,天时不如地利,地利不如人和。陈友谅军队虽然多,但是人各一心,上下猜疑。他连年用兵,几次失败没有成功,使他不能"养威",即树立自己的威望。他又不懂"俟时",即等待时机。今天东边出了事,就应付东边,明天西边出事,又要赶到西边。疲于奔命,就失去众人的信仰。作战这个事,贵在因时而动,一动就要有威势,有威势就能胜利。我以适时行动的军队,威势上压倒敌人,又是将士一心,人人勇气百倍。好比鸷鸟搏击小鸟,小鸟连巢卵都保不住。这就是陈友谅被我所破的道理。

懂得从战略上总结经验,得出"养威"、"俟时"的思想,朱元璋不失为一个明白人。观察以前他的军事行动,也透露出类似的特色,虽然还是下意识的。自此之后,他在军事行动中这一思想体现得更为明显。

当着众将,他多少显得自信,而且有些自得。背过身去,他还是不得不对刘基说:我不当有安丰之行。假使陈友谅乘虚直接攻打应天,我大势去矣。这是对他不听刘基劝告而执意去安丰的自我批评。大胜之后,还能懂得检讨自己的不足,说明他之所以得天下,并非偶然。

战后,江西行省将缴获的陈友谅打造的镂金床献给朱元璋。朱元璋看了叹息道:这与孟昶的七宝溺器有什么区别,遂命令手下毁了它。这又是朱元璋是个明白人的证据。

陈友谅死了,不等于这股势力完全被铲除。

陈理回到武昌(今湖北武汉)后,在张定边支持下称帝,改元德寿。张定边当了太尉。

朱元璋不允许这股好不容易才打败的势力再恢复元气。他从前没有追击逃跑的陈友谅残部,理由是穷寇勿追,现在却再次踏上西征之路。

九月,他亲自带领各路人马进军武昌。十月到武昌城下,命令陆上树立木栅,水上串联船只,将武昌围得水泄不通。又分头攻打汉阳、德安(今湖北汉阳、安陆)等地。

朱元璋告诉将领们,陈理就像野兽进了牢笼,想跑也没有路,日子一久会自己降服。假使他要冲出来,千万不要与他作战,只要坚持营建栅栏将他困死,不担心武昌打不下来。他命令常遇春负责武昌的军事。

布置妥当,十二月他回应天处理更为紧要的事务去了。至正二十四年(1364年)二月,要事告一段落,又匆匆赶到武昌前线。

恰逢岳州(今湖北岳阳)丞相张必先率领援军到达城外二十里的洪山。朱元璋趁他立足未稳,命常遇春出击,生擒了张必先,还带他到武昌城下招降。张必先打仗凶悍,外号"泼张"。城中本来寄希望于他,见此情形,大受打击。

适逢傅友德又攻下了武昌东南制高点高冠山,城中再无抵抗之力。

朱元璋围城不攻,本来就不打算在此作无谓的消耗。至此,派陈友谅旧臣罗复仁去劝陈理投降。

罗复仁见了陈理先是大哭,又转达朱元璋的意思,投降之后不失富贵,再加半是劝解半是威胁:朱元璋大军所到之处摧枯拉朽,规矩是不投降就要屠城。武昌城里的百姓又有什么罪过呢?

陈理、张定边见大势已去,决定投降。二月十九日,陈理嘴衔玉璧,不管天冷,赤了膊,绑住双臂,带了太尉张定边以下文武,开城投降,见了朱元璋战栗不已。

朱元璋安慰他,我不定你的罪,不要自己吓自己。又派人安慰陈友谅的父母,告知官府仓储,他们可以随意拿取。命令投降的城中文武百官,可以带自己的家人和财产出城。而自己的军士,则接到不准入城的命令。于是城中平安,甚至饥困者还能得到赈济。

周边汉阳、沔阳(今湖北玉沙)、荆门(今湖北长林)及岳州的守军听说朱元璋如此举动,纷纷投降。

朱元璋成立湖广行中书省,以杨璟为参政,镇守武昌。回到应天后,封陈理为归德侯。

这一阶段,徐达、常遇春继续在江西、湖广一带扩大战果。

七月,徐达克复庐州后又向荆湘等处扫荡。九月间又将江陵(今湖北江陵)、夷陵(今湖北宜昌)、潭州(今湖南长沙)、归州(今重庆秭归)等地收归自己的掌握之中。十二月,攻克辰州(今湖南沅陵),还派人打下了衡州(今湖南衡阳)。至正二十五年(1365年)正月,他还攻下宝庆(今湖南邵阳),基本平定了湖南一带。

常遇春率领的部队先在江西活动。从至正二十四年(1364年)七月克复吉安(今江西吉安)开始,继而进围赣州(今江西赣县），并于次年正月破城，守将熊天端投降。接着，他挥军南安（今江西大庾），招安岭南各处，拿下了韶州（今广东韶关）、南雄（今江西南雄）。

之后，他执行了一项特殊命令：回到洪都协助朱元璋逮捕了朱文正。

朱元璋占领应天时曾经问过朱文正想当什么官。他的侄子回答道，叔父成就大业，我还怕没有富贵？爵赏先给自己家里人，怎么让众人心服。当时很得朱元璋喜爱。后来朱文正当上大都督，镇守洪都。他坚守洪都六十多天，为朱元璋在鄱阳湖战胜陈友谅立下大功。

事情也由此而起。朱元璋以他先前说过，爵赏可以先给人家，所以没有给他什么奖赏，朱文正则不无怨望。朱元璋对之可能早有耳闻。这次他抓住侄子两条小辫子：一条是纵容部下抢夺人口；一条是按察使李饮冰参他骄侈。

朱元璋派人前来诘责。朱文正更加不满。李饮冰火上浇油，说朱文正有异志。朱元璋亲自赶到洪都，召来朱文正当面责问，将他带回应天。

按照朱元璋的本意是想杀了他，马氏夫人竭力劝阻，认为侄子只是性子刚烈，不会有其他的想法。于是将他免官，安置在桐城（今安徽桐城）。不久，朱文正在忧愤中死去。他是朱氏家属中最早死于朱元璋之手的。

扳倒朱文正的李饮冰也没有好下场，后来也被朱元璋找了个罪名，杀了。

替朱元璋办完这项特殊使命，常遇春改向襄、汉方向出击。五月中接连攻克安陆（今湖北钟祥）、襄阳（今湖北襄樊）。

至此，陈友谅势力被彻底铲除，朱元璋十分欣喜，专门发布了一份文告。文告中说，我以渺小的身躯，蒙受天地百神的福祉,受托亿万百姓之上,戡平叛乱归于安定,绥靖动荡趋向宁静,疆土日益开辟增加。你们那个故主陈友谅,杀死自己的君王僭越谋逆,罪恶到了极点。又无故发起战事,侵犯我边境,因此发动问罪之师,以安抚复苏的希望。全赖上天的灵验,我军队所到之处,没有不胜利的,江西各地,一鼓作气被我拿下。那个陈友谅仍然坚持罪恶不思悔改,纠合残余势力,于癸卯(1363年)七月,屯兵围攻洪都城。我于是统率水师,亲自前来与他决战。结果陈友谅被打败,人也战死,手下将士都投降了。我又进攻武昌,他儿子陈理也归顺天命所在。因此布告中外,使大家都知道。

公开的布告里只能说些冠冕堂皇的话,为了美化自己,不能不歪曲某些事实。而朱元璋与自己周围的将领谋士的内部谈话,则要深刻得多。

朱元璋从陈友谅的作为中看到了一些问题,要求大家引以为戒。在他看来,陈氏的失败,不是缺乏勇将精兵,而是他的部下骄矜,又加上法令放纵松弛,不能坚持忍耐,只靠人多而缺少谋略,所以才到这个地步。假使他持重有谋略,上下一心,据有荆楚的财富,把守江汉的险要,横跨江西,联络闽越,保有他的百姓,以等待时机,则进足以窥视中原,退足以抗衡一方,应天方面怎么能够夺取这里。陈友谅举措一失当,就导致土崩瓦解,这真是要作为鉴戒的。

这席话,又一次强调了军事决策要等待时机,还要求"持重"。他后来消灭张士诚,征讨中原,都是如此的行事风格。

一七　两个吴王

　　鄱阳湖打败陈友谅之后,朱元璋匆匆赶回应天的要紧事是称王。

　　至正二十三年(1363年)九月,张士诚自称吴王。此时,朱元璋与陈友谅正在鄱阳湖大战。

　　先前张士诚占领平江(今江苏苏州),西边是朱元璋,东边是苗军元帅杨完者,在两大强敌夹击之下,日子不好过。至正十三年(1353年)他刚起兵就请降,元朝淮南江北行省授以官职,不久又反。十四年(1354年)自称王,但在杨完者、朱元璋夹击下,形势不妙,特别是十七年(1357年)七月,弟弟张士德被赵德胜俘虏后托人传话,要他投降元朝。张士诚就派从集庆逃来投奔自己的蛮子海牙,向杨完者和江浙行省左丞相达识帖木儿投寄降书。结果,张士诚得封太尉。

　　在元朝兵部尚书伯颜帖木儿的往来斡旋之下,张士诚又与方国珍合作。方出船运输,张提供粮食,至正十九年(1359年)运了十九万石粮食到大都。以后二十年到二十三年(1360～1363年),每年都运去了十几万石。

　　本来是张士诚想结交杨完者。达识帖木儿实在受不了杨完者的跋扈,转而与张士诚结盟,干掉了杨完者。张士诚由此得了杭州。

自称吴王之后,张士诚停止向大都运粮。第二年,即至正二十四年(1364年),张士信还屡次当面数落达识帖木儿的过失,甚至勒令他自陈老病致仕,将他迁到嘉兴安置,自己当上了江浙行省丞相。

他占据的疆域最大时南到绍兴(今浙江绍兴),北抵济宁(今山东济宁),东临大海,西达汝颖濠泗(今河南汝宁,安徽阜阳、凤阳、盱眙)诸州,号称二千余里。

尽管如此,朱元璋、刘基还是从骨子里瞧不起张士诚,批评他器识狭小而没有大志,耽于小利而缺乏远图,所以决定先打陈友谅。

事情也如朱、刘所料,朱、陈之间大的战役就有好几次,张士诚也不敢乘虚而入,错失了大好时机。

至正二十年(1360年)八月,陈友谅约张士诚一起进攻,他按兵不动。

二十一年(1361年)八月,朱元璋与陈友谅在安庆、九江大战。张士诚十月间才派司徒李伯升进攻长兴(今浙江长兴),结果被常遇春解围。

二十二年(1362年)春夏,东边蒋英叛杀胡大海于婺州,李祐之叛杀耿再成于处州,西边祝宗、康泰反于洪都,朱元璋几乎四面楚歌。此时,张士诚总算在三月间派张士信去打诸全,但被严州守将朱文忠一番虚张声势所吓退。

二十三年(1363年)四月谢再兴叛投张士诚,陈友谅又大举进攻洪都,与朱元璋激战鄱阳湖。张士诚居然只派李伯升在诸全骚扰了一下。

甚至这一年秋冬朱元璋西征扫荡陈友谅残余势力,对这个最后的机会,张士诚也不闻不问。

张士诚的兴趣似乎在及时行乐上。他在平江大造王府,留连于富丽堂皇的亭台楼阁之中,以醇酒美女轻歌曼舞自娱。上有所好,下必甚焉。部下将领群起仿效,纷纷起宅第,饰园池,蓄养女优,沉溺酒色。

事情甚至到了出征作战,非得封官爵赏田宅不可的地步。前方在作战,张士诚与手下照样歌舞宴乐,至于丧师失地,倒是无所谓,他并不追问。

张士诚肚子里墨水不多,却忙着与文人骚客吟风弄月。精力都花在享乐上面,政事则全推给了弟弟张士信。

张士信更不识大体,妒贤忌能,只信用黄敬夫、叶德新、蔡彦文三个马屁功夫极好的庸人。连平江百姓都知道这样长久不了,编了民谣:"丞相做事业,专用黄菜(谐音蔡)叶,一朝西风起,干瘪。"

朱元璋闻听,不禁感慨:我各样事情无一不经心去做,执法从不轻恕,尚且有人欺瞒我。张九四终年不出门,不处理政事,岂能不被人欺瞒。

这样一个张士诚也称了吴王。朱元璋当时只称吴国公,矮了一截。应天的文武百官纷纷上表请求朱元璋称帝。打垮了陈友谅,远及湖广的大片土地也归于朱元璋的控制之下,势力远非刚到江南时可比。

但是朱元璋仍然以军事行动没有停止、百姓创伤没有复苏加以拒绝。在他看来,这时候的天命所归究竟在何处还很难说,人心所向还说不准,贸然称帝并不适宜。他主张,要称帝,等到天下大定时再实行也不迟。

朱元璋的左右还是坚持。于是,他退了一步,不称帝而称王,比原来的公升了一格,从吴国公升为吴王。

于是出现了两个吴王并存的局面,可以将平江的吴王张士诚称东吴,应天的吴王朱元璋称西吴。

出于缓称王的考虑,朱元璋仍然奉龙凤为正朔,颁发命令要写上"皇帝圣旨,吴王令旨",表明自己还是小明王属下。

表面文章做足了,骨子里他的一套班底名正言顺地同样升了一格。李善长当上了右相国,徐达为左相国,常遇春、俞通海为平章政事,汪广洋、张昶分别为左右司郎中,已经具有开国规模。而朱元璋的大儿子朱标则被立为世子,他的事业后继有人了。

官制变化不算大,朱元璋命脉所系的军制却变动不小。原来各翼统军元帅被撤销,改设武德、龙骧、豹韬、飞熊、威武、广武、兴武、英武、鹰扬、骁骑、神武、雄武、凤翔、天策、振武、宣武、羽林十七卫亲军指挥使司。与此相应,所有军队按实际人数,五千人设一指挥,一千人设千户,百人为百户,五十人为总旗,十人为小旗,约略与今天的团、营、连、排、班相仿,即只设带兵人数有限的下级军官,原来沿袭元朝旧制的枢密、平章、元帅、总管、万户等中高级军官名称被统统废除。这一改,切断了高级将领与军队的直接联系,应该是出于朱元璋直接控制军队的考虑,成为后来设立五军都督府的张本。

朱元璋还发布谕令:立国之初,应当先正纪纲。元朝暗弱,威权和福分都下移,以至于造成祸乱。现在应该以此为鉴。他还没有当上皇帝,已经在用元朝的例子教训臣民,表明他建立的政权,将是一个他个人专权的强有力的政权。

小明王此时在滁州(今安徽滁县),只顶着一个空名号而已。

朱元璋身在应天,志图中原。他与文臣孔克仁议论天下形势时说道:元朝气运已经差不多了,天下豪杰互相争夺,他们打来打去,就有机可乘。我想督促两淮江南等地的百姓及时耕种,再加以作战训练,使他们亦兵亦农,这样进可取退可守。再在两淮之间运输通达的地点,储备粮食以等待时机。兵员、粮食都充足了,中原就可以拿下了。孔克仁称是:积蓄粮食,训练士兵,观察战事发展,等待时机,这是上策。

当时,朱元璋兵势日盛,他也以汉高祖自许,曾经对孔克仁说:秦朝政治暴虐,汉高祖起布衣,以宽大的政策驾驭群雄,所以成为天下之主。现在群雄蜂起,都不知道整治法度以修明军政,这就是他们之所以没有成功的道理。

他又与孔克仁具体分析各地情况:天下可以数得上掌握军队的,河北有孛罗帖木儿,河南有扩廓帖木儿,关中有李思齐、张良弼,然而军队强大而没有约束的是河北;稍有约束而军威不振的是河南;道路不通畅,粮饷不充实的是关中。江南则只有我与张士诚。张士诚多奸谋,好用间谍,驾驭手下没有约束。我有数十万军队,修明军政,用好将帅,看准时机而行动,从这个趋势看天下不难平定。孔克仁连忙叩头,称赞朱元璋神武,平定天下于一尊,就是在现在啊。

确实,陈友谅势力被消灭之后,能与朱元璋争雄的,只有张士诚了。

朱元璋并没有马上行动。北方扩廓帖木儿的势力已经与他相邻,他要做一些准备,防止进攻张士诚时腹背受敌。而扩廓帖木儿与孛罗帖木儿之间的斗争,又搀杂着内廷阴谋,此时正愈演愈烈,似乎顾不到南下找朱元璋的麻烦。

至正二十三年(1363 年),孛罗帖木儿在与扩廓帖木儿、李思齐的战斗中开始处于下风。但是,他还是收留了因为得罪皇太子爱犹识礼达腊而逃到大同(今山西大同)的御史大夫老的沙、知枢密院事秃坚帖木儿。此时爱犹识礼达腊与他的母亲奇氏,因顺帝懈怠政事,正在密谋让他禅位,老的沙等人逃归孛罗,让他忿忿不已。第二年三月,在大臣的劝阻下,爱犹识礼达腊才不再坚持亲征孛罗帖木儿,但依然用顺帝名义下诏,以匿藏老的沙,阴谋叛逆的罪名,解除孛罗帖木儿的兵权和官职。

孛罗帖木儿拒不奉诏。于是,扩廓帖木儿奉诏讨伐孛罗。

孛罗打不过扩廓,回头找元朝中枢的不是,以右丞相搠思监假传诏书为名,四月间命令秃坚帖木儿率军进攻大都(今北京)。爱犹识礼达腊见势不妙,逃出大都。顺帝根据孛罗帖木儿的意思,放逐搠思监至岭北,又加孛罗为太保,仍然守御大同。等秃坚帖木儿退兵,爱犹识礼达腊才回到大都。

这年五月,扩廓帖木儿又奉诏征讨孛罗帖木儿。当然,这一回又不知是谁的诏书。孛罗一面留兵守大同,一面又兵进大都。爱犹识礼达腊领军与孛罗作战,军无斗志,只得再次出逃。

顺帝命孛罗为中书左丞相、老的沙为中书平章政事、秃坚帖木儿为御史大夫。他们虽然控制了中央政权,顺帝还是说孛罗与扩廓都是他的股肱,要他们放弃宿怨,共同辅佐他。当然,这话可能是太子之母奇氏逼出来的。只是两手空空的皇帝说一句空话,不可能发生实际效力。这是至正二十四年(1364年)七月的事。

八月,爱犹识礼达腊到达冀宁(今山西太原),即扩廓帖木儿的控制范围。次年,即至正二十五年(1365年)三月,他命令扩廓、李思齐等向在大都的孛罗帖木儿进攻。

孛罗帖木儿认为这一切与奇氏在宫中不无关系,于是将她幽禁起来。毕竟军力不济,七月间,秃坚帖木儿、老的沙等都逃走,孛罗则被杀,首级被送到冀宁。

九月,扩廓帖木儿护送爱犹识礼达腊回大都后,被封为太尉、中书左丞相、录军国重事、同监修国史、知枢密院事,兼太子詹事,执掌了元朝的军政大权。

孛罗帖木儿、扩廓帖木儿、李思齐等元军主力在北方纠缠不清,朱元璋喜不自胜。

　　还在至正二十一年(1361年)间,那时扩廓帖木儿的养父察罕帖木儿权势正盛,在中央为中书平章政事,位置仅次于丞相,更兼了"知河南山东行枢密院事、陕西行台御史中丞",执掌着与红巾军战斗区域的军政大权。朱元璋曾派了一个小官汪河前往山东,与察罕通好。有此前情,至正二十四年(1364年)正月,朱元璋派人送回以前扣留的扩廓帖木儿使者,以示友好。十二月,又派人与扩廓通好,甚至表示愿意与他一起攻打孛罗帖木儿,声称乱臣贼子,人人可以征讨,何必有彼此之分。次年七月,使者向扩廓转达朱元璋的话:阁下果真能够挟天子令诸侯,在中原开创基业,则应该公开诚心,表示磊落的态度,对我们江淮友好。

　　这些当然只是在当时形势下说说而已,作为一种外交手段,当不得真的。朱元璋的真意是稳住扩廓帖木儿,不要南下与他为敌。

　　他的注意力集中在张士诚身上。

　　而张士诚不辨形势,此时还在向朱元璋挑衅。至正二十四年(1364年)十月,张士信进攻长兴,被耿炳文、费聚击败。他又增兵围城,被汤和从常州来援部队内外夹攻,大败而归。次年二月,李伯升、谢再兴又进攻诸全,守将胡德济坚守,朱文忠、胡深分头驰援,三处人马夹攻,李伯升、谢再兴也是大败。

　　一而再的挑衅,徒然给了朱元璋大举进攻的口实。

一八　夺取江北

　　张士诚占据的地盘不小,南至绍兴,北达济宁(今山东巨野)。江南膏腴之地,差不多有一半在他掌握之中,江北则有渔盐之利。此外,连朱元璋的家乡濠州(今安徽凤阳)也被他控制。陈友谅被消灭之后,该轮到张士诚了。

　　朱元璋早就在鼓励将士加紧训练,到战场上去搏取荣华富贵。他说:刀不经常拿在手里,用的时候反而会伤了手指。舟船不经常驾驶航行,开出去就会倾覆沉没。兵器战马不经常训练,打仗就没有不失败的。我一直想让你们多训练,你们要记住,官爵、荣华富贵,都只有立功的才能得到。

　　根据张士诚的地盘为一狭长地带的特点,朱元璋的战略是先取江北的通、泰(今江苏南通、泰州),剪除张士诚的北方羽翼,然后再集中全力攻打张士诚根据地浙西。

　　至正二十五年(1365年)十月,朱元璋下令征讨张士诚,声称:王者之师出征讨伐,是顺天应人之举,是用来平息祸乱而安定民生的。张士诚假借元朝的名义,叛变归顺变化无常,上天这次假手于我,派出军队是代上天实行讨伐。况且张士诚多次向我主动挑衅,袭击我安丰,入寇我诸全,接连挑起战事制造祸端,罪恶不可饶恕。这次我命令大军征讨,只是惩罚罪魁祸首。在那里的军民不要恐慌,不要畏惧,不要妄自逃窜,不要荒废农业。

我已经命令大将军约束官军,不要发生掳掠,违者以军律论罪。特此布告中外,体察我的诚意心怀。

这一月,他命令徐达、常遇春、胡廷瑞、冯胜等水陆并进进攻泰州。泰州在朱元璋控制的扬州东面,又是张士诚江南根据地与江北大片地区的联系枢纽。占领这个战略要点,就可以切断张士诚南北联系,分割奸敌。

张士诚自然懂得其中利害,不会将它拱手让人。双方在此一场大战,虽然常遇春击败了从淮安(今江苏淮安)南下的援军,而从十月二十一日起就围攻泰州的徐达,则一时难以得手。

就在常遇春的捷报传来不几天,朱元璋得到江阴守将康茂才的报告,张士诚以四百条船的水军到达江阴东面的长江中,另有小船在孤山(今江苏泰兴东南)江面出没。可能有计谋,请作好准备。

朱元璋亲自到江阴水营巡视,判断这是张士诚的诡计。他一面调廖永忠增防江阴,一面派人送信告诉徐达:敌人并没有攻打江阴,直奔我上游的计划,不过是派出些战船,弄些假象来迷惑我们,诱使我们陆上部队去守备水营。我们的部队一分散,他们又会弃水登陆,打击我们空虚了的陆上部队。这是一个诡计。又听说常遇春东出海安(今江苏海安)七十余里追击敌军。敌兵不过万人,军队如此少,没有抗拒我大军的可能,不过是想引诱我们深入他们的地盘。离开泰州一远,他们必定派遣部队赶到海安,使我军兵力分散,首尾不能相顾,来不及互相救援。此又是一条诡计。兵法说,调动敌人而不被敌人调动。你要审慎考虑。使者一到,你马上命令常遇春驻守海安,自己好好看住已经被包围的泰州新城,以逸待劳,还害怕不能打胜?泰兴(今江苏泰兴)以南,以及长江里的敌人船只,也应该防备他们。

徐达领命,指挥主力部队加紧围攻泰州。闰十月二十六日,也就是围攻了整整一个多月之后,拿下了这个至关紧要的据点。从此,张士诚的地盘就像被拗断的哑铃,一分为二。

张士诚不是不想支援江北,但廖永忠守备的江阴阻梗在中间,总有不小的顾忌。十一月间,他在宜兴(今江苏宜兴)发起攻势。这里是张士诚屡屡败北之地,而且与江北战场没有直接关系。这一次又被奉命驰援的徐达击败。

棋高一着,束手缚脚。张士诚与朱元璋较量,处处被动,显得无可奈何。

宜兴之战后,朱元璋先是命令徐达乘胜向北进军高邮(今江苏高邮)。又恐他过于深入,改命冯胜代替徐达指挥围攻高邮,徐达还驻泰州,总制兵马,策划进攻淮安,及濠、泗(今安徽凤阳、泗县)等处。可是冯胜求功心切,中了诈降之计,损失上千将士,被朱元璋责打大杖十下,还罚他步行回到高邮前线。此人在朱元璋手下多年,从未遭到这样的挫折,受过如此重责,激愤之余,攻城更猛,至正二十六年(1366年)三月攻克高邮。

四月,徐达破淮安水营,淮安守将梅思祖献城投降。元军徐州守将陆聚也以徐州、宿州(今江苏徐州、宿县)等地献降。

夺取濠州,对朱元璋有着特殊的意义。

"濠州是我的家乡,而我却丢了它,这是有国而没有家啊!"在这样的想法支配下,朱元璋要李善长以同乡同里的身份给濠州守将李济写信劝降。李济得信后没有马上回信,而是到四月间朱元璋兵临城下,才开门出降。不管怎样,濠州之役总算遂了朱元璋心愿,没让家乡父老遭受兵灾之苦。

朱元璋控制濠州后,就匆匆赶来扫墓。

当年靠人送了块地才埋葬了父亲,这次朱元璋衣锦荣归,为这原本不起眼的坟墓一下子安排了二十家守冢户。另外还赐与朱家颇有交往的汪文、刘英粮食布匹。朱元璋免不了还大摆酒席,宴请父老乡亲。

　　席间,他讲了一番颇有意思的话:我离开家乡十多年,艰难百战,才得到回来扫墓的机会,与父老子弟们重新相见。现在苦于不能久留此地与大家欢聚行乐。请父老们教导子弟对家人孝悌,勤劳耕作,不要远离家乡去做生意,因为淮河两岸许多地方还不在我的控制下,还有战事,大家都要善自珍爱。

　　朱元璋送给家乡最重的一笔礼物是下令免除当地的租赋。以后,他还多次蠲免家乡的租赋,时间有长有短,范围有大有小。

　　凤阳当地民谣:“自从出了朱皇帝,十年倒有九年荒。”说的可能是实情,但只是时间上的巧合,朱元璋并不想弄糟自己的家乡,他为家乡做了些事,只是不得其法,没有改变家乡面貌。这倒可与他对苏、松、常、杭、嘉、湖地区的苛刻相对照。这些地方是著名的鱼米之乡,也是张士诚的老巢。被朱元璋征服之后,这里税赋出奇的重,有“苏松税赋半天下”之称。但是,免税的地方,唱起怨恨朱元璋的凤阳花鼓,重赋者的日子却不见得比别的地方差。这当出乎朱元璋的意料。

　　朱元璋这次衣锦回乡,某种程度上也可以说是顺道。因为扫除张士诚以及元军在这一地区的各支部队,还应该是朱元璋的关注重点。就在他归省扫墓的同时,徐达克复安丰,又分兵与扩廓帖木儿在徐州地区发生冲突,并打败了他。于是徐州周边的宿迁、睢宁、邳州、沛县(今江苏宿迁、睢宁、邳县、沛县)等地,乃至整个淮东地区都收归朱元璋所有。他在濠州可以说是靠前指挥。

　　他向徐州吏民发布了一份文告:近年胡人的元朝政治失败,天下人认为豪杰奋发兴起,太平就可以来到。但是这些豪杰只用妖言惑众,不能上顺天意,下悦民心,因此自取灭亡之道。等到元兵云集,他们那些老将旧臣虽然掌握兵权,但都没有战胜叛乱的谋略。军队所到之处，比蜂拥而起的盗寇更厉害，致使中原一片混乱，城市都成废墟，动乱造成的灾祸达到极点。

这篇文告，将朱元璋自己曾经投身其中的红巾军说成盗寇，把明教的宣传说成妖言惑众，明显出于朱元璋手下一帮儒生之手。大概他们以为，这样一说就可以撇清朱元璋与红巾军的关系，实际上只是露出了朱元璋羽翼丰满之后，抛弃了一度信仰过的明教，彻底倒向历来占统治地位的儒家的真面目。

五月间，朱元璋才从濠州回到应天。他大约用了半年时间，铲除了张士诚在江北的势力，剪掉了张士诚的一只翅膀，也解除了来自侧翼的威胁，此后可以全力进攻张士诚江南巢穴。

江北大战，张士诚的军队被动挨打，一座座城池被朱元璋夺去，而在江南，战况依旧如此。至正二十六年（1366年）正月，张士诚曾经亲自率水军出马驮沙（今江苏靖江境，原长江中一沙洲）进攻江阴。朱元璋得到报告，立即亲自出马，赶到镇江时张士诚水军已经火烧瓜洲（在今江苏扬州），掳掠一番之后又退走。康茂才、吴良受朱元璋命出江追击，在浮子门（今江阴江面）与张士诚一战，居然俘虏了五千多人。朱元璋称赞，吴良就是当今的吴起。

朱元璋回到应天，对他居住的城市进行了改造：一是改筑应天城，一是在钟山南面修建新宫。这占去了他不少时间，但是他的注意力仍然集中在张士诚身上。

一九 又灭了张士诚

至正二十六年（1366年）八月，徐达受命担任大将军，与副将军常遇春一起，统率二十万大军讨伐张士诚。

誓师时，朱元璋告诫诸将，城下之日，你们应该约束部下，不要抢劫，不要杀戮，不要损坏庄稼，不要毁坏房屋。听说张士诚母亲葬在平江城外，你们要慎重保全她的坟墓。

为了让大家记住这番话，他还特意发了一张戒约纸。

在考虑战略步骤时他召徐达、常遇春研究首攻何地。一如战场上的刚勇，常遇春建议：此行当直捣平江，平江一破，其余各地可以不费力地拿下。他的理由是，驱逐猫头鹰要去掉它的鸟巢，去除老鼠要烟熏它的洞穴。

这种急进的战法不合朱元璋的一贯风格。他喜欢持重，或者用他自己的话叫做"养威"，叫做"俟时"。

朱元璋认为，张士诚出身盐贩，与守湖州（今浙江湖州）的张天骐，守杭州的潘原明等都是强硬顽梗之徒，互相之间都像同胞手足一样。假使张士诚处境危急，张天骐他们害怕同归于尽，必然拼命相救。现在不先分解他们的势力，贸然去攻平江，假使张天骐出湖州、潘原明出杭州，援兵四下赶到，就难以取胜。不如出兵先攻打湖州，使他们疲于奔命，羽翼剪除了，然后再移兵攻打平江,破城就是必然的事了。

常遇春还想坚持己见。朱元璋将了他一军:攻湖州失利,我自己承担责任,假使先攻平江失利,我就不宽恕你。常遇春至此不复再言。

统一了内部意见,就公布《平周榜》,宣布出兵征讨。历来遇到这类征讨大事,总会有一篇堂堂皇皇的布告,宣布征讨对象的罪状,可以显得师出有名。

大概由朱元璋帐中能人执笔的这篇《平周榜》,大致可分五层意思。

起首很有力,一上来就说"伐罪吊民,王者之师",一下子就把自己征讨张士诚的行为,放在与黄帝、商汤、周文王三大圣人诛杀征讨蚩尤、葛伯、崇侯同等的地位,说成救民之举。

第二层,在描绘当时的情景"死者枕藉于道,哀苦声闻于天"的同时,将造成这般情景的原因归之于百姓"误中妖术","妖言"得以流行,凶险的阴谋就得逞了,于是天下土崩瓦解。这番话,将元末社会动乱的责任全部推给了红巾军。这与上文提到的儒生为朱元璋代笔的对徐州吏民文告同一腔调,同样说明朱元璋此时已经脱离了红巾军,也可以说是背叛了红巾军,与历来在思想上占统治地位的儒家站到了一起。

第三层,标榜自己一鼓作气就在江南立足,再战而平定陈友谅,战果赫赫,人才济济,将相都在朝廷里占有位置,平民百姓各各安定地生活在田亩里巷,荆、襄、湖、广尽入版图,而且政令颇为修明。

第四层,是榜文重点所在,指责张士诚八大罪状。第一条是从前贩私盐,后来又为首造反;第二条是恐怕打不过元军,假投降;第三条是擅自称王改年号;第四条是侵占朱元璋的地盘,第五条是挟制元朝官吏;第六条是占据江浙十年不向元朝进贡粮食;第七条是杀害元朝官吏;第八条是诱降朱元璋的军官,抢掠他的边民。通常,这类布告总要拼凑十条,甚至二十条罪状。这一篇《平周榜》只有八条,算是比较特殊的。更要命的是,八条中,除了第四条、第八条,几乎都是站在元朝的立场上说话。粗看之下,还会错认是元朝的哪位官员的大作,其实,这应该是朱元璋脱离红巾军的必然结果。

最后一层,则公布了有关这次征讨的相关政策,宣布这次征讨是要消灭罪魁祸首,并不追究胁从者;张士诚的僚属投降的,可以得到赏赐;百姓依照法定数额纳粮,就可以永保家业;但是起兵反抗的,则要迁徙到边远的两广等地,永离乡土。

《平周榜》,以及前述告徐州吏民布告,可以看作朱元璋彻底转向儒家的重要标志。这些文章可能由人代笔,思想却是朱元璋的,这一阶段他对于儒家王道仁义之类很感兴趣。别人只看到刘邦善于调动集团内部人员的积极性,他还看到了刘项两人思想观念的不同,行事方式的不同,感悟到自己要学习刘邦的仁义之道,才能以较短的时间取得预期的胜利。

当然仗还是要打的,虽然没有鄱阳湖中那般惨烈。

按照朱元璋制订的计划,八月初四徐达率军出发,二十日经太湖抵达湖州,与常遇春等兵分三路,猛攻湖州。张士诚也调动大军屯驻离湖州东四十里的旧馆,以救援湖州。不料汤和等又从常州赶来,切断旧馆和平江的联系,使援军与湖州守军双双陷入重围。张士诚派军队支援旧馆,遭到徐达夜袭,损失很大。包围与反包围,救援与反救援,朱元璋与张士诚的部队犬牙交错纠缠在一起。总体说来,朱元璋这边居于主动地位,不断传出歼敌的捷报。张士诚这边困兽犹斗,还支撑着苦战不休。

九月十六日,湖州方面战事胶着之际,朱元璋为了打破僵局,又命令浙西的李文忠所部攻打杭州。他对李文忠说,徐达等取平江,张士诚必定纠集兵力抗拒,现在命令你攻打杭州,是为了掣肘他。我们的军队或者冲击他的东面,或者冲击他的西边,使他疲于应战,他的军队中必然会有自己支持不住的。你去打,宜慎重考虑你的方略。

重围中的旧馆张士诚所部,见援军无望,军心动摇,陆续有人投降。十月间,吕珍等为首将领也被迫投降。徐达不顾朱元璋《平周榜》中所说,把吕珍等人带到湖州城下斩杀,逼迫湖州城中的李伯升、张天骐投降。张天骐丢枪降了,李伯升想到张士诚待他不薄,准备自杀,被左右拦住,也只好投降。湖州平定。

李文忠的一路也节节胜利,接连攻下桐庐、富阳(今浙江桐庐、富阳),又围住了谢再兴弟弟谢三、谢五把守的余杭(今浙江余杭)。他派人劝降谢氏兄弟,说是你们哥哥投降张士诚,不是你们的主意。现在你们投降,可保证不死,而且还能有富贵。两人一听对方主将这么说,也就出降。但朱元璋却又一次自食其言,下令将两兄弟凌迟处死。此际仁义之类的说法,不知道跑到什么地方去了。朱元璋毕竟是凡人,尽管是成就一番大业的凡人,距离不逾矩的圣人还远。

朱元璋军队的血腥味实在太浓,李文忠所部开到杭州城下,守将潘原明就恐惧不已,派人到李文忠大营献城。李文忠还不大敢相信。第二天,潘原明不但献出他管辖的图籍,即土地人口税赋档案,还捆绑了降将蒋英、刘震,伏在路边投降。

这一来朱元璋高兴了,命令潘原明还以原职守杭州,受李文忠节制。蒋英、刘震则被剖出心肝,祭奠被他们杀害的胡大海。李文忠也受到特殊的奖赏。此前,他与朱元璋的其他养子平等对待,姓了朱姓。此时朱元璋让他恢复李姓。主人让奴才复姓,在封建时代算是难得的殊荣。

之后,随嘉兴(今浙江嘉兴)、绍兴相继落入朱元璋之手,浙

江方面的战事基本平息。朱元璋先行剪除张士诚羽翼的计划，
大功告成。

　　战场移到了平江。

　　十一月二十五日，徐达大军北上平江，运用锁城法围攻张士
诚的最后巢穴平江。现在它已是一座孤城。

　　按照部署，徐达进攻葑门，常遇春屯军虎丘，郭兴进攻娄门，
华云龙进攻胥门，汤和进攻阊门，王弼进攻盘门，张温进攻西门，
康茂才进攻北门，耿炳文进攻城东北，仇成进攻城西南，何文辉
进攻城西北。这几路人马环城建立营寨，在准备长期围困的同
时，还架起三层木塔，与城中高塔相仿，可以俯瞰城中动静，木塔
上配置弓弩、火铳、襄阳炮，日日夜夜向城中轰击。平江城中一
片恐慌。

　　几十万军队围攻平江，人马绰绰有余。于是徐达又分兵派
俞通海等人分别进攻昆山、崇明、嘉定、松江(今江苏昆山、上海
崇明、嘉定、松江)等地，一一收归己有。

　　徐达领兵在外，还是事事请示。朱元璋一面派人告诉徐达：
将军谋略勇气无人超越，所以能够遏制乱民，削平群雄。现在事
必禀告请命，这是将军的忠心，我很嘉许。然而，将在外，君主不
应该遥制。军中有紧急的事情，请你便宜行事，我不会在应天干
涉。

　　事实上，朱元璋在应天关注着另一件至关重要的大事。十
二月，他派廖永忠去滁州接小明王韩林儿，于瓜洲渡江时凿沉船
只，小明王落水而死，除掉了他自成体系的最后一个障碍。

　　小明王一死，朱元璋不用再遮遮掩掩，扯下了最后一块遮羞
布——不再奉行龙凤正朔，从至正二十七年(1367年)起改用吴
元年。依照封建时代的习惯，改正朔等于改朝换代。不用龙凤
正朔，就是脱离了小明王，脱离了红巾军。朱元璋终于向世人表

明,他是自立门户了。

这一年是丁未年,为羊年。当时童谣唱道:"但看羊儿年,便是吴家园。"当然,这或许又如"石人一只眼"之类,为当事人所编造。

然而平江城坚粮足,一直顽强抵抗。

五月初,朱元璋有点忍耐不住,修书劝降张士诚。说是成汤、周武王、汉高祖等历代帝王兴起,依靠军事实力是常有的事。王莽、隋炀帝以后豪杰蜂起,但是必定归于一统。天命所在,容不得天下纷乱。有些明白事理的,就畏天顺民,以求保全自己和家庭的生命财产,汉代窦融、宋代钱俶就是例子。自古以来都是如此,并不是现在才独独这样。你能附顺的话,能享受的福分很多,不要再困守孤城,危害自己的军队百姓,走自取灭亡的道路,那样只会被天下耻笑。

张士诚收到了信,不予置理。六月初四,他组织了一次突围,出阊门,还到了山塘,因为遭遇常遇春、王弼的阻截,连张士诚的坐骑也掉进水里,只得退入城中。

他坐以待毙之际,李伯升作为说客上门,劝他仿效窦融、钱俶。张士诚回答:足下先休息,让我仔细想一想。

仔细想的结果,是三天后张士诚兵出胥门,而且凶猛得连常遇春也感到快抵挡不住了。可是他的弟弟张士信却莫名其妙地鸣金收兵。就在这一天下午,张士信在城下就餐,被襄阳炮打死。

平江城里苦苦支撑。原本粮食充足的平江,经历八九个月的围攻,连老鼠都卖到一百钱一只。武器打光了,拆了房屋拿木料、砖石来抵抗。

战争打到这份上,实际上胜负已定。徐达开始布置进城后的安排,他自己驻军城左,常遇春驻城右。又命令将士,掠民财物者死,毁民住宅者死,离营 20 里者死。而对方张士诚手下的将领也开始投降。

只是张士诚本人还准备作最后一次挣扎,在万寿寺东街收拢了残兵,以求一逞。结局可想而知。走投无路的张士诚回到自己府第,命令点火烧死家属,自己则上吊。

还是李伯升救了他一命。奉命前来劝降的李伯升,对张士诚感情颇深,救下一息尚存的张士诚交给徐达。这是九月初八的事。平江一役,张士诚部下投降的、被俘的不下 25 万。

张士诚被俘后不语不食,过龙江后更坚卧不起。到应天是被抬进中书省的。李善长问话,他不理不睬,再问则破口大骂。朱元璋见他时,还是那副样子。弄得朱元璋好生无趣,下令杖责四十,活活将他打死,还连尸骨都烧了。一个陈友谅死在战场上,一个张士诚被俘后还是死硬到底。朱元璋能够战胜这样的劲敌,确实不容易。

朱元璋后来对张士诚有个总结性的批判:他的为人刚愎无识。争夺天命所在之时,怎么可以单凭武力? 我初定建康,只想各守疆土,未尝有意打他。他反倒引诱我的将士,自开战端,战事连年,最后被我抓了。假使他能早一点醒悟,外睦邻国,内抚百姓,还不能够轻易攻破他。他骄侈自娱,手下又没有忠心为他谋事的,最后走上失败的道路。他的死,我是很怜惜的。

这最后一句,多少有点惺惺相惜的味道。

九月底,大军凯旋。朱元璋开始了大封赏。封李善长为宣国公,徐达为信国公,常遇春为鄂国公,其余各有奖励。

在庆功的时候,他没有忘记提醒大家:江南已经平定,以后还要北定中原,准备一统天下。不要贪图暂时的安定而忘记了一劳永逸,不要满足于眼前的功劳而不去考虑远大的计划。大业垂成之际,更需要努力。

第二天,他又问大家,回去后有没有摆宴庆贺? 他再次告诫众人,我岂不想和大家为一日之欢,但是中原还没有平定,不是宴乐的时候啊!

二〇　方国珍也完了

　　朱元璋"养威"、"俟时",不是消极的等待,而是不放过可以捕捉到的机会。就在倾尽全力与张士诚搏杀之时,他同时也在留意其他地区的形势,考虑下一步行动计划。

　　还在至正二十六年(1366年)夏,徐达刚刚控制淮东、淮西之际,朱元璋就与周围的人分析形势:中原诸将,孛罗帖木儿因为拥兵进犯大都,颠乱伦常纲纪已经被消灭。扩廓帖木儿挟持太子在中原称霸,急于报私仇,缺少认清共同敌人的见识。李思齐辈碌碌无为,只会窃居一方,百姓深受其害。张士诚对外假借元朝大名,反来复去。明玉珍父子占据四川僭称皇帝,喜欢躲在一边自己享用而没有远谋。观察这些人的所作所为,都不可能有所成就。只有我得到天时,审慎人事,有可以平定天下的机会。现在我们的军队西边超出襄、樊,东边越过淮、泗,首尾相应,想打击什么地方都稳操胜券。我的大事可以成功,天下不难平定。倒是平定之后,百姓的休养生息还很困难,这是需要费点力气去考虑的。

　　他嘴上说天下不难平定,实际上夺取全国政权才是他事业的核心。正因为如此,他不光要观察当时正在与之战斗的张士诚,还要观察在他周围的几股比较强大的势力。

　　孛罗帖木儿与扩廓帖木儿之间的战争,以孛罗的失败告终之后,扩廓帖木儿于至正二十五年(1365年)九月跟随太子爱犹识礼达腊进入大都,当上丞相。但是,他先在冀宁违背了爱犹识礼达腊想仿效唐肃宗自立为帝的愿望,进入大都之后又没有顺从皇后奇氏逼顺帝退位的意旨,得罪了两位实权人物,种下祸根。他年轻,又是外省来的,朝中大臣不将他放在眼里,他自己也感到在首都远不如在军中自在,两个月后即辞职南下。闰十月顺帝封扩廓帖木儿为河南王,代替太子督师南征。至正二十六年(1366年)二月,他到彰德(今河南安阳)想调李思齐、张良弼、脱伯列、孔兴四支军队出武关共同打击朱元璋和张士诚,不料遭到抵制。

　　李思齐以曾经与扩廓帖木儿的养父察罕帖木儿共同起兵的资格,不把他放在眼里,拒不奉命。张良弼也与察罕帖木儿有隙,同样拒绝接受扩廓指挥。脱伯列与孔兴,也拥兵自重,不听调度。

　　扩廓帖木儿见状,放下南征大计,只派少量部队到济南虚张声势,自己带了大军西征张良弼。十月,李思齐、张良弼、脱伯列等结成联盟,共同对抗扩廓帖木儿。元军内部摆开决战的架势。扩廓派去攻打李思齐的貊高所部,大半是孛罗帖木儿的旧部,不满扩廓所为,反而占领卫辉、彰德等地哗变,还向朝廷奏报,告了扩廓一状。

　　本来,朝廷就对扩廓不满,得到貊高奏报,立即命令太子爱犹识礼达腊以中书令、枢密使的身份统帅天下兵马,扩廓帖木儿只带领本部人马负责肃清潼关以东的江淮一带,李思齐负责自凤翔(今陕西凤翔)进川蜀,张良弼、脱伯列、孔兴等攻取襄樊。计划不错,就是实行有难度,各将领都打起自己的小九九,并不听从顺帝的指挥。

北方还有一个名义上的皇帝,南方则更是各行其是。

浙东为方国珍占领。他前些年投降元朝,与张士诚合作向大都运粮,元朝让他做到江浙行省左丞相、衢国公。朱元璋致书,称福祉基于至诚,祸殃生于反复,隗嚣、公孙述等人前车之鉴都在。不要等我大军一出,你再讲虚情假意的好话也没有用了。方国珍赶紧献上金银宝玉装饰的马鞍,朱元璋不接受。方国珍从子方明善,至正二十四年(1364年)与朱元璋部将胡深交锋,胡深打下瑞安,进逼温州。于是,方国珍又向朱元璋年献白金三万两,还说等杭州被朱元璋拿下,就将自己的地盘都交给朱。但是,至正二十六年(1366年)杭州潘原明投降朱元璋之后,方国珍自食其言,还是占据着浙东,又派人以进贡为名,打听朱、张之间战况。最让朱元璋不能忍受的,方国珍还与扩廓帖木儿,以及福建的陈友定通好,企图与他们结成掎角之势,互为呼应。中国古训,远交近攻。方国珍近在咫尺,朱元璋看他又是反复无常,无疑是近攻的第一号目标。

还有一个陈友定。他本是农家子弟,在一个罗姓家为佣,还娶了罗家女儿为妻。后来做生意赔了本,投入义军,因为对弥勒教徒作战有功,当上明溪乡巡检,至正十七年(1357年)元朝政府升他为清流县官长,次年又升为汀州路总管。至正二十一年(1361年)陈友谅派邓克明攻打福建,曾经占领汀州(福建长汀)、延平(福建南平)、建宁(福建建瓯)。陈友定击败邓克明,收复三地,又被升为福建行省参知政事,成为福建地方的最高长官。与张士诚、方国珍不同,他于元朝颇为忠心,每年向大都运粮数十万石,受到顺帝嘉许。朱元璋占领婺州后,开始与陈友定接境。至正二十五年(1365年)二月,陈友定进攻处州,被胡深打败,还乘势攻下浦城(今福建浦城)。六月,朱亮祖、胡深沿南浦溪深入建宁,被陈友定包围,胡深被俘。陈友定将胡深放在铜

制的驴子上,用火烤死。朱元璋此恨难以消除,陈友定也就在劫
难逃。只是从陆上攻去,山高路险,至少应该水陆夹攻。为此,
在平定方国珍之前,平定陈友定一事还难以实现。

　　据有广东的是何真。何真是广东人,当过九品小官。元末
农民大起义,他回到家乡办团练,起初得不到官府的支持,甚至
当他去官府报告农民起义的消息时,反而被官府扣留起来。后
来他收复了被叛将黄常占领的惠阳城,才被元朝政府认可,担任
惠阳路同知,官居四品。赵宗禹打进广州,元朝政府毫无办法,
何真却收复广州,于是又被升为江西分省右丞。这是二品官了。
后来江西分省改为广东行省,何真转为广东行省左丞,实际控制
了广东。他悬赏钞十千捉拿东莞起义军首领王成,王成的奴仆
由此献出主人。何真先付了十千钞,然后把这奴仆扔到锅子里
活活烧死,还说,奴仆背叛主人的,看看这个榜样。这般思想,与
朱元璋的颇为接近。这股势力孤悬南海,在浙江、福建的敌对势
力没有解决之前,也是难以消灭的。

　　四川则归明玉珍掌握。徐寿辉起义之后,明玉珍纠集了千
余人在青山结寨屯守,被徐寿辉招降。至正十七年(1357年)他
听了义兵元帅杨汉的话,入川袭击重庆完者都部,被徐寿辉授予
陇蜀行省右丞,消灭了那里的元军,占有四川。二十年(1360
年)陈友谅杀徐寿辉自立,明玉珍兵塞瞿塘,不与之交通,自立为
陇蜀王。二十二年(1362年)又称帝,国号夏,年号天统,立妻彭
氏为皇后,子明升为太子。他没有争夺天下之心,二十三年
(1363年)开始,与朱元璋信使往返。朱元璋对他,话说得非常
客气。有一封信说,足下在西蜀,我在江东,形势与汉末孙权、刘
备的情况相似。近来王保保(即扩廓帖木儿)依靠铁骑劲军,虎
踞中原,他的志向恐怕不在曹操之下。如果他有如同许攸、荀彧
这样的谋臣,张辽、张郃这样的猛将,我们两人还能高枕无忧吗?

我同足下实在是唇齿相依之邦,愿以孙、刘互相攻击为鉴戒。这又是朱元璋远交近攻的策略。相对于应天,四川比浙江、福建远得多,当然先放一放。而且,明玉珍与北方的元军直接接触,牵制了扩廓帖木儿的力量,对朱元璋不会是坏事。

至正二十六年(1366年)明玉珍病死,儿子明升继位。本来比较太平的四川,由于权臣之间的互相攻杀,开始动荡。但是,这时候的朱元璋还顾不上四川。

至正二十五年(1365年)已经由徐达平定的湖、湘等地,由于朱元璋主力东移江浙去消灭张士诚,一批批的降将重新倒戈,投向元朝,不断窥视朱元璋西部城池。朱元璋清楚,这是更边远的云南元朝宗室梁王地匝瓦尔密在作祟。对此,朱元璋也抽不出手。

朱元璋决定,先将近在身边,顺手可得的方国珍、陈友定收拾掉。同与陈友谅、张士诚的战争比起来,打方国珍、陈友定、何真,规模都要小得多。但是朱元璋仍然以一贯的持重态度对待。

对付方国珍用了文武两手。

文的一手,是在吴元年(1367年),也就是至正二十七年四月,正当方国珍与扩廓帖木儿、陈友定交通往返之际,朱元璋的最后通牒摆在方国珍面前,信中列数他十二条罪状,让他贡献二十万石军粮,还警告他:现在明白告诉你,我的军队打下平江以后马上南下取温州、台州、庆元等地,水陆并进,你是无法抵抗的。朱元璋给了方国珍三条路:第一条是打下平江之前改过自新,归顺于我,能够克尽以小事大的道理,还可以保全你的富贵,传给你的子孙。第二条是带了军队打一仗,如此还不失大丈夫所为。第三条则是偷生之计,坐了船逃到海上。朱元璋讪笑,选择第三条路,子女玉帛都将成为方国珍的拖累,船里人为了争夺财富,大家都会成为敌人,徒然为天下人耻笑。方国珍恰恰选择的是这第三条道路,他不顾部下为是战是降大起争议,而是连日整治舟船,抢运珍宝,准备向海上逃窜。

武的一手,共有两个攻击方向。

第一个方向是台州、温州。九月初,朱元璋命令朱亮祖率领衢州、婺州等处军队进攻台州。守台州的是方国珍弟弟方国瑛,抵挡不住朱亮祖的攻势,先退向黄岩,再逃入乐清附近海岛。朱亮祖一路追击,十月间攻克温州。

第二个方向是方国珍的老巢庆元(今浙江宁波)。汤和、吴桢率领的原驻常州、长兴、宜兴、江阴等处军队于十月初十从绍兴出发,没有遭遇什么抵抗,连下余姚、上虞。方国珍放弃庆元逃向大海。汤和、吴桢紧盯海上的同时,派军占领定海(今浙江镇海)、慈溪(今浙江慈溪)。

十一月,朱元璋加派廖永忠带领水军与汤和等会合,入海追杀方国珍。方家子弟以及方国珍的部下纷纷投降。十二月,穷途末路的方国珍只得上表要求投降。

朱元璋同意了,回信说:今天你无路可走要归顺我,言辞十分哀婉恳切。我以你现在的诚意为诚意,不以你从前的过失为过失,你不要疑惑了,带领你的部下来依靠我,都可以得到宽大处理。

方国珍见到朱元璋时,挨一顿痛斥是免不了的。朱元璋责问:你为什么反反复复阴阴阳阳,还要让我动用军队?大概是你的左右弄点小聪明教的吧,为什么不能自己有点决断呢?

骂归骂,朱元璋还是封方国珍为广西行省左丞相,这当然是个虚职。

过了几年,方国珍死在应天。

二一 北 征

朱元璋以一统天下为己任,北征中原的事早就与文臣武将们议论过不止一次。

张士诚问题没有最后解决,他的"养威"、"俟时"的战略思想决定了他不会在同一时间伸出两个拳头。而随着对张士诚的战争大势趋向明朗化,他对北方劲敌扩廓帖木儿的态度也起了变化。原本与扩廓的联系目的在于远交近攻,至少是延缓扩廓南下的时间。此时朱元璋已经在为即将出现的战局制造声势了。吴元年(1367年)正月,他曾致书扩廓,一改以往言词谨慎卑躬的作风,一面斥责扩廓扣留使者,是见识不广度量不大,一面警告扩廓若不从速放还使者,就是要与南方开始作战。而与南方开战,就是在与李思齐等作战的同时,又在自己的后门挑起战乱,如此四周都是强敌,将何以谋取生存之道。

实际上,当时元徐州守将陆聚刚刚献徐州、宿州两地投降朱元璋。他致扩廓的信发出一个月,陆聚就奉命与傅友德一起,在徐州陵子村打败并俘虏了扩廓的部将李二,这可以视为朱元璋的一次试探性的进攻。四月,起居注官王祎上书,提出应当乘势长驱直入,廓清中原。

朱元璋却认为时机还不成熟。在他看来:成大事的要经常考虑全盘计划,不能局限于眼前利益。自古以来帝王成功的,都是观察天时和民心，从从容容而成就大业的。怎么能急躁呢？所以，朱元璋的结论是：中原的那几个我暂时还没有空与他们计较，姑且置之度外。

刘基多年前已经作过判断：陈友谅灭亡，张士诚就孤单，可以一举而定。然后再北向中原，帝王大业可以成功。

朱元璋在消灭张士诚之后，着手实现刘基替他描绘的蓝图。

九月间，朱元璋将张士诚拘押的元朝宗室神保大王等送还北方，顺便给顺帝和扩廓帖木儿各一封信。

给顺帝的信中说，过去殿下的祖先灭宋时，尽行殄灭了宋朝的宗室，那是太残忍了。现在我不这样做，得到元朝子孙，全部送他们还归故土。希望殿下念他们同是祖宗的传人，以好意对待他们。朱元璋这话说得实在是奥妙至极。顺帝若好好对待这些放归的俘虏，则是听从了朱元璋的意见；若不善待他们，则又逃不掉虐待同宗的罪名。而最厉害的话，是指责顺帝：以前妖人作乱，权臣跋扈，不是妖人容易作乱，权臣容易跋扈，而是殿下不能体会祖宗的用心，所以天将抛弃你，就像抛弃金、宋的时候一样，不可挽救了。将红巾视为妖人，是朱元璋转向儒家后的必然。至于这几句话，则是明白向元朝统治者宣示，朱元璋将取而代之。

给扩廓帖木儿的信，也有其针对性。朱元璋一面通报自己已经平定了张士诚，疆域东达大海，西抵巴蜀，南及岭广，这一大片地区里只有闽中一地还在派军队征讨，拿下它也是早晚的事。在炫耀武力的同时，他向扩廓提议：要末听命于朝廷，要末另有他图。所谓"他图"究竟是什么意思呢？朱元璋没有明说，但是他保证：如果扩廓想借用我的力量，只要派一名使者，我立即调动军队前来支援。他明知扩廓不会马上同元朝翻脸，即使翻脸也不会向朱元璋求援，他却偏偏还要这么说，说穿了，无非是在使离间之计而已。

　　还是在这个月中，朱元璋与刘基、陶安等人开始商议北征的作战方针。

　　刘基的出发点是：我们控制的疆土日益广阔、人民日益众多，可以席卷天下。因此，他提出：最近我们消灭了张士诚的势力，元朝听了胆气都没有了，趁这股胜利的势头长驱中原，谁来抵抗我们？这就是迅雷不及掩耳！

　　朱元璋看法不同：不可以自恃土地广阔，不可以自恃人口众多。我起兵以来，与各路豪杰互相角逐，每次对阵弱小的敌手，也像对付大敌一样，所以才能制胜。现在帝王大业眼看就要成功，中原虽然动荡却也不能改变这种态度。稍有一点不谨慎，就关系到整个事业的成败啊！

　　这番话，朱元璋已经从以往自己的经历，从一贯的态度出发，否定了刘基的看法。他还具体讲了对北方局势的看法：深入研究事情的道理，方才能够通达知变。北方正成互为犄角之势，怎么能说长驱直入？必须要靠战斗打下基础，才能有势如破竹的形势。假使说天下可以不费力地得到，其他人早就得到了。而且据我观察，元朝有灭亡的可能，我也取得了可以胜利的机会，这时候必定要更加持重，这才是万全之举。怎么可以骄傲疏忽招来不测之虞呢？朱元璋同样希望打败元朝。但是他要求的是万无一失地取得胜利，在南方剩余的几股异己势力还没有消灭之前，他是不会贸然出击北方的。

　　当头领的，主要做两件事，一是决定政策，一是选人用人。作战方针定了下来，余下来的就是选用担当如此重任的总指挥了。其实，这也是现成的。徐达久经考验，此行主帅非他莫属。同其他将领相比，他的优点是非常突出的，即忠实、谨慎、听话。常遇春则果敢有为，可以辅助徐达。其他的，就只能担任某一方面的任务了,或者在他们指挥下冲锋陷阵,或者镇守某个地方。

朱元璋在正式宣布北征之前,还给北方几个实力人物去了信。在致李思齐、张良弼的信中,他要求两位割据秦地的军阀审时度势,休兵息民,推兴"可尊者",也就是服从他这个未来的皇帝。在给陈州(今河南淮阳)守将谭右丞的信中则表示,陈州地小力薄,一旦大军压境,就难以支撑,要他"自处",也就是考虑一下自己的出路。这是朱元璋对他的威胁。

十月十七日,朱元璋召集诸将商议北征中原大计。同研究打张士诚的战略时一样,常遇春又一次提出直捣黄龙:现在南方已经平定,我们的兵力富裕,可以直捣大都。以我们百战百胜的军队,敌人都是些长久以来安逸惯了的士兵,拿根竹竿就可以打胜他们了。大都打下来了,就像劈竹子一样,其余地方乘胜长驱直入,可以高屋建瓴之势而拿下来了。

朱元璋说出了一套反对的理由:元朝建都百年,城池守卫必然坚固。如你说的,大军孤悬深入敌后,若不能立即打破城池的防守,就将屯兵坚城之下,吃的用的跟不上,敌人再援兵四下集合。到那时,进,打不进城,退,没有一点可资依据,这不是对我们有利的事。

他宣布自己的策略:我想先取山东,打掉他们的屏障;再进军河南,折断他们的羽翼;拔除潼关,守住这个据点,就是抢占了他们的门户,天下形势都归我掌握。然后再进兵大都,那时候元军势孤援绝,不用打仗就可以攻克。等到攻克元的都城之后,再高奏凯歌一路向西,云中、九原、关陇等地,就可以席卷而下了。

不能不承认,朱元璋设计的这套战略比较稳妥。更兼他还能用人之所长。

十月二十一日,他任命徐达为征虏大将军,常遇春为副将军,领兵二十五万开始北征。朱元璋解释了他任命这两人的原因：战争是用来奉行天命、平定祸乱、安定民生的，所以任命将领挂帅出征，必须要得人。今天各位将军不是不善于战斗，然而要能够持重，非但要战而胜之，还要能有效率、体现大将风度的，则都不如大将军徐达。面对百万敌军，能够勇敢地身先士卒，冲锋陷阵，所向披靡的，则都不如副将军常遇春了。当时名将辈出，但是无出徐达、常遇春右者。这两人才气、勇敢，都相类似，一向为朱元璋倚重。相比之下，常遇春作风剽疾，敢于冲锋深入敌阵，而徐达更长于谋略。而且，常遇春攻下城邑，总有杀戮，徐达所到之处则很少骚扰，即使捕获敌方人员，也会施加恩惠，让这些人甘心为己所用。所以，徐达出征时，总有人愿意向他投降。

因为常遇春勇猛异常，所以朱元璋吩咐：假使遇到强敌，常遇春必须当前锋。若敌人势力太大，则常遇春与冯胜分别作为左右翼，各自率领精锐部队进行冲击。但是朱元璋欣赏常遇春的勇猛，也怕他的孟浪。以前在与陈友谅作战时，朱元璋亲眼见到常遇春碰到几个敌人挑战，就单人独骑出去应战了。朱元璋说：陈友谅的大将张定边这样的人物还知道守在城里指挥。所以常遇春身为大将，不顾身份与小兵去争能，很不合我的希望，要切记戒绝。

刘基和常遇春都提出直接攻打大都的主张，他们的理由不被朱元璋认可。但是，日后他们遭遇完全不同。道理很简单，常遇春是战将，作战勇猛，朱元璋十分需要，所以还会重用，还有重赏。刘基只是谋士，是出主意的。主意好，合胃口，朱元璋就信任有加；同自己想法背道而驰，谋士的地位就与以前大不相同。更何况，朱元璋身边还有一个势力庞大的淮西集团，刘基与他们并不融洽。因此，常遇春以后还可以封王；等待刘基的，只能是一种他不愿见到，而又不得不接受的命运。

当然，朱元璋不单靠徐达、常遇春等一两个将领，他还关照右丞薛显、参政傅友德,认为他们勇气、胆略为各位将领之冠,可以让他们各自带领一支部队,独当一面。假使有孤立的城池或少量敌军,只须派一个有胆略的将军,交付他指挥的权力,都可以成功。

他嘱咐诸将,徐达专门负责策划、激励各位将帅,运筹决胜之道,不可轻举妄动。古人说,将领在外面作战,君主不干预者就能胜利。你们都要认识这个道理。他还特别嘱咐徐达:在外的军队,全都托付给你。此行必须从山东——依次进攻占领。统帅,是三军的司令,树立威望者可以胜利,依靠气势者显得强盛。因为威望一旦树立,部下就服从命令,气势强盛则敌人不敢冒犯。我与各路人马斗争,看他们取败之道,没有一个不是由于威望没有树立、气势不够强盛的。你要十分慎重啊!

在此之前,朱元璋东征西战,尤其是遇到强敌,遇到关键的战役,经常亲自上阵指挥。只是在打张士诚时才把指挥权交给了徐达。而徐达也经受住了考验,表现令朱元璋满意,这次才把部队交给他。但是毕竟北征部队将要远离应天,与攻打近在眼前的平江不同,朱元璋必须郑重地再三叮咛。

交待完了,朱元璋又带领文武来到应天北门七里山祭告天地神祇,祈求皇天保佑他完成统一大业。同时向众将宣布:今天命令你们诸将各自率领所部人马,平定中原,是要削平祸乱,以安定民生。所以经过的地方,以及攻下的城池,不要乱杀人,不要抢夺民财,不要毁坏民居,不要废弃农具,不要杀耕牛,不要抢人家子女。军营中有百姓遗弃的小孩或是孤儿,他们的父母亲戚来讨的,就要还给人家。这是积德的事,你们好自为之。

徐达、常遇春带领二十五万军队出发。

朱元璋要宋濂起草檄文《谕中原檄》。与前番打张士诚时的《平周榜》不同,那时实在拼凑不出几条罪名,现在则是现成的。

自古帝王临御天下,中国居内以制夷狄,夷狄居外以奉中国,未闻以夷狄居中治天下者也。自宋祚倾移,元以北狄入主中国,四海内外,罔不臣服。此岂人力,实乃天授。彼时君明臣良,足以纲维天下。然达人志士,尚有冠履倒置之叹。自是以后,元之臣子不遵祖训,废坏纲常。有如大德废长立幼,泰定以臣弑君,天历以弟鸩兄,至于弟收兄妻,子烝父妾,上下相习,恬不为怪,其于父子君臣夫妇长幼之伦,渎乱甚矣。夫人君者,斯民之宗主,朝廷者天下之根本,礼义者御世之大防,其所为如彼,岂可为训于天下后世哉!及其后嗣沉荒,失君臣之道,又加以宰相专权,宪台报怨。于是人心离叛,天下兵起,使我中国之民,死者肝脑涂地,生者骨肉不相保。虽因人事所致,实天厌其德而弃之时也。古云:"胡虏无百年之运",验之今日,信乎不谬。

当此之时,天运循环,中原气盛。亿兆之中,当降生圣人,驱逐胡虏,恢复中华,立纲陈纪,救济斯民。今一纪于兹,未闻有治世安民者,徒使尔等战战兢兢,处于朝秦暮楚之地,诚可矜悯。方今河洛关陕虽有数雄,乃忘中国祖宗之姓,反就胡虏禽兽之名以为美称。假元号以济私,恃有众以耍君,凭陵跋扈,遥制朝权:此河洛之徒也。或众少力微,阴兵据险,贿诱名爵,志在养力,以俟衅隙:此关陕之人也。二者其始皆以捕妖人为名,乃得兵权。及妖人已灭,兵权已得,志骄气盈,无复尊主庇民之,互相吞噬,反为生民之巨害,皆非华夏之主也。

予本淮右布衣,因天下大乱,为从所推,率师渡江,居金陵形势之地,得长江天堑之险,今十有三年。西抵巴蜀,东连沧海,南控闽越,湖湘汉沔,两淮徐邳,皆入版图,奄及南方,尽为我有。民稍安,食稍足,兵稍精。控弦执矢,目视我中原之民，久无所主，深用疚心。予恭承天命，罔敢自安，方欲遣兵北逐群虏，拯生民于涂炭，复汉官之威仪，虑人民未知，反为我仇，挈家北走，陷溺尤深。故先谕告：兵至，民人勿避。予号令严肃，无秋毫之犯。归我者永安于中华，背我者自窜于塞外。盖我中国之民，天必命我中国之人以安之，夷狄何得而治哉！予恐中土久污膻腥，生民扰扰，故率群雄奋力廓清，志在逐胡虏，除暴乱，使民皆得其所，雪中国之耻，尔民其体之。如蒙古色目，虽非中华族类，然同生天地之间，有能知礼义愿为臣民者，与中夏之人抚养无异。故兹告谕，想宣知悉。

《谕中原檄》一开头，就把"夷狄"的帽子戴到对手头上，又指责元朝政治混乱，强调儒家一贯主张的"夷夏大防"，强调中国要由中国人，实际上指要由汉族人治理。将元朝痛骂一顿之后，檄文又将中原几股势力的头目也批判了一气，罪名是"忘中国祖宗之姓，反就胡虏禽兽之名以为美称"，将他们一棍子全部打死，显然分别指王保保(扩廓帖木儿)、李思齐、张良弼等人而言。这些人全都没有资格当"华夏之主"，剩下的自然只有朱元璋自己了。他宣布：此次出兵是为了"拯生民于涂炭，复汉官之威仪"。要求百姓军队来了不要躲避，"归我者永安于中华；背我者自窜于塞外"。至于蒙古、色目各族，朱元璋懂得要区别对待，只要愿为他的臣民，他也是愿意接纳的。这显然出于既不要树敌过多，又削弱敌对阵营的考虑。朱元璋搞政治确实有一套。另外值得注意的是，他在檄文中一以贯之的是儒家思想，反复申说的无非是纲纪伦常。至于他曾经信仰过的明教一套，曾经参加过的红巾军，则只在似乎是不经意间的几句"妖民"的斥责中一带而过，轻描淡写地把它脱卸得一干二净，仿佛与他毫无关系，仿佛他从来就没有当过小明王的部属。

朱元璋彻彻底底变了。他不可能逃脱历史的规律。只要中国还是封建社会,无论是谁起义,无论是谁推翻旧王朝,结果只能是出现一个新王朝,一个新皇帝。朱元璋的《谕中原檄》,正是新王朝诞生的前奏。至于有人说这篇檄文体现了朱元璋的民族革命的思想,则有拔高之嫌。须知,民族革命之类是近代才有的。朱元璋脑子里还只有儒家的夷夏之防,与近代的民族革命相去何止万里。

二二　四面出击

　　朱元璋在任命徐达为征虏大将军,常遇春为副将军,统帅二十五万军队开始北征的同一天,还任命了另外两路人马的统帅。一路以胡廷瑞为征南将军,何文辉为副将军,攻取福建。胡廷瑞后因避讳,改名廷美。另一路是命令湖广行省平章杨璟、左丞周德兴、参政张彬等进攻两广。

　　同一天开始三项军事行动,三箭齐发,连同还在进行中的征讨方国珍一支军队,真正是四面出击了。这在朱元璋身上还是空前的事。

　　当初他面对陈友谅之强、张士诚之富,一个一个地对付还很吃力,不时还要提防两面夹击。现在他吞掉了这两个对手,成为国内最强大的势力,"养威"养到这份上,是"俟时"开始快速行动的时候了。这不是说朱元璋放弃了"养威"、"俟时"的持重方针,上文说到他制订北征中原的战略,还是十分讲究稳妥的。现在他三四个拳头同时出击,正是说明朱元璋估计自己的实力足够统一全国了。有实力,朱元璋是不会收藏起来不用的。

　　当然这几个拳头中,还是有主次之分。打福建、打两广的,拿现在的话来说,都是些地方部队,北征才是主力部队。毕竟他三四个拳头打出去,只是为了加快统一全国的步伐,不等于可以急躁冒进。况且,对付陈友定等辈,这些部队也足够了。

　　朱元璋最为关心的无疑是北征。徐达、常遇春也没有辜负他的期望。吴元年(1367年)十月,他们的二十五万大军进至淮安。

　　出征前,朱元璋曾经吩咐,对于孤立的小股敌军,只要派遣一位有胆略的将领,付以总制之权,就可以成功。因此,徐达由淮安进军下邳(今江苏邳县南)时,就派遣张兴祖进军徐州,主力则前往沂州(今山东临沂),准备招降王宣、王信父子。东西两个箭头一齐向山东压过去。

　　王宣因镇压芝麻李夺取徐州有功,升为义兵元帅。儿子王信,则在察罕帖木儿帐下剿灭山东红巾军时出力甚多,于是元朝命父子同守沂州。他们身为元朝镇守地方大员,却早向朱元璋暗送秋波。朱元璋也早已看出他们"阴阳反侧",拿现在的话来说就是两面派。

　　徐达大军压境,王宣父子送上降表。朱元璋一面嘉许他们知道天命所归,顺附有德之人,也就是朱元璋自己,任命王信为江淮等处行中书省平章政事;一面还是指责王宣父子前此扣留了朱元璋的使者。与此同时,他密谕徐达,王宣父子反复无常,不可遽然相信,应该兵进沂州,以观其变。

　　不出朱元璋所料,朱元璋派往沂州的使者徐唐臣等,在宣布任命的同时,要求王宣的军马都归徐达指挥,都要跟随北征。王宣果然不从命。他派人前往徐达营中犒劳,以为缓兵之计,同时让儿子王信前往莒州(今山东莒县)、密州(今山东诸城)等处召募军队,以备一逞。甚至还在前往徐达大营犒劳的人员回来后,就想杀了徐唐臣。幸亏徐唐臣在混乱中侥幸逃脱,回到徐达军中。

　　徐达大军进抵沂州后,考虑朱元璋出征前再三关照,并非一定要靠打仗,重要的是要削平祸乱,安定民生,于是又派曾为张士诚义子的梁镇抚前去招降。梁镇抚一番现身说法，王宣表示愿意投降。不料待他回报徐达时，王宣却又紧闭城门，拒绝投降。

震怒之余，徐达发兵进攻。王宣计穷力竭，只得投降。

但是他儿子王信还想顽抗。王宣奉徐达之命写信招降，王信居然将送信人杀了，逃往山西。徐达迁怒于王宣，将他杖杀。于是，峄州、莒州（今山东莒县）、沐阳、日照、赣榆、沂水等地王宣的部将都不战而降。

沂州捷报传到应天，朱元璋马上下达指令：如果向益都（今山东益都）方向进攻，当派遣精锐部队在黄河扼守冲要之地，阻断敌人援军，我军势重力专，可以必克。如果打不下益都，则可以进而攻取济宁、济南。两城攻下之后，益都、山东势穷力竭，如同囊中之物，可能不攻而自下。

据此，徐达命令韩政率军扼守黄河冲要。又指示张兴祖从运河北上，攻打东平，元朝守将逃走。追至东阿，当地守将投诚，连带附近的曲阜、邹县等兖东一带州县都相继降附。济宁也一战而下。这一路，从南面逐渐向济南进逼。

徐达自己则进军益都，占领了益都及附近的寿光、临淄、昌乐、高苑、潍州（今山东潍坊）、胶州（今山东胶县）、博兴，迂回到东面向济南施压。

在益都，徐达除了用武的一手，派军队攻打之外，还使用文的一手，派人外出招降。十二月初，他派人招降乐安（今山东广饶）守将俞胜。一路西进时，般阳（今山东淄川）总管李圭、章丘守将王成相继投降。附近的蒲台、荆玉、邹平、董纲、登州（今山东蓬莱）、莱州（今山东掖县）、安然等也都向徐达投降。

徐达大军所至，攻无不克，几乎是不费吹灰之力，一路攻城略地，大批元朝将领归顺投降。济南就在十二月中被攻克。然后分兵攻取登、莱等地,整个山东被徐达、常遇春所部控制。

朱元璋担心王宣的一幕重演。十二月初五,他命令徐达勿用降将,将他们全部送到应天,以免后患。又命令张兴祖,将才有可用的降将及官吏、儒生全部都送到应天,不要自己使用。

徐达遵命将降将悉数送往应天。途中,在济南被俘的元将平朝达朵儿只逃脱,这更加深了朱元璋的担忧。次年二月,原乐安守将俞胜降而复叛。刚刚攻克东昌(今山东聊城)的常遇春立即回师东进,在济南与徐达会合,将这股叛军打垮,还大败前来接应俞胜的元将伊苏。

可以说,北伐之战一开始,就是按照朱元璋所预期的那样,进展比较顺利。

南征部队也是势如破竹。

首先解决的是盘踞福建的陈友定。

吴元年(1367年)十月,就在徐达、常遇春大军北出山东之际,胡廷瑞这一路由江西趋杉关(今江西南城与福建光泽间)入福建。实际上,同时进攻福建的还有由庆元(今浙江宁波)取海道而来的汤和、廖永忠,以及由浦城南下攻打建宁(今福建建瓯)的李文忠。

在大军压境时,朱元璋也算是先礼后兵,派出使者到陈友定驻地延平招降。

陈友定死硬非常。他居然大宴宾客,当场杀了使者。还沥血酒中,当众发誓:我等一齐受元朝厚恩,有不拼死抵抗的,除本人一刀刀割死外,妻子儿女也都要处死。

他也作了些布置,将军队分置延平、福州两地,以作犄角之势可以互相呼应。还亲自跑到福州巡视,严令部下坚守。

但是,大军压境,陈友定部队的抵抗徒劳无益。

十一月起,胡廷瑞接连攻下光泽、邵武、建阳。同时,沐英也攻破赣闽交界的分水关,进抵崇安。但是,胡廷瑞一路,以及李文忠一路,所经之处均为山地,进展不快。一直到次年正月,才攻下建宁(今福建建瓯)。

攻打陈友定之役,规模较大的战斗发生在福州和延平。汤和先攻破福州,随即派人招谕沿海的兴化(今福建莆田)、泉州、漳州等地,分兵攻取福宁(今福建霞浦),再率军沿闽江上攻已经成为孤城的延平。

不知出于什么原因,陈友定下令死守,就是不肯出战。部下要求出战,他反怀疑有贰心,开了杀戒,加大了部下的离心倾向。正巧城内军火库爆炸,汤和督促部下强攻得手。陈友定自杀未遂,被送往应天。

朱元璋见了陈友定,怒从心头起,厉声诘问:"元朝亡了,你为谁守城?还杀了我的使者,今天又怎么这么狼狈了?"

陈友定死硬到底:"国破家亡,死就死了,还多说什么。"

于是他父子被杀。

福建八个月后全境平定。

杨璟攻打广西,率领的是湘鄂等地的军队。

行前朱元璋向杨璟交了底:已经派徐达、常遇春等北征中原,派胡廷瑞等南伐福建。等到福建平定以后,胡廷瑞他们就从海道去广州。所以命令你们带领部队进取两广,以便将来与胡廷瑞两军合击。你们务必要靖乱止暴,抚绥顺附,使得远在两广的人士畏服我们。

元朝在广西的长官是蒙古人也儿吉尼,至正二十三年(1363年)元朝设广西行省,也儿吉尼被任为平章政事。

杨璟依命出衡州(今湖南衡阳),首战攻克新化,继而又于次年二月克宝庆(今湖南邵阳),三月间又连下全州、道州(今湖南道县)、宁远州、蓝山等府州县,接下来全力攻打永州(今湖南零陵）。驻守此地的元右丞邓祖胜绝望自杀，但是参政张子贤还率众抵抗，终究大势已去，徒劳无功。杨璟随后又攻下来阳等地，四月间到达靖州（今湖南靖江），进行此次进军中最为艰巨的靖州攻坚战。也儿吉尼死守靖州两个月，城破被俘，解到应天。朱元璋要他投降，不肯，被杀。像也儿吉尼这样效忠元朝的官员少得可怜，朱元璋才得以比较顺利地取得天下。

二月间，正当杨璟挺进湘桂时，陈友定已被汤和解送应天。朱元璋一面召回汤和督运漕粮支持北征，一面又命令廖永忠为征南将军，朱亮祖为副将军，由福州出发取道海上，进攻广州。朱元璋在敕谕中指示：两广之地远在南方，百姓苦于割据已经很久，安定动乱安抚百姓，正是现在要做的事。那里的人听说福建已经被攻克，湖湘已经平定，内心震动，不会有坚守的意志。如果先派人宣传我们的威势德化以招抚他们，必定会有归顺我们的，可以不用劳动军队打仗了。要谨慎，不要杀人抢掠，阻止那里的人归向德化。如果他们抗拒，则派军队压迫他们，守住险要地方，断绝他们的支援，就没有打不下来的地方。广东重要的地方只有广州，广州拿下来了，其他沿海州郡可以传檄而定。然后与杨璟合兵攻取广西。

根据朱元璋的命令，廖永忠立即给元朝江西行省右丞何真发出了招降书。

何真收到了廖永忠发出的招降书，他还得到廖永忠船队已经到了潮州的消息，赶紧派人到潮州献上所属郡县的户籍、兵饷和印章。

四月，廖永忠到东莞，何真率领下属进见。广州不战而下。周围九真、日南、朱崖、儋耳三十多座城市，都如同朱元璋所说的那样传檄而定。

朱元璋很满意何真的知趣，召他到应天，授他江西行省参政,后来又封他东莞伯。

五月,廖永忠和朱亮祖所部抵达梧州,元朝达鲁花赤拜住投降。于是浔州(今广西桂平)、柳州各地都被归入朱元璋的控制。朱亮祖被派去与杨璟会合,收取其余未下州县。廖永忠自己率领部队攻下了南宁,收降了象州,两广地区平定。

二三　当上了开国皇帝

南北两线捷报频频,应天城内喜气洋洋。

还在小明王韩林儿刚刚被害时,朱元璋已经开始了应天城的建设。帝王应有的宫殿宗庙,次第动工兴建。毕竟他出身贫苦,又处于战争时期,知道体恤民力艰难,命令主其事者,所有宫殿都要除去华丽的雕琢。话是如此说,既然是宫殿,总不可能太寒酸了,必要的雕琢装饰仍不可少。吴元年(1367年)八月,环丘、方丘、社稷等帝王专用的祭祀天地神祇的场所告成。九月,供奉祖宗的太庙告成。十月,又排练专门在郊社和太庙中演奏的雅乐。

但是,古代中国很讲究名分,名不正则言不顺,皇帝能做的事,王不一定能做。朱元璋还只是王,离皇帝还有一步之遥。此时他的心情,不难理解。

等到徐达攻下济南,胡廷美攻下邵武,应天城里李善长率领百官上表劝进,说朱元璋"应天顺人,宜正大君之位"。

朱元璋拒绝。理由是:从一开始我登上王位,也就是不得已勉强听从众人。今天大家又劝我登上帝位,我恐怕德禄浅薄,不足以担当。

按照历代劝进时的老规矩,当皇帝就要三劝三让。

　　朱元璋懂得这一套，做来分毫不差。从内心说，他早就盼着这一天。从至正十三年（1353年）南略定远途中，冯国用提出先取虎踞龙蟠的应天，再四出征伐以定天下的建议开始，十五年中为他取天下贡献意见的，见诸史籍的就有好几起。李善长与他初次相见，就说朱元璋家乡与刘邦相距不远，"山川王气，公当受之，法其所为，天下不足定也"。陶安称赞朱元璋龙姿凤质，同样建议他夺取应天成就帝业。甚至包括朱升的"缓称王"，并没有叫他不称王，缓是为了更稳妥地称王。对于这些话，朱元璋不可能无动于衷。只是时机没有成熟，所以才"缓称王"。而一当上吴王，朱元璋就拿出君临天下的作派。那时他对徐达说：你们为天下计，一起推戴我。然而建国之初，应当先正纪纲。元朝昏乱，在于纪纲不立，主上荒嬉臣下专擅，威权和福禄都下移。因此法度不行，人心涣散，终于天下骚动。很明白，朱元璋要当吴王，就要当一个有权势的君王，不会当元朝皇帝第二。他反复讲，礼法是国家的纪纲，礼法确立了，则人的心志稳定，上下相安。建国之初，这是首先要做的要务。所谓"礼法确立"，所谓"上下相安"，也就是要按照儒家学说，建立一整套君为臣纲的制度，保证他安安稳稳做皇帝。在朱元璋看来，反正皇帝宝座跑不了，用不着露出一副猴急相。所以先在吴王的位置上坐了两年，眼下李善长等上表劝进，必要的程序更是不能少。

　　李善长以下文武百官也懂这一套，再次跪请朱元璋即皇帝位，理由更加堂皇：天生圣哲，本来就是为了天下生民。殿下即吴王位，天命已有所归。现在又过去了三四年。如果不正大位，何以安慰天下臣民之期望。

　　朱元璋因为程序还没有走完，还是不答应。

　　李善长等人三劝。朱元璋这才露了底：中原没有平定，军队还不能休息。我想等天下大定之后再来商议这件事。而众位卿家屡请不止。这样的大事应当斟酌礼仪再来进行，不可草草从事。前两句是门面话，真意在后面，朱元璋要的是堂堂皇皇地坐上皇帝宝座。

李善长当然领会，马上着手制订礼仪，就是即位大典的各项程序。

朱元璋马上批准。

吴元年(1367年)十二月二十二日，朱元璋来到吴王新宫祭告上帝皇祇。踌躇满志的他在祭文中说：

> 惟我中国人民之君，自宋运告终，帝命真人于沙漠入中国为天下主。其君臣父子及孙，百有余年，今运亦终。其天下土地人民，豪杰分争。惟臣，帝赐英贤为臣之辅，遂戡定诸雄，息民于田野。今地周二万里广，诸臣下皆曰生民无主，必欲推尊帝号。臣不敢辞，亦不敢不告上帝皇祇。是用明年正月四日于钟山之阳，设坛备仪，昭告帝祇。惟简在帝心。如臣可为生民主，告祭之日，帝祇来临，天朗气清。如臣不可，至日烈风异景，使臣知之。

朱元璋一直讪笑陈友谅，当皇帝也不挑个好日子，风风雨雨的即皇帝位，难怪当不长久。他自己当然不想这样。中国的帝王们都擅长君权神授这一套。朱元璋虽然起自草莽，要登上皇帝宝座，自然也要玩弄这一套。虽说这年年底雨雪交加，但是刘基等人已经预测到新年里会天气晴朗。挑正月初四登基，朱元璋胸有成竹。

果不其然。吴二年正月初一，雪霁云开。初四，碧空万里。朱元璋来到南郊祭祀天地，即皇帝位，昭告上天，"定有天下之号曰明，建元洪武"。朱元璋也就被史家称作洪武帝。

为了这个朝代名号"明"，朱元璋没有少动脑筋。最后是在刘基的帮助下确定了"明"。朱元璋本是佃农子弟，不像周秦，原本就占有了一块地盘，可以以此地盘为号；也不像隋唐，原本家世显赫，享有封爵，就以此为号。新朝名号应该有它的含义，应该被各方面认同接受。文臣武将当中，有些是郭子兴的部属，有些是韩山童、韩林儿的手下，有些则原来属于徐寿辉、陈友谅西系红巾，与明教有关联的几乎举目皆是。以"明"为国号，表明朱元璋继承明教、明王的事业，理应成为凝聚他们的一面旗帜。朱元璋麾下还有不少儒生，他们应当也能接受以"明"为号。明教长期在民间传播，百姓中影响极大。明王出世，弥勒佛降生，一直是多少人的理想。现在以明为国号，就是表示他们所企盼的明王已经降临世间，百姓可以过太平日子。以明为国号，更杜绝了痴心妄想者假借明王名义滋生事端的可能。而以明为新朝名称，无论对朱元璋手下的原红巾将领，还是儒生，无论对百姓，还是对付野心勃勃者来说，都有利而无害，简直是一石四鸟之举。

丞相李善长率领百官和应天耆老北向行礼，三呼万岁。礼成，在卤簿仪仗的导引下，朱元璋率世子和诸子来到太庙，追尊四代考妣：高祖考玄皇帝，庙号德祖；曾祖考恒皇帝，庙号懿祖；祖考朱初一裕皇帝，庙号熙祖；皇考朱五四淳皇帝，庙号仁祖。妣都为皇后。然后朱元璋又率领众官员入奉天殿。由李善长率文武百官上表朝贺，又是山呼万岁。天地社稷祖先，乃至百官和都城里的耆老都拥护朱元璋当皇帝了，他如愿登上九五之尊的宝座。

从小放牛，当过小和尚，又投入红巾军的朱元璋，苦斗十七年，终于志得意满登上皇帝宝座。

即位后，朱元璋搬入新宫，在奉天殿处理朝政。这里是皇宫正殿。之所以称奉天，也是有道理的。元朝皇帝诏书以"上天眷命"开头，他认为不够谦卑恭顺，改作"奉天承运"，用来表示朱明王朝奉行天命、承袭大运。他的正殿也因此得名。

　　即位之初,人事的安排当然是最为重要的国家大事,而且皇帝家的重要性甚至还超过了国事。于是,他的元配之妻、郭子兴养女马氏被册立为皇后,世子朱标被立为皇太子。

　　首席文臣李善长被任命为左丞相,武将中的第一人徐达,此时正领兵北征,担当右丞相。还在上一年十月,朱元璋就下令,将原来元朝尚右的定制改为尚左。从那时起,李善长已经改为左丞相,徐达也已经是右丞相。但是,那还是吴王的丞相,朱元璋当了皇帝,他们也高升一步,当上皇帝的丞相。至于其余功臣,当然都进爵有差。

二四 攻下大都

应天城里热热闹闹欢庆开国，北伐大军也进展顺利。一个重要原因是元军自相残杀正紧，让徐达、常遇春拣了便宜。

还在至正二十五年（1365年），孛罗帖木儿、扩廓帖木儿两大势力相争，以孛罗帖木儿被杀，扩廓帖木儿带了太子爱犹识礼达腊进入大都而告一段落。之后顺帝封扩廓帖木儿为河南王，还让他"代皇太子亲征，总制关陕晋冀山东诸路并迤南一应军马，诸王各爱马应该总兵、统兵、领兵等官，凡军民一切机务、钱粮、名爵、黜陟、予夺，悉听便宜行事"，简直把扩廓帖木儿当作元朝的柱石。但是，他不可能让元朝起死回生，甚至连指挥军队向朱元璋进攻都做不到。

至正二十六年（1366年）二月，扩廓帖木儿征调各处军马向南进攻。陕西张良弼首先拒命。于是，他改向西进，派关保、虎赤林去征讨张良弼。而李思齐、脱列伯、孔兴等也都与张良弼合兵抗拒。双方一打就是一百多仗，分不出胜负。

元朝政府重用扩廓，为的是对南方用兵。扩廓帖木儿屯兵不前，自然招致猜忌。严命之下，至正二十六年（1366年）十月，扩廓帖木儿派弟弟脱因帖木儿以及完哲、貊高等驻兵济南，以控制山东。这一招不是用来对付朱元璋，而是防备当时山东的军阀头子王宣、王信父子。扩廓的大军仍然与李思齐等纠缠不休。

至正二十七年(1367年)正月,张、李以及脱列伯等会盟,推李思齐为盟主,共同抗拒扩廓。八月,元顺帝下诏,授皇太子爱犹识礼达腊以中书令、枢密使的名义总制天下兵马和诸王、驸马、各道总兵、将吏,以及一应军机政务,生杀予夺。并命令扩廓帖木儿总领本部军马,自潼关以东进攻江淮;李思齐总领本部军马,自凤翔以西,与侯伯颜达世进取四川;以少保秃鲁为陕西行中书省左丞相,驻扎本省,统领本部及张良弼、孔兴、脱列伯各支军马,进取襄樊;王信本部军马固守山东,另听调遣。诏书中还特别要求各将领"洗心涤虑,同济时艰"。但是,一纸空文并不能让拥兵自重的各路人马就此听命,北方的混战并没有停止。

扩廓帖木儿又派貊高去打李思齐等辈。貊高善用兵,而关保也是一员骁将,两人此时都背叛了扩廓,向顺帝上表告扩廓帖木儿的状。于是,这一派系内部又起纷争。

皇太子爱犹识礼达腊此时也设立抚军院,总制天下军马,专门防备扩廓帖木儿。元朝政府还于十月间下诏削除了扩廓太傅、中书左丞相等职务,削了他的兵权,只保留了河南王的封号,让他与弟弟脱因帖木儿同居河南。至正二十八年(1368年)初,又下诏夺了扩廓帖木儿的封爵,还命令诸军围攻。二月,扩廓帖木儿自泽州(今山西晋城)退守晋宁(今山西临汾)。

这一切都自然逃不过朱元璋的眼睛。他认定北方"人思平治","北伐中原,指日可定",下令徐达、常遇春不得羁留山东,宜速取河南。同时他还采取措施,配合徐达大军的行动:命令已经平定福建陈友定的汤和北还明州(今浙江宁波),建造海舟接济北征大军的军饷。命令康茂才率兵北上,增强北伐大军兵力。命令邓愈率领襄阳、安陆、景陵等地驻军出击南阳以南的河南南部州郡,牵制元军,减轻徐达大军西进汴梁、洛阳、潼关的压力。

直到此时,李思齐、张良弼、脱列伯、孔兴等才派遣使者与扩廓帖木儿联系,说是出师攻打他并非本意,并向西退兵。不过这已于事无补。

洪武元年(1368年)三月,徐达自山东郓城溯黄河西进。陈州(今河南淮阳)守将左君弼原是张士诚部下,龙凤十年(1364年)朱元璋围攻庐州时被迫逃奔汴梁投降李克彝的。还在吴元年(1367年),朱元璋就写信给他劝降,说豪杰并起,也是为了保全父母妻子于乱世,如能幡然来归,当尽弃前非,仍复待以故旧。与此同时,朱元璋还将左君弼的母亲送了回去。这不能不使左君弼心动。徐达、常遇春西进河南,左君弼便归附朱元璋。这一来解除了徐达侧翼的威胁。

四月,徐达大军直趋汴梁(今河南开封)东北的陈桥。元朝中书平章政事李克彝带着汴梁军民西逃洛阳。徐达则紧追不舍,自虎牢关进逼洛阳。在洛水之北十五里的塔儿湾(今河南偃师境内)与元将詹同、脱因帖木儿对阵。常遇春骁勇异常,面对敌阵中持槊冲来的二十骑,首发一箭就射杀其前锋,大声呐喊驰入敌阵,徐达指挥部下猛攻。元军大败。脱因帖木儿逃至陕州(今河南陕县),李克彝更逃到陕西。暴露在徐达面前的洛阳,为察罕帖木儿的父亲、河南省平章、梁王阿鲁温驻地,此时不得不开城投降。此后周边的嵩州(今河南嵩县)、巩县、福昌、钧州(今河南禹县)、许州(今河南许昌)、汝州(今河南临汝)、郏县相继降附。

随后,徐达派遣冯胜、康茂才进取陕州,败军之将脱因帖木儿弃城继续西逃。康茂才留守,冯胜则挥师潼关。守将李思齐、张思道闻风逃遁。冯胜率部一直追击至华州(今陕西华县)。尚在夺取陕州时,朱元璋便派人告诉冯胜,假使攻克潼关,不要急急忙忙求胜向西进攻。因为大军的战略目标在北方,宜选派将士留守潼关,以阻遏元军援兵。你则率领部队回汴梁,我将亲自

前往与大家商议下一步行动。因此,冯胜并没有深入,而转回潼
关,请求派人把守这一重要关隘。徐达派出的人选是郭兴。

　　至此,朱元璋北伐的第二步战略目标:"旋师河南,断其羽
翼,拔潼关而守之",已经完全实现。越是临近胜利,朱元璋越是
谨慎。他亲临汴梁,与前敌将领商议下一步行动,即在巩固新占
领的河南的同时,转而向北,实现北伐的最终目标:攻占大都,结
束元朝的统治。

　　朱元璋四月底自应天出发,行程二十七天,于五月下旬到达
汴梁。改汴梁路为开封府,置中书行省于开封,以杨宪署省事,
而以何文辉为河南指挥使。

　　六月初,也就是朱元璋到达开封的十天之后,徐达从前线赶
回来朝见朱元璋。朱元璋鼓励徐达与诸将乘势进取。

　　待到诸将退出,朱元璋、徐达君臣单独相处时,朱元璋问:现
在要取大都,打算怎么办? 这当然不是朱元璋没有主张,只是征
求一下臣下的看法而已。

　　徐达的回答是:自从平齐鲁,下河南,扩廓帖木儿只是逡巡
冀宁(今山西太原),在一旁观望而已。现在潼关又为我所有,张
良弼、李思齐失势西窜。元朝的支援已经断绝。我们乘势直捣
孤城大都,必定可以攻克。

　　这也正是朱元璋的主张。但是他提醒徐达:北方地势平坦
利于骑战,不可没有防备。宜选择一些将领,带领精锐部队作为
先锋,你自己带领水陆大军随后跟进。用山东的粮食作为军饷,
由邺(今河北临漳西南)趋赵(今河北邯郸)再转临清向北,直捣
大都。他们外援来不及赶到,溃自内生,必定可以攻克。

　　临清正靠着运河,朱元璋指示的这条进军路线,实际上就是
要依靠运河运输军队,运输军饷。而徐达则想到攻克大都之后
的事,请示朱元璋:恐怕元朝向北逃跑,将会给以后带来后患,还

是要派军队追击吧。

在这一点上,朱元璋并不同意徐达的见解。在他看来,元朝起自北方,元世祖时才得到中原。这是乘气运旺盛,理当兴起。现在他们气运既然已经没有了,理当衰亡。他们的成败,都是天意。假使放他们向北逃归,天命厌弃他们,就会自行消亡,不必合力追赶。只要他们逃出塞北之后我们就固守疆域,防止他们侵扰就可以了。

实际上,朱元璋认为自己起兵江南,骑兵力量有限。而且,此时需要防范的乃是据守冀宁的扩廓帖木儿和拥兵西安的张良弼、李思齐。所以只要求将元朝政权赶出去,并不打算穷追猛打,一举歼灭。徐达当然听从朱元璋的旨意。而这一来也种下了以后与蒙古长期战争的根子。

朱元璋这个决策显然出于对敌我双方军力对比的考虑。平心而论,朱元璋一系之所以能够崛起,能够在基本平定南方之后北进,与朱元璋一贯的"养威"、"俟时"的战略思想有关,不肯轻举妄动。同时也反映出,他懂得不可能超越自身的军力来追求难以达到的目标。后人不可因为朱元璋此时一个接一个的胜利,错误地高估他的实力。并不是所有的时候都是当局者迷的,有时候当局者反而更加清醒。

在到达开封后的一个多月里,朱元璋积极准备攻打大都。一方面他任命冯胜为征虏右副将军,与康茂才率军自陕州(今河南陕县)渡河进取安邑(今山西运城东)、夏县(今山西夏县)等地,摆出一副要进攻冀宁的扩廓帖木儿,或是陕西的张良弼、李思齐的架势;另一方面则严令浙江、江西二行省及苏州等九府紧急运粮300万石到开封,为北上攻克大都做好军需上的准备。

朱元璋在开封一共呆了两个月左右,七月下旬将回应天,告谕徐达等人:中原地区的百姓久为群雄所苦,流离相望,所以命令你们北征,是为了拯民于水火之中。元朝祖宗功德在人,他们的子孙不体恤民隐,老天都厌弃之。君王有罪,民又何辜。前朝革故鼎新之际,经常肆行屠戮。这是违背天意暴虐百姓的,我实在不忍心看到这样的情况出现。诸将攻克城池,不要肆意放火抢掠妄行杀人,元朝的宗室国戚也要让他们得到保全。这样才能上合天心,下慰人望,也符合我伐罪安民的本意。不执行这个命令的罚无赦。随后,朱元璋命令冯胜守开封,自己则在作好布置之后回转应天。

此时,元朝军队仍在激烈的内哄中。东线的关保和貊高仍然从泽州、潞州(今山西长治)猛攻扩廓不止。西线张良弼等也推李思齐为总兵,共会凤翔,以十万甲兵向扩廓帖木儿施压。夹缝中的扩廓只能从防守中伺机反击。机会果然被他找到。闰七月初,扩廓帖木儿得知貊高分军掠祁县,立即偷袭其大本营。貊高和关保都被擒获。扩廓随即上疏表明自己心迹。摇来摆去的元顺帝下诏,称貊高、关保"间谍构兵,可治以军法",将他两人当作替罪羊。又罢除为太子爱犹识礼达腊设立的大抚军院,同时恢复扩廓帖木儿河南王、太傅、中书左丞相等官职,命他统率现有军马从河北出兵。也速也接到诏令,兵趋山东。秃鲁及李思齐则奉命兵出陕西,恢复汴梁、洛阳。顺帝无疑是想三箭齐发,东中西三路阻遏徐达大军。但是,秃鲁、李思齐根本按兵不动,也速很快被击溃,扩廓帖木儿也从平阳退守冀宁。

混乱一团的元朝政府,是难以抵御徐达、常遇春大军的冲击的。

七月底,徐达命令在河南的各将领率领本部人马准备渡河,命令在山东的将领带领在益都、徐州、济宁等地的兵马,赶到东昌(今山东聊城)会师。三天后,徐达自中滦渡河,接连攻占卫辉(今河南汲县)、彰德(今河南安阳)、磁州、邯郸、广平、临清。徐达在临清会合诸将,命令傅友德在陆上开道,顾时疏浚运河水闸以通舟师。闰七月中旬,徐达率领水陆两路人马,自临清沿运河北上。

这一次进军可以说完全在朱元璋的预料之中,称得上进展神速。常遇春先是攻克德州,然后接连攻下沧州、清州,直趋直沽(今天津狮子林桥西)。元丞相伊苏等望风而逃,大都震动。

此时元军的抵抗,似乎只是象征性的。在徐达的人马进逼到通州时,元知枢密院卜颜帖木儿率军迎战,却中伏兵败,卜颜帖木儿力战被擒而死。徐达乘胜占领通州。这是进入大都的最后一座关隘。

就在通州失陷的同一天,元朝廷已经下令护送太庙中列祖列宗的神位向北撤退。次日,顺帝还想顽抗,命令淮王帖木儿不花监国、庆童为中书左丞相,同守大都。第三天,形势又是一变。顺帝在清宁殿召集后妃、太子及太子妃商议向北逃跑。左丞相失列门、知枢密院事黑厮、太监赵伯颜不花等力谏顺帝,认为不可北逃。赵伯颜不花说:天下者,乃是世祖忽必烈创建的,陛下应该以死相守,怎么可以丢弃呢!我们这些臣子愿意带领军民出城抵抗。只是希望陛下能留守大都。但是,顺帝就是不听,认为伊苏已败,扩廓帖木儿远在冀宁,等不到什么援兵。于是他带着后妃太子,向北逃向上都(即开平,今内蒙古多伦)。这是闰七月二十八日晚上三更的事。

八月初,徐达兵临元朝首都开展攻城之战。可以想见,顺帝北逃之后,守城元朝官兵并无斗志。徐达指挥兵士往城濠填土,登上齐化门,并没有受到多大抵抗。初二,明朝军队进入大都。

留在大都的元朝皇亲国戚、达官显宦,包括六名王子,都被徐达俘获。徐达谨遵朱元璋的旨意,"克城之日,毋肆焚掠,毋妄杀人",除了收缴作为元朝统治象征的玉玺玉印,查封了府库及图籍宝物,派兵守卫宫殿门禁之外,只杀了奉命监国的帖木儿不花和庆童等六名不肯投降的元朝官员,还下令士兵不得侵暴百姓。作为统帅,徐达不会忘记军事上的布置。他派薛显、傅友德领兵前往古北口等关隘道口巡逻,防备元军反扑。还派华云龙修缮大都城墙。更为紧要的,是向朱元璋送去报捷的奏章。

　　元朝历史至此结束。如果从灭金算起,它有一百三十四年历史;从灭宋算起,有九十年。

　　能够克复大都,结束元朝的统治,当然是与朱元璋指挥得当分不开的。

二五　收晋秦

朱元璋接到捷报，喜不自胜。但是他很清醒。

徐达打下了大都，顺帝一直逃到上都开平，仍然自称元朝，史称北元。他任命也先不花为中书左丞相，封扩廓帖木儿为齐王，不久又任命为中书右丞相，以开元王纳哈出为辽阳行省左丞相，封中书右丞相伊苏为梁王。在军事上，北元以纳哈出为东路，扩廓帖木儿为西路，顺帝本人居中为中路，三大集团在明朝北部疆界虎视眈眈。加上陕西一带的李思齐、张良弼等部，虽是新败之余，实力却不可小觑。南线，元朝在云南有梁王把迎剌瓦尔密指挥的几十万大军，也是对朱元璋的巨大威胁。位于长江上游川蜀地区以明升为首的夏国，虽说与朱元璋关系尚可，总究不是明朝辖地。朱元璋要清除异己势力，巩固自己的统治，还有不少事要做。

近在山西、陕西的扩廓帖木儿、李思齐、张良弼等部的存在，自然是对刚刚突进到北方的朱元璋的现实威胁。于是，他再次离开应天，风尘仆仆赶往新克复的大都。

八月间他到达大都，马上下诏将此地改为北平，无非寓意北方就此平安。

第二天，他又下诏，除命令孙兴祖、华云龙领兵镇守北平外，又命令徐达、常遇春攻取山西，同时命令汤和、杨璟从征。十天后,冯胜也奉命出征山西。朱元璋计划从东、南两个方向进逼扩廓帖木儿,而东线由常遇春、傅友德率领先遣部队先行出发。

北元新败,斗志难免受损,东南两线战事进展还比较顺利。东线,常遇春八月底即攻克保定(今河北保定)、中山(今河北定县),然后又攻克了真定(今河北正定)。南线,冯胜、汤和所部接连攻克怀庆(今山西沁县)、泽州、潞州(今山西长治)。

此时已是十月初,朱元璋已经回到应天。他历次用兵,都是军事打击与政治手段并重。这次也不例外,宣布了此次战争的十大方针:第一、元主父子如能够投降,当待以特殊礼遇,当作明朝的宾客。第二、百姓为躲避战祸结寨自保的,听从还归本业,而执迷不悟的,罪在不赦。第三、元军头目如能率众来归,量材录用。第四、逃散的军士如能来归,不予追究罪责,准与家人团聚。第五、北方的汉蒙各族百姓久困弊政,自归附之后要各安生理,趁时耕作放牧,政府常加安抚。第六、北平等新收复地区,有犯元朝所定罪名的,一并革除。第七、元朝政府的档案器具由现在的政府收集,散失在民间的允许送还官府。第八、因战事南北阻隔,北平等新收复地区有南方人愿意回乡的,任凭还归。还没有收复地区,由北平官府张贴告示,随处招谕。第九、北征将士有阵亡病故的,所在地官府即予安葬,并厚恤其家。第十、新附地方没有奉到中央明文,不得擅自科课军需,骚扰百姓,妨碍农业。

这十条政策,对于瓦解敌军斗志,对于安定新收复地区民心,当然大有裨益。

十一月间,徐达率领薛显等南下,至真定与常遇春会师,部署进击山西之事。而此时扩廓帖木儿正奉顺帝之命准备恢复大都,领兵出了居庸关。徐达闻讯,认定扩廓的老巢冀宁(今山西太原)空虚,而孙兴祖守卫北平应该没有问题。计划直捣冀宁,让扩廓帖木儿进退失据。于是指挥部队经井陉、平定径赴冀宁。

扩廓帖木儿进至保安(今河北涿鹿)得到消息,赶紧率骑兵精锐回师冀宁。徐达与常遇春商量,虽然骑兵也可与之一战,不如夜袭更加稳当。又逢扩廓部将豁鼻马前来接洽投降,更坚定了徐达发动夜袭的决心。扩廓帖木儿仓皇间只带了十八骑逃脱性命,部下四万骑兵则被豁鼻马带领了向徐达投降。冀宁也被一举攻克。洪武元年、二年(1368、1369年)之交,徐达分遣冯胜占领黄河东岸的猗氏、平阳,冀宁南边的榆次、平遥、介休等地,以及山西北部的大同等地也次第平定。

朱元璋不以山西平定为满足,命令徐达、常遇春等将领继续向西征讨。徐达派康茂才、郭兴先守住陕州和潼关,以待自己与常遇春等大军会合。

当时,李思齐据守凤翔(今陕西凤翔),其部下前伸至关中一带,而张良弼与孔兴、脱列伯等驻守鹿台,居高临下,占据地利,大可与徐达等一战。但是正应了兵败如山倒的老话。洪武二年(1369年)三月初徐达军次栎阳(今陕西潼关北)兵趋鹿台之时,张良弼率先望风而逃,从奉元(今陕西西安)沿泾水北逃庆阳(今甘肃庆阳)。接着,元朝陕西行省平章哈麻图也从奉元逃到盩厔(今陕西周至),被当地武装所杀。徐达只派出郭兴率领轻骑,就直取奉元。

朱元璋得报,下令改奉元为西安。又命开粮仓,每户赐米一石,还命从孟津(今河南孟县偃师间)取米,又是每户二石。这一招自然取得百姓拥护。

此时,朱元璋并没有马上对尚在凤翔的李思齐下手,而是又一次派人招降他,对他说:当时足下与张良弼、孔兴、扩廓帖木儿等相为犄角,那时你没有自立门户,已经失掉了机会。现在那些人都逃散了,你以孤军与我相持,只是多伤人性命,最终没有什么益处,讲究道德之人岂能做这样的事? 朱元璋还分析:如果你守不住凤翔,则必然要往沙漠里去。但是,非我族类,其心必异。而且你带领的这些部下,过惯了中原生活,不习惯塞外荒凉,一旦变生肘腋,你的妻子儿女都保不住了。你是汝南人士,祖宗坟墓都在那里,深思远虑的你,难道独独不考虑到这一点吗? 你能够来归顺我,必定以礼相待,否则,你的结局如何就不是我所知道的了。

　　这最后一句,实际上是说李思齐应该清楚,对抗只有自取灭亡,只是不明说而已。李思齐接到信,不可能没有考虑。但是部下反应强烈,只能不了了之。徐达得不到回音,下令常遇春挥师西进。李思齐又不抵抗,一路退到临洮。

　　临洮在西,庆阳在北。不少将领认为张良弼才能不如李思齐,主张先打庆阳。徐达考虑,庆阳城险兵悍,不容易很快解决战斗。而临洮西通蕃戎集居地,北临河湟,得到这块地盘,则可以征募到兵员,征集到军饷。先进攻临洮,如果李思齐不逃到西边蕃戎之地,就只有束手就擒。临洮打了下来,其他地方就容易打了。这个方案被大家所接受。

　　因为常遇春这时候被朱元璋调去守北平,于是徐达亲率大军向西进攻。四月间,只不过几天时间,徐达的部队就从取陇州(今陕西陇县)开始,又打下巩昌(今甘肃陇西)。在命令冯胜攻临洮的同时,又命顾时等迂回进攻临洮北面的兰州。

　　战斗进程恰如徐达所估计的,李思齐穷途末路,只得开城投降。而周围州县如安定(今甘肃定西)、会宁、靖宁(今甘肃静宁)、隆德等地也相继被攻占。这一仗,甚至一直打到西宁。那里是元朝豫王的驻地,薛显受命袭击了这一支元军,豫王逃走,他的部下辎重都被俘获。

　　针对临洮一役的胜利,朱元璋给徐达的命令是加倍小心。

他对徐达表示：接下来就要进攻庆阳、宁夏。张良弼兄弟多诈，假使投降，应当审慎处理，不要中了他们的圈套。

五月初，遵照朱元璋的命令，徐达开始对庆阳张良弼的征讨。他率部出萧关（今宁夏固原东南），下平凉（今甘肃平凉），又沿泾水而下，攻取泾州（今甘肃泾川）。与此同时，徐达指挥另一支部队占领了延安（今陕西延安），形成了对庆阳的合围之势。

此时张良弼早已逃离庆阳，逃入宁夏，已经被仇家扩廓帖木儿扣了起来，守庆阳的是他的弟弟张良臣。张良臣先是向徐达派来的人表示愿意投降。待到薛显奉命前来受降时，他却偷袭薛显军营。

徐达在佩服朱元璋的先见之明之余，赶紧作出部署：先是调冯胜、傅友德等赶赴泾州，随后又命令俞通海、顾时、傅友德、陈德从东南西北四个方向切断庆阳所有外出的通道。自己则亲率大军包围庆阳。

一时间，这座西北边城，成了南北注目的中心。

朱元璋的一贯战略是持重。西北方面劲敌当是扩廓帖木儿，但是，不拔掉庆阳张良臣这颗钉子，朱元璋就无法放心地对扩廓作战。于是，除了徐达这一支大军之外，七月初他又加派李文忠率领的部队投入这个方向的作战。只是李文忠到达太原时，适逢孔兴、脱列伯围攻大同，不得不北上解大同之围。结果，脱列伯战败被俘，押解到应天，朱元璋没有杀他，还赐了一套衣冠。孔兴没有这么幸运，他逃走，反而被自己部下杀了。

扩廓帖木儿也明白庆阳张良臣对他的重要性，七月中旬派部将哈扎尔南下支援，连克镇原州（今宁夏镇原）、泾州（今甘肃泾川）等地。徐达不得不派出冯胜收复镇原州、泾州。另一支元朝兵马贺宗哲也攻打凤翔，支援庆阳，但遭到凤翔守军顽强抵抗。

庆阳被围三月,粮尽援绝,城中甚至发生煮人汁和泥充饥的惨剧。守将姚晖开门迎降,而张良臣父子自杀未遂,被徐达擒获斩首。贺宗哲也放弃凤翔之围而去。

此时,西北边陲只剩扩廓帖木儿拥兵塞上,让朱元璋君臣放心不下。

还在庆阳大捷之际,朱元璋曾经给扩廓帖木儿送去一封招降信,希望这个劲敌能够知时达变,慨然来归。朱元璋在信中保证:如果扩廓帖木儿与部下将士能够革新从顺,所有文武智谋之士都当一一重用;如果有愿意还乡的,也听凭各人自愿。包括扩廓手下贺宗哲等人,都包容不究。朱元璋告诫扩廓:时机已经间不容发,我也不多说了,你好好考虑。但是,扩廓并不领情。

洪武三年(1370 年)正月,朱元璋与诸将商议安定北方疆界。有人主张擒贼先擒王,先打沙漠里的顺帝。朱元璋不同意。他还是要求稳妥。在他看来,扩廓帖木儿的军队就在边界上,舍弃他而去打元主,是忘近而求远,失去缓急的道理。他主张两路并进,一路徐达领大军出西安,捣定西(今甘肃定西)。一路李文忠出居庸关入沙漠追击元主。这样一来,两方面自顾不暇,不可能相互接应。

按照朱元璋的布置,徐达出潼关,西征定西,于四月到达沈儿峪。扩廓帖木儿此时正在围攻兰州,听说徐达大军到来,撤了围,屯军车道岘,与徐达隔沟对峙。扩廓帖木儿突然袭击徐达大营东南垒,守垒的胡德济举措失当,乱了阵脚。亏得徐达亲自领兵赶援,不但挡住了元军进攻,还趁势反攻,取得大捷。这一仗,徐达俘获了元军的王、国公、平章以下文武共一千八百余名、士兵八万余人、马一万五千余匹。元军只有主帅扩廓带了妻子数人向北落荒而走,渡过黄河直奔和林(今蒙古乌兰巴托西南)。沈儿峪一役取胜,总算暂时解除了西北方向对明朝的最大一个威胁。

五月初，刚刚击败扩廓帖木儿的徐达，根据朱元璋的命令，又将所部兵分两路。

一路由邓愈统领，向西南出临洮，攻克河州(今甘肃临夏)，又派遣使者招谕吐蕃。之前，朱元璋也曾派出使者劝说吐蕃归顺，一无结果。现在河州被攻克，形势不同，陕西行省宣慰使何锁普南等地方实力派纷纷纳印请降。元豫王则被逼得逃到西黄河，邓愈追至黑松林，斩杀其大将，全胜而返。这一支部队出甘肃数千里，河州以西朵甘、乌斯藏诸部全都归附。

另一路由徐达亲自率领，挥师进攻四川北部门户兴元(今陕西汉中)。这一路由傅友德作先锋，自徽州(今甘肃徽县)南出，由西向东进攻略阳(今陕西略阳)、沔州(今陕西勉县)。徐达在进攻兴元时，又命令另一支部队由凤翔南进，合攻兴元，夺取了这一城市，然后回师西安。

经过这一次征战，山西、陕西、甘肃、宁夏大片土地都成了明朝的疆域，西北地区基本平定了下来。

二六 战北疆

顺帝并不甘心退出中原大地。

洪武二年(1369年),即失去大都的第二年二月,顺帝就派出伊苏南下攻打通州。只是碰到通州守将的一番虚张声势,伊苏就被吓退。

还是这一年的六月,伊苏卷土重来。北平并无重兵,朱元璋令常遇春率军援救,李文忠为偏将军辅之,率步骑九万迎战。伊苏闻讯退兵。常、李一路追击,败元将江文清于锦州。又大败伊苏于全宁(今内蒙古翁牛特旗)。明军乘胜进攻大兴州,守将夜遁,被早已布下的伏兵尽数擒获。明军一路凯歌高奏,直冲北元中枢所在地开平,逼得顺帝只能北走沙漠。常、李大军一口气追奔数百里,俘获北元庆王及平章鼎住等将士万人,车万辆,马三千匹,牛五万头,子女宝货无数。

不幸的是,凯旋之际军次柳河川,主帅常遇春却暴病而亡,年仅40岁。朱元璋得到噩耗,大为震悼。丧至龙江,他亲自出奠。一代名将也算是哀荣备至了。

至于对北元,朱元璋于十月间致书顺帝,希望他能够改变政策,承认现实,保持目前的疆土以保存宗庙祭祀。如果要仿效汉代的匈奴、唐代的突厥,在明朝边境上出没,以为边患,则考虑就不慎重了。对此,顺帝没有答复。

于是,有了洪武三年(1370年)正月间朱元璋两路进军的决策,派徐达在西北肃清扩廓帖木儿势力的同时,又派李文忠北出居庸关继续清除盘踞在沙漠中的北元势力。

李文忠领军十万,越野狐岭(今河北张家口西北),由兴和(今河北张北)至察罕脑儿(今河北沽源北),擒获元平章竹贞,又于骆驼上打败元太尉蛮子等。五月间,李文忠到达开平,再北上进攻应昌(今内蒙古应昌)。事先他得到消息顺帝躲在那里。实际上,此时顺帝已死,太子爱犹识礼达腊已经继位称帝,仍在应昌。李文忠走到半途了解到了这一情况,仍然坚决进攻。这一仗又是大胜:爱犹识礼达腊本人只带了几十骑逃向元旧都和林(今蒙古后杭爱省厄尔得尼西北),他的皇后、妃子、皇子买的里八刺、朝廷的大臣,还有15颗宋元两朝的玉玺和金印,都落到了李文忠手里。李文忠还带了骑兵一直追赶到北庆州(今内蒙古巴林右旗西北),眼看追不上了才返回。而回来的路上途经兴州(今内蒙古滦平县西南)与红罗山,还收降了蒙古军民5万多人。

六月,朱元璋得知顺帝已死的确切消息,按照中国传统,给他制了谥号,即顺帝。而照元朝自己的谥法,当是惠宗。称新故元帝曰顺,大概是为了表彰这位皇帝退出大都,而没有留在那里指挥抵抗。这在朱元璋看来,应该算作顺从天意之举。亡国之君,没有给个恶谥,朱元璋自然有他的打算。毕竟北元骑兵还是他所忌惮的,所以在向沙漠里的敌人施加军事压力的同时,他不能放弃怀柔的一手。

还在沈儿峪之战后的第三天,朱元璋就写信给顺帝,劝他奉天道顺人事,这样可以放牧养殖于塞外,借助明朝的威势,号令各部落,还可以作为一邦之主,以承继其宗庙祭祀。也就是要顺帝承认失败的现实,安分守己,各不相犯。

洪武三年(1370年)六月,李文忠的捷报传至应天,这是一个天大的喜讯，理应大大庆贺一番。朱元璋却下令，曾经在元朝当过官的不要上表祝贺。

同月，买的里八剌被解至应天。群臣建议要举行献俘典礼，朱元璋不同意。他问：周武王伐殷的时候用过这样的礼仪吗？左右回答，唐太宗曾经举行过。朱元璋分析，他不过是对待王世充罢了，假使遇到隋朝子孙，恐怕就不会这样做吧！他还对李善长等人说：元朝入主中国百年，我与你们的父母都依赖其生养，奈何说这样轻薄的话呢？

朱元璋心目中，他所做的，只是一场改朝换代，并非如同现在有些人断言的推翻异族统治。他要买的里八剌穿了蒙古族的常服朝见，礼毕之后，赐给汉族衣冠，还封为崇礼侯。

朱元璋又颁发了《平定沙漠诏》，宣布北元嗣君如能归附，当待之以帝王宾客之礼，来归的元宗室、部落、臣民，当还其旧职，华夷无间。朱元璋还趁《元史》告成之际，再次致书元嗣君，重申了上次致顺帝信中的承诺。

朱元璋一番良苦用心，收到了一些成效。洪武三年、四年（1370、1371年）元宗室、大臣陆陆续续有人投奔明朝。

但对北元嗣君爱犹识礼达腊，这番举动却一点作用也无。他自称必力克图汗，改元宣光，一心要光复大元帝国。于是，扩廓帖木儿被任为中书右丞相，伊苏、哈剌章、蛮子、纳哈出等人也被重用，摆出了一副与明朝为敌到底的架势。

朱元璋对这强敌始终不敢懈怠。洪武五年（1372年）正月，他与诸将商议北伐，决定派徐达、李文忠、冯胜各领五万人马，分三路挺进沙漠，力求一战成功。他计划：徐达由中路出雁门关，扬言要攻打和林，实际上行动迟缓些，让敌人靠近了再打击他们，必定可以破之。李文忠由东路自居庸关出应昌，攻其不备，必有所获。冯胜由西路出金兰，取甘肃，以迷惑敌人，叫他们不知怎么办。朱元璋充满自信,告诉各位将领,宜益思戒慎,不可轻敌。

偏偏这把如意算盘打错了。

二月,徐达遣先锋蓝玉先出雁门关。三月,蓝玉在野马川击溃元军游骑,又进至土剌河(今蒙古土拉河)打败扩廓帖木儿的军队。徐达见元军不堪一击,杀灭扩廓之心顿起,不顾朱元璋临行嘱咐,不再行动迟缓,不是让敌人来进攻,而是主动出击,穷追猛打,五月,一直打到杭爱岭北。

不料,这是扩廓帖木儿的诱兵之计。待到明军疲惫不堪,扩廓帖木儿、贺宗哲等指挥元军从四面八方围了上来。徐达不得不下令困守营寨,消极防守。最终死亡数以万计,大败而归。这也是徐达领军一生,唯一的一次败仗。

东路李文忠也不顺利。他率军出居庸关,趋和林,在应昌西北的可温河缴获了元军大批牛马辎重。进至胪朐河(今蒙古克鲁伦河)时,李文忠留下辎重,自己率领大军带了20天的干粮兼程赶至土剌河,想与元军决战。元将蛮子、哈剌章全军撤至河北岸列阵,李文忠一点不肯放松,一直追赶到鄂尔浑河。不料元军越来越多,李文忠的坐骑都中了流矢,被迫下马与敌军短兵相接,战况之激烈,可见一斑。虽说此役李文忠侥幸获胜,俘获人马上万,但自己也付出沉重代价,大将曹良臣、周显等战死。此时,他还不肯罢休,依然一路追杀,直到青海(又叫称海、骠海,今蒙古科布多之东),又遇到大批元军。李文忠此时不得不作收兵之想。朱元璋对这位亲外甥寄以厚望,他果然不同凡响。在孤军深悬敌人腹地之际,李文忠把缴获的牛马散放在草原上,似乎毫无戒备。而元军一见李文忠这般悠闲的模样,不由疑心重重,中了他的疑兵之计,他指挥的东路军才得以脱身。

比较下来冯胜指挥的西路军还算是全胜而归。他率领陈理、傅友德等战将,五月间抵兰州。傅友德奉命率精骑直奔西凉(今甘肃武威),大败元军,追至永昌(今甘肃永昌),又打败元军,继续向索琳山口进军,并与冯胜会合,再败元军。冯胜乘胜突进,至亦集乃城(今内蒙古额济纳旗东南),又进军至道山。傅友德率军还到达了至瓜(今甘肃安西西南)、沙州(今甘肃敦煌)。这一路攻城略地,缴获大量牛马骆驼,总算是平定了甘肃。

这次出征,是朱元璋一生中少有的没有大获全胜的战役,也是徐达唯一的一次败仗。一直到二十五年后,朱元璋给他儿子朱枫、朱棣写信,还念念不忘此事:我用兵一生,指挥诸将未尝败北。正当我准备养精蓄锐,以观察北元变化之际,挡不住诸将天天请求深入沙漠。这一来,不免让军士在和林疲于奔命。这都是由于轻信无谋,以致害了几万人的性命。朱元璋将和林失败的责任推到将领们身上并不公平。此次战役,正是他的主张。

几次北征,都没有彻底解除北元的威胁。包括和林这一次在内,一共损失了几十万军队。于是,朱元璋一改以前对北元主动出击的方针,采取以防为主的做法。他在从西北到辽东的万里边防线上大量设置卫所。北元的多次南犯,均被击退。洪武六年(1373年)他还告诫统兵守卫北方的徐达、李文忠、冯胜、邓愈、汤和等将领:防御边境,固然要显示自己的威武,尤其要注意持重。有来犯之敌则抵抗之,退去了不要追,这样才是上策。假使专门想着依靠兵力的优势炫耀武力,这是我所不取的,你们一定要慎重。虽则采取守势,倒也并无大碍。

在加强防守的同时,朱元璋没有放松绥靖、招抚。洪武七年(1374年),他派出李思齐去劝降扩廓帖木儿。李思齐当年与扩廓养父勃罗帖木儿同时起兵,后来又与他们父子结下怨仇。扩廓接待他并不失礼,还派人送归塞下,但是送行者归别时却对李思齐说,主帅有令,请你留下一件东西作别。李思齐惊恐,说自己远道而来，没有带礼物。送行者声言，请留下手臂。李思齐无奈，只得斩下自己的一只手臂。李思齐回到应天不久就死了。朱元璋本来就将扩廓视为劲敌，自此更加敬服。他曾经问手下将领，现在谁有资格称得上奇男子。大家都推常遇春。朱元璋不以为然，说常遇春虽然是人杰，自己还能臣服他，可是扩廓帖木儿就不肯。这人才是人杰。臣子死命服侍君王，君王只视为臣下，而对得不到的东西，他却会敬重有加。朱元璋又曾说，天下已经一家，但他有三件事放不下：一件是没见到传国玉玺，一件是扩廓帖木儿没有抓到，一件是元太子没有消息。他把扩廓一事还放在北元首领之前，可见对这位北元领兵大将的重视。

　　洪武八年(1375年)，扩廓帖木儿在和林病死。朱元璋与手下大将这才松了一口大气。

二七　征川蜀滇

　　洪武四年(1371年)，也就是北方徐达、李文忠深入沙漠，扫荡北元势力，抓住了顺帝孙子买的里八剌之后，朱元璋毫不放松地部署了对夏的战事。

　　原先朱元璋与夏的开国君主明玉珍颇有往来。朱元璋曾自比孙权，将明玉珍比作刘备，说扩廓帖木儿想当曹操，只是缺少谋士猛将，否则朱元璋和明玉珍两家都不能高枕无忧。朱元璋还说道，他们相互之间实为唇齿相依之邦，愿以孙刘相吞噬为殷鉴。至正二十六年(1366年)，明玉珍于三十六岁的英年去世，年仅十岁的儿子明升继位。朱元璋虽然与之继续保持友好关系，觊觎之心却已渐生。他派人与夏通好，随员中却有画工，将川蜀的地形全部绘制地图，以为日后的图谋作准备。洪武二年(1369年)杨璟奉命入川，就直截了当地向明升提出，要他献地归附明朝。这样的要求，自然不可能被接受。杨璟向朱元璋复命时建议讨伐明升。朱元璋的答复是：兵之所加，必贵有名。

　　于是，他开始制造借口。先是洪武三年(1370年)，朱元璋派人到夏要求提供楠木，夏没有答应。不久，他又向夏提出，要借道四川进攻云南，也被拒绝。朱元璋便以此为借口，与夏断绝了友好往来。

　　再接下来，就是洪武三年(1370年)五月，根据朱元璋的命令,徐达取得沈儿峪战役胜利之后,指挥傅友德、金兴旺等回师南下,攻取夏的北方门户兴元(今四川汉中)。这个举动标志着朱元璋对夏进攻的开始。而夏也于七月间由吴友仁率军企图夺回这一要害之地。明守将金兴旺一面苦战死守,一面向徐达告急。傅友德奉命驰援,逼退了吴友仁。明升随后又命令瞿塘守将莫仁寿出兵归州(今湖北秭归),明夏之间最终只得以战争解决问题。

洪武四年(1371年)正月,朱元璋正式发动了对夏的战争,命令汤和率领周德兴、廖永忠、杨璟、叶升等进攻重庆,命令傅友德、顾时等由秦、陇进攻成都。他告诉傅友德:夏听到我们要西征,肯定派出全部精锐东守瞿塘、北阻金牛(今陕西)以抵抗我军。他们必定因为地势险要,认为我们的军队难以到达。假使出其不意,直捣阶(今甘肃武都东)文(今甘肃文县),他们门户失落,腹心要地自然也就溃败。兵贵神速,只担心你们不勇敢。

战争进程,恰如朱元璋所设想的。明升派出重兵,由戴寿、吴友仁指挥,扼守瞿塘天险,架起铁索,横断江面;还设置了三道飞桥,在上面和两岸设置了铁铳、炮石。这为明军仰攻瞿塘天险增添了不少困难。

闰三月,杨璟率先进兵瞿塘,但在夏军的抵抗下,并无尺寸进展,无功而返。

但是,这一路只是一种掩护。朱元璋的希望在傅友德身上。傅友德探听到夏军虚实,便扬言要攻打金牛,实际直趋陈仓(今陕西宝鸡东),按照朱元璋的指示,一举攻克阶州,接着又打下文州,趁势连下龙州(今四川平武)、江油、彰明(今四川江油南)。待到进至绵州(今四川绵阳),傅友德派遣蓝玉夜袭夏军守将向大亨军营,向大亨逃向汉州(今四川广汉),绵州被明军占领。紧接着,傅友德又攻下汉州,直逼成都。这一路可以说势如破竹。

据守瞿塘的戴寿、吴友仁担心成都安全，只得率领军队援救，防卫瞿塘的兵力空虚起来。这些兵士还拾到傅友德投入江中的一些写有明军攻下阶、文、龙、绵诸州日期的木牌，军心难免发生动摇。这些都有利于明军的进攻。

此时汤和指挥的进攻瞿塘的明军，已经作战三月，而没有多大进展。朱元璋知道这里困难不小，加派朱亮祖率军增援。汤和未等朱亮祖到来，已经再度向瞿塘发起攻击。但是正逢江水上涨，只得屯兵大溪口，滞留了一个月。朱元璋不禁大怒，斥责汤和：傅将军冒险深入敌后，连克数城，四川已经无险可守。平定蜀地，正在今日。假使还要等水退了之后再进军，岂不贻误军机。我以前对你说的，难道都忘记了。你怎么这样胆怯！

汤和接到这样严厉的申斥，一时还转不过弯，廖永忠却抢先行动了起来。他两天后兵至旧夔府（即白帝城），连挫夏军两阵，再是两天就进至瞿塘。这里是夏军的主阵地，横断江面的飞桥铁索拦住廖永忠舟船去路。他想出办法，趁夜晚派军士抬小船走山路赶到瞿塘峡上游，再下水顺流而下，自己则率军向上游仰攻。天明时分，夏军才发觉明军行动，先是丢掉陆寨，接着横在江面的铁索也被砍断，连夔州也被廖永忠夺走。

直到第二天，汤和才率军赶到。于是，汤和率领步骑，廖永忠带着舟师分两路进逼重庆。

明升此时还举棋不定。手下劝他逃往成都，他母亲却说，就是去成都，不过是苟延旦夕而已，明军所至，势如破竹，不如早降，以保生灵。明升遂决定投降。而廖永忠却以主帅未至，还不肯马上受降，等到四天后汤和赶到，才接受投降。八月，明升被送到应天。朱元璋封他为归义侯。后来，他与陈友谅之子陈理一起被送到高丽。

重庆方面投降，成都还在抵抗。

傅友德兵临成都，戴寿、向大亨指挥夏军士兵坐着大象列阵。傅友德面对这庞然大物，依然指挥军士厮杀，连自己身中流矢也顾不上。而大象中了明军的火箭，反而倒退踏死了不少夏军士兵。戴寿本想死守，接到消息重庆早已投降，而且他的家人安然，遂与向大亨一起出城投降。

此时，朱亮祖所部也已经赶到，与傅友德合兵一处，攻打其余尚未降附的州县。到八月间，只剩下吴友仁据守的保宁还在拼命抵抗。

朱元璋又对汤和下了一道诏书：为将领的贵乎审度时机，而重要的在于分析敌情。古人说虽然有智谋，不如乘势而为。现在整个四川都攻了下来，只有吴友仁还占据保宁，苟延其旦夕之命。其实，趁着现在的机会攻克这座城市，乃是破竹之势，没有攻不下来的道理。将军徘徊不前，究竟是什么缘故？我托付给你以重任，而你碰到事情往往就像这样拖三落四，怎么能够统管军队，承担国家要务呢？

这时，汤和才派周德兴会同傅友德猛攻保宁。不久，城破，吴友仁被擒，押往应天处死。

至此，平定川蜀的战事，以明军的全胜宣告结束。

下一步，朱元璋的目标是云南。

云南是一个多民族地区，当时大致可以分为三大部分。其一是由驻在昆明的元朝宗室梁王把匝剌瓦尔密控制的云南中部，这一部分自然效忠于元朝。其二是由白族土酋段氏控制的，以大理为中心的云南西部，这一部分政治上隶属元朝，但内部享有主权。其三是南、东、北各方的苗、彝等少数民族聚居的区域。当初陈理归顺朱元璋时，与湖广交界的思南宣慰使、思州（今湖南凤凰）宣慰使也先后降附朱元璋。明升投降明朝后，与四川交界的一些少数民族地区的宣慰使、总管等也归附了朱元璋。这样云南的北部和东部都落入朱元璋之手,直属元朝中央的梁王这股势力,就暴露在勃勃兴起的明朝势力面前。

朱元璋此时采用的手法,依然是先施行软的一手,不行,再来硬的。

洪武五年(1372年)正月,他派遣翰林院待制王祎到昆明,要梁王投降。梁王迟疑不决。对王祎虽则以礼相待,始终只是敷衍。适逢元太子派遣使臣托克托到云南征饷,听到明朝使臣也在,自是一番责难。梁王只得让双方见面。结果可想而知,托克托百般辱骂,王祎厉声呵责。结果是王祎于洪武六年(1373年)十二月被杀。

之后,朱元璋两次派人去云南。

洪武七年(1374年),朱元璋派已经投降明朝的元朝威顺王的儿子,名叫伯伯,带信给梁王。伯伯到了昆明,却向梁王投降。

洪武八年(1375年),明军抓到了梁王出使漠北的使臣铁知院,送到应天。朱元璋决定让湖广参政吴云与铁知院一起去云南。走到半道,铁知院要求吴云诈称是北元使者,吴云不答应,被铁知院杀了。

一直到洪武十四年(1381年)九月,朱元璋下达了对梁王用兵的命令。他派出两支人马。一支由傅友德为主,副手是蓝玉、沐英。另一支由郭英统领。

大军出征,朱元璋亲到龙江为傅友德等送行,并布置进军方略:云南地处荒僻,行军途中应当了解山川形势,规划进取路线。我以前看了地图,还向大家作了咨询,知道了那里的情况。取云南的方针,应当从永宁(今四川叙永)先派出一支军队,向乌撒(今云南镇雄、贵州威宁等地)一带进军(指郭英一支)。大军(指傅友德一支)跟着从辰(今湖南沅陵)芷(今湖南芷江)向普定(今贵州安顺),占据各要害之地,然后再进兵曲靖(今云南曲靖)。

曲靖，是云南的咽喉之地，元军必定在此集中兵力，以阻挡我军。我所说的审察形势，出奇制胜，讲的正是这个地方。打下曲靖之后，你们可以分一部分兵力进攻乌撒地区，与永宁的部队会合。大军则直捣昆明。这样他们就首尾牵制，疲于奔命，打败他们就是必然的了。打下昆明之后，分兵出击大理。由于已经打下昆明，声势振作，那里的敌军势将瓦解。其余部落，可以派人招降，不一定让军队去受苦。

朱元璋的部署相当周密。他知道云南道路艰险，为了接济大军粮饷，在通向云南的沿途，设置了大量驿站。傅友德按照朱元璋的布置，到达湖广之后，让郭英率领一部分兵力，由永宁趋乌撒，自己则出击普定，攻克之后即转向曲靖进发。

洪武十四年（1381年）十二月，傅友德大军抵达曲靖，与梁王派出的司徒平章达尔玛的军队隔白石江相遇。他听取沐英的建议，一面摆出一副准备全军渡河，与敌军决战的架势，暗地里却派出一支精锐部队从下游渡过白石江。当这支奇兵出现在达尔玛营寨背后时，傅友德挥师渡河，击溃了敌军，连达尔玛都被活捉。

曲靖大捷后，傅友德自己率军北上乌撒，与郭英会合，让蓝玉、沐英进军昆明。

梁王听到曲靖战事消息，与亲信一起逃入罗佐山，并要乌蒙、乌撒等地酋长向明军投诚。但是当从曲靖逃回的右丞鲁尔向他请示怎么办的时候，这位元朝宗室突然决定集体自杀。他先是将妻子赶进滇池，然后与手下一起自缢身亡。

蓝玉、沐英兵不血刃占领昆明，这时距应天出兵不过一百一十二天。蓝玉随即分道攻取临安（今云南通海）、威楚诸路，让沐英北上乌撒接应傅友德。驻守此地的元军守将实卜在丢了乌撒之后，曾经组织反扑，又被打败。傅友德乘胜进军，附近土司相继降附。

　　洪武十五年(1382年)正月云南基本平定。朱元璋在贵州设都指挥使司后，又在此地设置云南都指挥使司和布政使司，下设云南左、右、前、后、普定等十四个卫指挥使司，以及云南府等五十二府、六十三州、五十四县，从军事、政治上全面加强对这一地区的统治。

　　说此时云南只是基本平定，其一是因为大理段氏还在要求据地称王。朱元璋不能容忍，下令讨伐。洪武十五年(1382年)闰二月，傅友德、沐英进攻大理，段世被俘。明军乘胜夺取鹤庆、丽江、石门、金齿(今云南保山等地)。由此，车里(今云南西双版纳一带)、平缅(今云南德宏一带)等地少数民族相继归附。

　　其二，其他少数民族也并不尽服，完全控制这一地区尚需时日。四月，乌撒、东川(今云南会泽)、芒部(今云南镇雄)等地土司就起兵抗明。九月，又发生了昆明的叛乱事件。这些都费了朱元璋的好大精力才将他们镇压了下去。

　　直到洪武十六年(1383年)三月，这些南征云南的部队才被朱元璋召还。沐英则留在云南镇守。从此，这位朱元璋的养子一家，就世代留在了云南。

　　云南落入朱元璋之手，明朝在南方的版图基本确定。

二八　攻辽东

　　朱元璋最大的心病,还是北元的威胁。几番征战之后,北元形成三大集团:嗣君爱犹识礼达腊居中,扩廓帖木儿在西面,纳哈出在东部,保持着对明朝的压力。

　　但是,洪武八年(1375年)扩廓帖木儿死后,北元中路和西路的军队日益衰困,不再深入内地。朱元璋乘机经营甘肃、宁夏一带,一面招抚当地羌、回各族,给以土司名义,或者封王,让他们不再合力入寇,并利用他们的力量抵抗蒙古军的入侵。一面又在长城以北建立军事据点,逐步推进,压迫蒙古军队退入漠北。西部、中部问题得以解决,朱元璋再集中力量解决东部的问题。

　　北元东部,主要指现在辽东一带,这里主要是纳哈出的部队。他家世代为将,自己在至正十五年(1355年)因太平失守被俘,后来被朱元璋放遣北归,顺帝封他为辽阳省左丞相。元亡后,他率领部队驻扎在金山(今辽宁开原西北,辽河北岸)。此外,辽阳、藩阳、开元一带原来都有元军驻屯。到了洪武四年(1371年)二月,驻在盖州得利赢城(今辽宁复县得利寺山城)的北元辽阳行省平章刘益投降了明朝。朱元璋建立了辽东指挥使司,刘益被任命为指挥同知。七月,又在辽阳设辽东都指挥使司,马云、叶旺任都指挥使。他们修缮城池,安抚百姓。朱元璋为了稳定辽东局势,又命吴祯由登州(今山东蓬莱)渡海输粮,支援镇守辽东的仇成。他还协助仇成收降了一批北元将领。元明双方在辽东的力量对比,已经朝有利于明的方向转变。

对付纳哈出,朱元璋还是老办法,先作招抚的打算。洪武二年(1369年)他就致信纳哈出:将军从前自江南辞别北还,不通音讯十五年了。近来听说你守卫辽阳,将士强盛,你也称得上有志之士了,很为你高兴。纳哈出不加理睬。洪武三年(1370年),朱元璋再次派遣使者与纳哈出联系。这次是挑明了,要他仿效附庸刘秀的窦融,归顺自己。纳哈出仍然不加理睬。洪武四年,朱元璋再一次派人带信给纳哈出,说是如果能够"遣使通问贡献","就彼顺其水草,各守一方"。这个开价很低,纳哈出还是不买账,连使者都杀了。

纳哈出的强悍,靠的是实力。洪武八年(1375年)他亲率大军,越过防守严密的盖州(今辽宁盖县),直扑相对防备比较薄弱的金州(今辽宁金县)。不料并未得手,反倒被两地守军夹攻,损兵折将,纳哈出只带了几十人逃回自己的驻地金山。

洪武十一年(1378年)八月,朱元璋再次劝谕纳哈出:现在你与我守边将士旌旗相望,胜负彼此相当,刀兵之下,死伤的很多。然而已往之事可以不论,未来的事,你就不考虑一下吗? 同年十二月,朱元璋趁爱犹识礼达腊新亡,写信给一批北元大臣将领,其中包括纳哈出,对他们说立君应该从尊或是从贤,如果只是以立君为名,而想自己操纵生杀威权,那不是人臣之道。而且,这一来大家相互猜疑,富贵权势都如同飞霜,很令人担忧。两次写信,着眼处不同,但纳哈出一无回应。

当然,朱元璋在施行文的一手时,也来点武的一手。洪武十二年(1379年),他乘爱犹识礼达腊的弟弟脱古思帖木儿刚刚继位之际,命令马云夺下大宁(今内蒙古宁城西)。洪武十四年

（1381年），朱元璋又命徐达、汤和、傅友德也征全宁（今内蒙古翁牛特旗），进至潢河（今内蒙古西拉木伦河）以北地区，多所斩获。随着这些军事行动的胜利，已经对纳哈出集团形成战略包围的态姿，解决辽东问题的时机逐渐成熟。

　　但是，他还是不肯马上出兵。洪武十七年（1384年）有人劝他出兵讨伐纳哈出，朱元璋还是坚持等待一下。在朱元璋看来，倘若纳哈出一旦觉悟，想到以前自己放他北归的恩情，幡然来归，不是比用兵要好得多吗？

　　然而，朱元璋毕竟没有等到纳哈出的来归。洪武二十年（1387年），朱元璋在经过了一年半以上的准备以后，任命冯胜、傅友德、蓝玉率领二十万军队出征纳哈出。

　　为了最后一次争取纳哈出，他还派人给纳哈出送去一封信：从前上天变更元朝的统治，华夏大地群雄奋起争夺。我亲自平定了荆楚的陈友谅，又派手下诸将平定了吴越的张士诚。洪武初，命令徐达、常遇春等率领军队渡长江、越淮河，以平定中原。元朝君主北奔塞外，由此，华夏百姓得到安息生养，各边境地区的夷人，也莫不得到安定，时至今日已经二十年了。只有你纳哈出还聚集了军队，更加出没无常，想同我较量胜负。因为这个原因，所以将你的部将乃剌吾留着不让回归。但是我想人心都是一样的，谁没有父母之念、夫妻之情，所以我特地命令让他生还，以全骨肉之爱。我还听说他英勇善战，现在让他回归，更可以增加你的战将，以备他日再在战场上比试。你心里怎样想？我一直在想，世间万物总要改变。这样的变化，果然是人事的必然呢，还是天道在起作用？

　　当然，这封信也有心理战的因素在内。朱元璋总是借助一切机会打击对手的弱点，保证自己有更大的取胜把握。冯胜等临行前，朱元璋嘱咐作战机宜：敌人情况诡诈，不容易得到其虚实，你们要谨慎，不许轻易冒进，先驻军通州（今北京通县），派人打探敌人活动规律。他们如果在庆州（今内蒙古巴林右旗察罕城），宜以轻骑攻其不备。假使攻克庆州，则直接攻击金山。纳哈出不会料到我们的到来，必定可以擒获。

　　冯胜等依命而行，二月抵达通州，果然侦察到庆州有一支敌人的部队，派出蓝玉率领部队夜袭庆州，获胜。然后于三月间出松亭关，先是分筑大宁（今河北大宁）、宽城（今河北宽城）、会州、富峪四城。再于五月间领兵直指金山。

　　此时，乃剌吾已经在明朝使者的护送下到了纳哈出驻地。纳哈出惊呼：我以为你死了，想不到还能见面。他还看了朱元璋的信，不能不有所考虑。于是让手下以献马为名，到冯胜营中观察形势。冯胜见纳哈出犹豫不决，便将部队向他的驻地移动，向纳哈出施加压力。

　　无奈中，纳哈出只得投降。但是，受降过程中双方产生误会，纳哈出受伤。他的部下闻讯，顷刻瓦解。虽经招抚，原本十万余人，只有四万余人投降。而冯胜班师途中，殿后部队还遭到纳哈出余部的袭击，三千人全部战死，负责断后的将领濮英也自杀身死。

　　九月初，朱元璋将纳哈出封为海西侯。而冯胜虽然打了胜仗，却损失了濮英的人马，还有藏匿战利品等情事，被收掉大将军印。

　　九月底，朱元璋下诏，任命蓝玉为征虏大将军，出征漠北的脱古思帖木儿，以完成对北元的最后一击。他勉励出征将士，肃清沙漠，在此一举。

　　可是，一方面是气候寒冷的原因，一方面也因为北元遭受几次重大打击，活动不很频繁，蓝玉大军迟迟找不到打击对象的线索。直到次年，即洪武二十一年（1388年）三月，朱元璋严令蓝玉倍道兼进,直捣北元巢穴。他分析,北元君臣人心惶惑,部众也不守纪律,他们势不能持久。这是一个有利时机。

蓝玉遵命,从大宁直趋庆州。侦察到脱古思帖木儿驻扎在捕鱼儿海(今俄罗斯贝加尔湖)后,他命令全军急速逼近。四月中旬,大军赶到离捕鱼儿海四十里的地方,还不见有敌人的任何踪迹,蓝玉打算退兵。部将王弼劝他,现在一无所得,马上就打算班师还朝,恐军队一开拔,就难以再回到这里,白白兴师动众,你怎么回复皇帝的命令。蓝玉这才仍然向前进军。第二天,蓝玉得到报告,脱古思帖木儿的军队就在捕鱼儿海东北八十里处,马上令王弼为先锋,自己率大队在后扑向敌营。

这一战只有脱古思帖木儿及太子天保奴,以及少数官员,共几十骑逃脱。明军俘获了脱古思帖木儿的次子地保奴及宗室一百二十余人,官属三千余人,还有男女七万七千余人,牛羊驼马等十余万头。

两天后,蓝玉又大破北元丞相哈剌章军营,俘获人畜六万余。

而脱古思帖木儿和天保奴逃脱明军的手掌,却没有逃脱厄运。他们在逃往和林的途中被人杀死。

在朱元璋接连不断的打击下,北元祖孙三代帝王的势力终于被铲除,他感到满足。

在这以后,明朝的版图基本确定。

二九　贤内助马皇后

　　大明开国，朱元璋当了皇帝，他的夫人马氏也就当了皇后。讲朱元璋，不能不讲一讲马皇后。

　　历代皇后都要负责宫内各种事务，马皇后也不例外。连朱元璋吃饭她都要亲自省视。《明史》上称她"仁慈有智鉴，好书史"，看来应该有些文化。朱元璋勤奋好学，经常会有些札记，收藏掌管这些札记的职责，就由马皇后担当了起来。

　　所谓"好书史"，还表现在马皇后有暇召集六宫嫔妃，让女官为她们讲解古代的学问。当然她自己也在听讲者之列。不同的是，旁人可能只是听听而已，她则很认真。有一次她问女官，黄老之学讲些什么道理，为什么汉代的窦太后这么喜好？女官说，黄老之学以清静无为为本，弃绝儒家所说的仁义，而让百姓仍然孝慈，就是它的追求。儒家仁义之说流行了上千年，马皇后不可能不受影响，于是对女官的说法提出疑义：孝慈就是仁义，怎么会有拒绝仁义之道而称得上孝慈的呢？

　　她认为宋代皇后多贤惠，命令女官抄录她们的家法，以备朝夕阅览自省。有人看了，批评宋代之政过于仁厚。马皇后不以为然，说是仁厚过头不也比刻薄好吗？

　　她不是口中说说而已，行事也力求仁厚。遇到有灾荒，她就带领宫中人都蔬食,以此祈祷上苍。朱元璋一次告诉她需要赈济,马皇后则说,赈济不如事先蓄积。朱元璋欣然采纳,后来在全都设立了预备仓库。

马皇后勤励自勉,听说元世祖皇后率领宫女收集旧弓弦洗净煮烂,织成粗布衣服的故事,也仿效此法,将织成的粗绸分给孤寡老人。自已平时则穿洗得很旧的绢布衣服。

妻子被称为"仁慈",丈夫朱元璋在历史上则是一位出名的喜欢杀功臣的皇帝。按照《明史》记载,马皇后对丈夫的做法并不以为然,曾经劝丈夫平定天下以不杀人为本,还从丈夫手中救了好几条命。

郭景祥奉命守和州。有人告发他儿子拿了矛要杀父亲,朱元璋要处死这个逆子。马皇后对朱元璋说,郭景祥只有一个儿子,人家说的或者有不实之处,杀了不就绝了郭家后嗣。朱元璋再去查核,果然冤枉。

李文忠守严州,杨宪诬告他不法。猜疑成性的朱元璋对亲外甥也不放心,想把李文忠召回来治罪。马皇后提出异议:严州与敌人接境,轻易不能换将,而且李文忠素来贤德,杨宪的话不可信。朱元璋才放过了外甥。李文忠得以善终,他舅母马皇后功不可没。

《明史·马皇后传》中还说了一件事:宋濂是太子朱标的老师,因为孙子犯罪被连坐,按律当死。马皇后反复陈说,老百姓为子弟请老师,尚且以礼相待始终不渝,更何况天子家;而且宋老先生早就家居不问事,必定不知情。朱元璋起初不加理睬。吃饭时,马皇后在一旁不碰酒肉。丈夫奇怪了,妻子解释是在为宋濂祈福。朱元璋听了投箸而起,第二天赦免宋濂死罪。当然也只是免了死罪而已,改为流放茂州。但是,马皇后死于洪武十年(1377年),宋濂流放茂州是洪武十三年(1380年)事。此事可能是误记了。宋濂之前也曾被贬过。或许,马皇后是在那一次救了他。

郭景祥虽不很出名,实则早年就跟随朱元璋。朱元璋曾对他有评价,说郭景祥虽是文吏,而有折冲御侮之才,能尽忠于我,可大任也。当然马皇后对他也相当了解。李文忠、宋濂更是与马皇后十分接近之人。马皇后对他们施以援手,当在情理之中。另外也有出手帮助毫不相干的老百姓的。

吴兴富民沈万三提出要助筑都城三分之一,还要犒劳军队。朱元璋勃然大怒:匹夫还想犒劳天子的军队,这不是乱民还是什么,该杀! 故事的这前半段流传很广。后半段有不同版本,按照《明史》的说法,事情又与马皇后有关。她劝朱元璋:我听说法律这样东西是用来除掉不法者的,不是用来除掉不吉利者的。身为百姓而富可敌国,这个人自己就已经不吉利了。不吉利的百姓,老天会惩罚的,你干吗要除掉他。一席话保住了沈万三一条命,但是人还是被充军云南。

朱元璋喜欢杀人,史家对此多有评说。当时大概唯有马皇后才敢于劝他不要多杀。而且,也只有妻子的话,朱元璋才能稍微听进去一些。非但如此,他还每每对臣下称赞马皇后贤惠,将她比作唐太宗的长孙皇后。马皇后听说,并不显得格外高兴。又劝朱元璋,夫妇之间互相保全容易,君臣之间相互保全却困难。陛下不忘记我与你同贫贱,我更愿意你不要忘记群臣与你同艰难。而且,我怎么敢同长孙皇后相比呢? 这当然是指长孙氏出身世家大族,与马皇后出身市井不可同日而语。马皇后对此是有自知之明的。

马皇后本是郭子兴养女,地位虽不如郭氏亲生子女,总算是比较亲近的。郭子兴把她嫁给朱元璋,本意是要笼络这位能干的青年人。但在马氏,却认定朱元璋是她丈夫,利用自己的特殊身份,为丈夫出力不小。当初郭子兴听信旁人谗言,怀疑朱元璋。当时正逢灾荒,被怀疑的朱元璋连饭都吃不饱。马氏到伙房偷来炊饼,藏在怀里送给丈夫,身上的皮肤都烫伤了,同时她又跑到郭子兴妻子处尽心服侍。可能郭子兴听了枕边风,朱元璋才渡过难关。从此之后,马氏经常准备些干粮点心让朱元璋吃,而自己却饿肚子。朱元璋对这位相濡以沫的发妻,也是敬重有加。等到富贵了,还一直将她比作"芜蒌豆粥"、"滹沱麦饭",念念不忘当年的恩情。这大概就是马皇后能对朱元璋进言的资本。当然,朱元璋人格的复杂也由此可见。

马氏又是朱元璋最早的帮手,故乡宿州属淮西,当然应该算是淮西集团中人。朱元璋带着文武南征北战,是个领头人。马皇后则带领他们的家属,也应该算是一帮家属的领头人。还在朱元璋渡江时,马氏带着一帮将士的家属住在江北。等到朱元璋攻克太平,她才带着他们南渡。此后,朱元璋带领将士接连与陈友谅、张士诚苦战,马氏则与将士家属缝制衣甲鞋袜辅佐军用。或者可以说,朱元璋称得上男中豪杰,马皇后则无愧于女中魁首。他们虽则一个心狠手辣,一个心地仁慈,却夫唱妇随,很是相得。朱元璋打天下日理万机,即使在吃饭的时候想起什么事,都要随手记下,到晚上每每各式纸条一大堆。马皇后总是细心整理,朱元璋一查问,立刻检出来应用,省了朱元璋不少心力。

朱元璋刚当皇帝时,鉴于前代皇宫内廷兴风作浪,祸及朝政者并不少见,感到树立纲纪,首先要严于管教内宫。因此谕令翰林学士朱升说:治天下者,正家为先。正家之道,始于谨夫妇。后妃虽然母仪天下,然而不可让她们干预政事。至于嫔妃之属,不过备职事,侍巾栉而已,一旦恩宠,则骄恣万分,上下失序。历代宫闱,政由内出,鲜不为祸。只有明主能察于未然,等而下此者多为所惑。卿等编录女戒,及古贤妃所行之事可以作为法度的,使后世子孙知道所以持守。朱升等人遵命编录了女戒呈献。看来,朱元璋并不想让后宫嫔妃参预朝政。但是,马皇后有她自己的理解。

一天,马皇后问朱元璋:现在天下百姓安定吗?朱元璋认为这是政事,不是皇后应该过问的事。马皇后却回答:陛下是天下人之父,我就是天下人之母,子民是不是安定,为什么不可以过问?朱元璋的禁令对其他嫔妃可能起作用,对马皇后并不起作用。

当然,马皇后行事有一定限度。朱元璋前朝议事,散朝后百官都在朝廷中吃饭。马皇后要太监取来他们吃的亲口尝一尝,感到不好吃,就对朱元璋说当皇帝的对待自己要薄,奉养贤者应该厚些。

朱元璋去视察太学回来,马皇后问他有多少学生。说是有数千人。马皇后说:人才众多啊。但是太学生有伙食费,他们的妻子儿女靠什么生活呢?于是根据她的意思建立了红板仓,从此开始发给太学生家里粮食。

徐达带领诸将攻克元大都,缴获了许多珍宝。马皇后看了,说道:元朝有这些珍宝而不能守住它们,是不是意味着帝王另有宝贝呢?朱元璋心领神会,马上回答:我知道你是在说得到贤人就是宝贝。马皇后马上拜谢:诚如陛下说的,我与陛下起自贫贱,有了今天这般富贵,一直在担心骄纵生于奢侈,危亡起于细微,所以希望能得到贤人共同治理天下。

马皇后曾经对朱元璋说:法律经常更改必生弊端,法律有弊端则会滋生奸猾,百姓生活一直被干扰必然困苦,百姓困苦就会生出乱萌。朱元璋听了,不禁叹道:这是至言啊!还要女官把它记录下来。可见,朱元璋虽然严禁内宫干预朝政,却不妨碍马皇后在适当的时候就一些事务发表自己的意见。上述几例刀下救人的故事,也可以算作佐证。

她有一点很不错,不为娘家人谋利益。朱元璋想寻访马皇后的家人赐给他们官做。马皇后不肯,认为爵禄赏赐外家,这不是法度允许的,竭力加以推辞。此事后来没有实现。只是封她父亲马公为徐王,母亲郑媪为王夫人。这只是封号而已,并没有什么实惠。朝廷上下,对此当然很佩服。

朱元璋行事仿效刘邦,马皇后却与吕后大相径庭。

1377年(洪武十年)八月,马皇后病重。大臣们请求举行祷祀仪式。她倒很通达,对朱元璋说:死生,都是命中注定的,祷祀有什么益处。而且医药又怎么能让人长寿。假使吃药没有效用,不是又要因为我的缘故而加罪于各位医生吗? 临死,朱元璋问她有什么话要交待。她诉说了自己的遗愿:"愿陛下求贤纳谏,慎终如始,子孙皆贤,臣民得所而已。"终年五十一岁。她死后葬于孝陵,谥孝慈皇后。

马皇后去世,朱元璋大哭了一场。他本性刚强,如此痛哭,应该是本性的流露。这一年朱元璋五十岁。之后,他一直虚悬皇后之位,算是对糟糠之妻的一种悼念吧。

宫人们也思念这位皇后,歌唱纪念:"我后圣慈,化行家邦。抚我育我,怀德难忘。怀德难忘,于万斯年。毖彼下泉,悠悠苍天。"

其实,更应该怀念她的是淮西集团中人。朱元璋喜欢杀人,以前总算身边有个马氏,能不时劝劝他。马氏一死,朱元璋身边少了个制动阀,杀起人来益发随心所欲。淮西集团的一班功臣们,就要开始倒霉了。事实上,诛杀以万计的胡惟庸案就发生在马皇后死去三年之后。

三〇 皇亲国戚与后宫妃嫔

朱元璋开创基业,说得好听点是奉天承运,说得实在些,就是为了他自己一家一姓的利益。

所以明朝建立后,一方面需要对外开拓疆土,一方面也要安顿好自己朱姓一家。朱元璋即位当天,立即追尊祖先。他的高祖称为玄皇帝,庙号德祖;曾祖称为恒皇帝,庙号懿祖;祖父称为裕皇帝,庙号熙祖;父亲朱五四,即朱世珍称为淳皇帝,庙号仁祖。高祖母至母亲,都封为皇后。

第二天,追封他伯伯以下都为王,当然,这限于朱元璋所知道的几位亲属而已。伯伯朱五一为寿春王,他的儿子朱重一为霍丘王,朱重二为下蔡王,朱重三为安丰王,朱重五为蒙城王。朱重一的儿子为宝应王,朱重三的儿子分别为六安王、来安王、都梁王、英山王。上述十王都是死后追封,只是享受了附享祖庙东西庑的待遇,另在凤阳白塔祠与寿春王妃、霍丘王妃、安丰王妃及蒙城王妃一起建墓,岁岁祭祀而已,没有什么实惠。

朱元璋的三位胞兄,长兄朱重四封为南昌王,二兄朱重六为盱眙王,三兄朱重七为临淮王。朱重四长子,即朱元璋的大侄子封为山阳王;朱重四的次子,即朱文正,当时因触犯朱元璋被谪,没有封王。朱重六之子为昭信王。他们都是朱元璋父亲朱五四一脉，比起他伯伯朱五一一脉自是亲近得多，但也只是附享祖庙而已。只是朱元璋的嫂子、南昌王妃王氏当时尚在，总算享受了附葬皇陵的待遇。

朱元璋还有二位姐姐。大姐嫁给王七一，早卒。洪武三年（1370年）追册太原长公主，并在盱眙修衣冠墓。王七一也被赠荣禄大夫驸马都尉。

二姐嫁给李贞。她是李文忠的母亲，早卒。李贞带了儿子在滁阳投奔朱元璋，他本人并无什么作为，李文忠却成了朱元璋麾下战功赫赫的大将。所以李贞夫妇的荣耀也就非同寻常。洪武元年（1368年），李贞受封恩亲侯驸马都尉，妻子被追册为孝亲公主。五年后，李贞被封为曹国公，妻子也被加册曹国长公主。《明史》称李贞"晚岁尤折节谦抑"，没有一丝锋芒，朱元璋对之颇为敬重。洪武十二年（1379年）李贞死时还被赠陇西王。

这一番举措，透露出朱元璋建立的明朝实际是一个朱姓王朝。他是农民的儿子，小时饱尝人间苦难，一旦登上大位，仍旧逃不脱封建时代的规律，与他羡慕的刘邦一样，视天下为自己的产业。家族中活着的固然都是亲贵，显赫无比，死去的也备享哀荣。

大明王朝本姓朱，当然夫贵妻荣。就在朱元璋登基的同一天，马氏夫人被立为皇后，朱标立为太子。这自是朱元璋将明朝作为自己产业的最关紧要的措施。

朱元璋与马氏是患难夫妻，马氏死后不再立皇后，也算得上不忘糟糠，但他同时拥有众多侍妾。按照惯例，皇帝的小妾是应该称妃的，单是见于《明史·后妃传》的妃，他就有孙氏、李氏、郭氏三位。

孙氏的封号是成穆贵妃，多一"贵"字，表明她的地位较之其他妃高了一等。她是陈州人，父亲仕元为常州府判，父母及两位哥哥在元末战乱中死的死，散的散，她本人流落扬州，被青军元帅马世熊收为义女。至正十七年(1357年)，朱元璋派缪大亨攻占扬州，马世熊被俘，她被朱元璋纳为妾，爱屋及乌，马世熊也因此食禄终身。朱元璋即位后，孙氏被册为贵妃。她失散的长兄也被找到，还被授为行省参政，至于他是否能胜任，那是另一回事了。可惜孙贵妃红颜薄命，洪武七年(1374年)即死，年仅三十二岁。她只生了四个女儿，没有儿子，众庶子受命为她戴孝一年。明代皇族子为庶母戴孝，自此成为定例。孙贵妃后来附葬孝陵，当也是朱元璋的意思。

李氏，寿州人。马皇后死了三年后，洪武十七年(1384年)后宫服除，她被册封为淑妃，摄六宫事。虽则只是"摄"，并不能如同皇后那样真正掌管后宫，但能得朱元璋如此重视，总是他所信任之人。朱元璋曾夸她"班婕妤之流也"，应该是相当聪明而又漂亮的，而且很受朱元璋的宠爱。这，也给她带来杀身之祸。洪武三十年(1397年)，朱元璋得了一场大病。可能是担心自己死后李淑妃会成为吕后、武则天，朱元璋让李淑妃准备殉葬。李淑妃随即自杀。朱元璋死后，也确实让李淑妃陪葬。关于她，有一桩可能永远也不会有结论的公案，即她究竟是不是太子朱标的生母。《明史》是将马皇后作为朱标生母的，没有明说李妃有无生育，但诸皇子生母的记载中没有李姓；而有的史家却说她是朱标，以及次子、三子的生母。笔者更多地倾向于同意《明史》有关她的记载。

《明史》记载的第三位妃为郭氏。她是郭山甫的女儿，朱元璋手下大将郭兴、郭英就是她的兄弟。郭山甫善相人，朱元璋还未发迹时，就被他发现贵不可言，对郭兴、郭英说，你们将来能够封侯，就在此人身上。于是让他们兄弟跟随渡江，并让郭氏充当朱元璋侍妾，后来被封为宁妃。可能是这位妃子生了王子朱檀，还有身居高位的两兄弟,尽管郭氏早就跟随了他,朱元璋却一直要到李淑妃死后才让郭宁妃报摄六宫事。

朱元璋另有一位郭惠妃。她是郭子兴的女儿,上文已经提及。尽管她应该比较有教养,嫁给朱元璋很早,也为朱元璋生育了三男二女,但是不知何故,《明史》中并没有提到她。

朱元璋曾经说:天下未定之时,朕攻城略地,与群雄并驱十有四年,军中未尝妄将一妇女。惟亲下武昌,怒陈友谅擅兵以入境,既破琥昌,故有伊妾而归。朕忽自疑,于斯之为,果色乎? 豪乎? 知者鉴之。由此可知,他的众多妃子中,也有抢来的。他自己辩白,与群雄争夺的十余年中"未尝妄将一妇女",这于抢夺陈友谅妃之前或许是实情。朱元璋妾中有一位胡充妃,凤阳人,年轻时就守寡。尚在渡江之前,朱元璋就听说她貌美,想把她娶来。这番心愿一直到朱元璋占据应天之后才了却。以此例证之,朱元璋所说"色乎? 豪乎?"大概是兼而有之。他绝对不是不好色。

好色是一回事,如何对待诸多绝色美人又是一回事。只要妃嫔稍有不慎,朱元璋感到不如意,他残忍的一面,又会暴露无遗。

胡充妃本是朱元璋不到手不罢休的,也为朱元璋生了一位王子朱桢。不料祸从天降,她被怀疑堕胎,马上被赐死,还弃尸城外。她儿子朱桢求尸不得,只得到一条练带。毕竟此事证据不足,朱元璋后来也感到有些过分,于是追封胡充妃为昭敬皇妃。但是,另一位胡姓妃,即胡顺妃又被怀疑上了,她也成了朱元璋猜疑的牺牲品。被朱元璋诛杀的妃子还有郭宁妃、李贤妃、葛丽妃。朱元璋大怒之下,将她们处死后,只用一只大筐一起埋在应天太平门外。后来朱元璋有些后悔,下令三棺分葬。可是三具尸体已经混为一体,再也分辨不清,只得起了三座坟,算作三人分葬。

朱元璋对待后宫可算严厉之极,他曾命朱升修《女诫》,其中收集了古代贤德妇人和后妃的故事,用来警戒后宫。还明确规定皇后只能管理后宫,不得干预朝政,马皇后尚且如此,其他妃嫔更不待言。外戚可以享受高官厚禄,也不许与闻政事。洪武五年(1372年),朱元璋还要工部制造了一块红牌,上刻诫谕后妃的文字,就挂在宫中显眼处。如此控制之下,明初后宫,与汉初后宫不同,甚至朱元璋死后,也没有乱政发生。

三一 太子朱标

　　朱元璋小时没有受过什么教育。他自己说,我在幼年时家贫,父母双亡,无钱求师学习,兄弟力耕于田亩之中;更进入佛门,以致圣人贤人之道,一概无知,几乎毁了一生。加入红巾,当上头目,特别是有了一定地位以后,才越来越感到读书的重要。洪武十五年(1382年),他曾有言:古先圣贤立言以教后世,所存者书而已。朕每观书,自觉有益。尝以谕徐达。达亦好学亲儒生,囊书自随。盖读书穷理,于日用事务之间,自然见得道理分明,所行不至差谬。书之有益于人也如此。在这般理念的指导下,他对儿子们的教育特别看重,尤其是对作为继承人的太子朱标下力更多。

　　朱元璋当上吴王,朱标就被立为世子,跟着宋濂读经。

　　至正年间,元朝政府曾征召宋濂为翰林编修,宋濂辞不就,入龙门山著书。后来朱元璋取婺州,改为宁越府,命知府王显宗开设郡学,就请了宋濂及叶仪等人为五经师。过了一年,由李善长推荐,宋濂与刘基等人被征至应天。刘基在军中辅佐谋议,宋濂自命儒者,侍候在朱元璋左右。当上朱标的老师后,一共教了他十余年。无论是朱标的言论行动,宋濂都要求合于礼法,有关政教和前代兴亡之事,也为朱标详细说明。朱标也十分敬重老师,言必称师父。

另一位老师是孔克仁。他自洪武二年（1369年）奉命为诸王子讲经。

除了读经，朱元璋注意让朱标了解各种世事。吴元年（1364年）朱标还只有13岁，朱元璋就要他去临濠省墓，还对朱标说：商高宗小时候亲自在外劳动，周成王早就闻听《无逸》的训导，都知道小民的疾苦，所以在位的时候就很勤俭，为有名的守成之主。你生长在富贵人家，习惯于安逸。现在要你外出到周围的郡县去，去看看山水，走走田野。这样的话，就可以因为道路的险易不同而知道鞍马劳顿，观察市井百业而了解衣食艰难，体察民情好坏而懂得风俗美恶。到了祖先居住的地方，还要访求父老，寻访我起兵时的那些事情，牢记在心，这样可以知道我创业的不容易。

朱标被立为皇太子后，一些官员建议仿照元朝的做法，以太子为中书令。朱元璋不以为然，认为元代太子属下官僚自成系统，与廷臣容易产生磨擦，下令考察历代官制，选择有功勋德行老成之辈及新进的贤德之人兼领东宫事。于是，李善长、徐达以下文武官员都兼任太子属官。朱元璋的解释是，因现在军事行动没有停止，我如果有事外出，必定是太子监国。假使另外设立一套班子，你们这些文武官员有事应该奏明太子，太子一旦与你们意见不合，你们必然归咎于那些太子的属僚引导，容易产生嫌隙。他还说明，之所以要在太子身边设置宾客、谕德等官员，而且挑选名儒担任，是为了辅助太子养成德性。朱元璋强调，以前周公教成王了解军事，召公教康王指挥军队，这是居安思危，不忘武备。因为继承大位的君主，生长富贵之家，习惯于安逸，不懂军旅之事，一朝有紧急情况，就会罔然不知所措。周公、召公的话，你们都要好好领会。

朱元璋早就建有大本堂，原来是一个图书馆，存放了大量书

籍。洪武十年（1377 年），朱元璋下令政事要一并报告太子处
理，然后再上报到他那里。为此他对朱标发表了一通议论：自古
创业的君主，经历辛勤劳苦，通达人情世故，周晓事物道理，所以
处理事情都很得当。守成的君主，生长富贵之家，假使不是平素
历练通达，少有处事不荒谬的。所以我特地要你每天与群臣接
触，听取并决断各官员的汇报，以此练习处理国家政事的能力。
其中有四个字要注意。要仁，不能失之于粗暴；要明，不要被邪
佞所迷惑；要勤，不可沉溺于安逸；要断，即决断，不拘于文法。
这些都由自己用心去权衡度量。我自有天下以来，从来没有过
闲暇，享受过安逸。处理各种事务，惟恐有一丝一毫失当，辜负
上天的托付。经常是头顶星星上朝，直到半夜才能入睡。这是
你亲眼见到的。你能照我这样行事，那是天下的福分。

　　朱元璋讲的仁、明、勤三字不见得有什么新意，一个"断"字，
无疑是他当皇帝的独到心得。

　　让朱元璋始料不及的是，他精心培养的朱标，行事居然与他
大相径庭，倒是有乃母之风。父亲独断专行，心狠手辣。儿子却
为人友爱，心地仁慈。

　　亲兄弟之间，朱标多所维护。他二弟秦王洪武十一年（1378
年）就藩西安，过失较多，被朱元璋召回应天，想要削藩。朱标为
之说情，才被放回国。三弟晋王洪武十一年（1378 年）就藩太原
途中鞭打厨子徐兴祖，此人曾长期侍奉朱元璋。当朱元璋听说
此事，怒不可遏，说是我率领群英平定祸乱，从来不事姑息。独
独这个厨师徐兴祖服侍我二十三年，一直没有打骂过，你小子知
不知道？经朱标劝说方才息怒。晋王在藩国也多有不法，有人
告发他谋反，朱元璋听信了。又是朱标流着泪劝说，直到朱元璋
回心转意。

　　对待堂兄朱文正、表兄李文忠，以及朱元璋的养子沐英等，

朱标也是如同亲兄弟一般。他们几个都是朱元璋得力助手,但也会有犯错误的时候。朱元璋对此总是毫不留情。而朱标知道后,总是回去告诉母亲马氏,让她从中劝解。

尽管朱标行事与朱元璋不相类,因为是嫡长子,还是很得朱元璋喜爱。我们甚至不妨猜测,正是因为在朱元璋眼中,朱标显得过于柔弱,他的文臣武将们才遭到凶狠的杀戮。有关情况下文再行细说。

朱元璋对于选择什么地方作首都,一直有些想法。洪武二十四年(1391 年)八月,他要朱标去关中考察。朱元璋吩咐儿子:天下山川只有秦地号称险固,你去看看那里的风俗人情,兼带慰劳一下那里的父老子弟。

朱标出发后,朱元璋放心不下,派人告诉朱标:你昨天渡江,雷声忽然在东南方响起,像是为你作前导,这是威震的征兆。但是一旬以来久阴不雨,应该引起警惕,举动宜谨慎,要严加防范,还要施仁布惠,以挽回天意。

朱标此行总算没有出什么娄子,还向朱元璋献上陕西地图交差。然而,之后就生病了。就是在病中,朱标还勉力写了份奏章,陈说他对建都的看法。

洪武二十五年(1392 年)四月,朱标去世。朱元璋一番心血白费。他又立朱标长子朱允炆为皇太孙。一切都要从头来过。最令朱元璋担忧的,是这位继承人年龄太小了。他的对策还是老法子。于是,那些文臣武将又将面临新一轮的杀戮。

三二　分封藩王

朱元璋共有二十六位王子，或者叫皇子。按照《明史》所记，他们是马皇后所生朱标，及朱爽、朱棡、朱棣、朱橚；胡充妃生朱桢；达定妃生朱榑、朱梓；郭宁妃生朱檀；郭惠妃生朱椿、朱桂、朱惠；胡顺妃生朱柏；韩妃生朱植；余妃生朱㭎；杨妃生朱权；周妃生朱楩、朱松；赵贵妃生朱模；李贤妃生朱㮵；刘惠妃生朱栋；葛丽妃生朱桱。此外，还有朱㰘的生母没有名号，朱杞、朱楹、朱楠生母未详。

这些皇子，除马皇后所生长子朱标被立为太子，朱楠出生才一月就早夭外，都被封了王。洪武三年（1370年），朱樉被封为秦王、朱棡封晋王、朱棣封燕王、朱橚封吴王（后改周王）、朱桢封楚王、朱榑封齐王、朱梓封潭王、朱杞封赵王、朱檀封鲁王。其中吴王洪武十一年（1378年）改封周王。他们中间秦、晋、燕几个王，年龄都比较大。洪武十一年（1378年），朱元璋又将朱椿封蜀王、朱柏封湘王、朱桂封豫王（后改代王）、朱模封汉王（后改肃王）、朱植封卫王（后改辽王）。洪武二十四年（1391年），将朱㮵封庆王、朱权封宁王、朱楩封岷王、朱橞封谷王、朱松封韩王、朱模封沈王、朱楹封安王、朱桱封唐王、朱栋封郢王、朱㰘封伊王。这些都是小皇子了。

明制，皇子封亲王，授金册金宝。除设置官府僚属外，还有护卫甲士,少则三千,多则一万九千。这些士兵虽说隶属兵部,终究是皇子们手中可以依赖的武装。皇子们的冕服车旗邸第,比皇帝差一等,而无论公侯大臣,见了他们都要伏地拜谒,尽管这些人中不乏他们的叔伯辈,有些甚至还是他们的岳丈。太子朱标妃是常遇春的女儿,秦王娶了邓愈的女儿,燕王、代王、安王都娶了徐达的女儿,鲁王娶了汤和的女儿,齐王的妃子是吴良的女儿,蜀王的妃子则是蓝玉的女儿。

洪武九年(1376年),明朝政府规定,亲王年俸米五万石、钞二万八千贯、锦四十匹、纱罗各百匹、绢五百匹、冬夏布各千匹、绵二千两、盐二百引、茶千斤、马料月支五十匹。亲王嫡长子满十岁立为王世子,长孙立为世孙,世代承袭。其余诸子封郡王,待遇要差得多,一年米六千石。郡王也是嫡长子承袭,其余诸子封镇国将军,孙封辅国将军,曾孙封奉国将军,四世孙镇国中尉,五世孙辅国中尉,六世孙以下都是奉国中尉,各级封爵的年俸按比例递减。由此,他们养尊处优,一生都由政府负担。到洪武二十八年(1395年),皇族人数日益增加,实在负担不了,才将亲王年俸改为万石,郡王二千石,镇国将军千石,以下递减二百石。

他们不管年龄大小,都是封王建国的皇子。封建两字的本义在于此。西周封建诸侯,是当时国情使然,但弄到后来天下纷争不已。秦没有封建,很短命。于是,汉高祖刘邦又搞封建,结果出现七国之乱。朱元璋与汉高祖相仿,也是起自草莽,有心学习他的行事。于是也搞封建,让皇子们如此尊贵,还要给他们封国。当然,朱元璋也吸取历史上的教训,封建藩王"列爵而不临民,分藩而不锡土"。当了王,不理民事,也不分封国土。朱元璋看来,这样可以藩屏帝室。不料,祸起萧墙,他一手扶持的皇太孙朱允炆,就在自己亲叔叔燕王手上丢掉了皇位。这是后话,此地略过。

不过,朱元璋的努力还是有值得称道的地方。他曾经下令编著《昭鉴录》颁赐诸王,告诫儿子们要体恤民艰,不能骄奢妄为。他对编辑此书的文原吉等人说:我对儿子常常恳切晓谕:第一举动戒其轻;第二言笑斥其妄;第三饮食教之节;第四服用教之俭。惟恐他们不知道百姓的饥寒,曾让他们稍稍少忍饥寒,惟恐他们不知道百姓的勤劳,曾经让他们稍稍做点体力劳动。只是人的本性容易放纵自恣,所以要你们编辑这本书,一定要经常向他们进说,让他们知道有所警戒。

朱元璋心目中,帝王家的子弟不同于一般人,他们天生就是为了巩固他创建的明王朝的。为此,早在洪武二年(1369年),他就开始编《祖训录》。为了这部书,他朝夕观览,斟酌取舍,经历六年,七易其稿才定了稿。洪武二十八年(1395年),他下令修订,并改名《皇明祖训》。这部书包括祖训首章、持守、严祭祀、谨出入、慎国政、礼仪、法律、内令、内官、职制、兵卫、营缮、供用等章,从居家琐事到国家大事,朱元璋考虑可谓周全。就在这部书里,他重申不许设立丞相,不许后妃干政,不许宦官干政,警告各皇子不得觊觎皇位。他吩咐:凡我子孙,钦承朕命,勿作聪明,乱我已成之法,一字不可改易。它颁行时,朱元璋还训令礼部:后世敢有言更改祖制者,即以奸臣论。不能变更成法,固然不足取,但朱元璋的苦心可见一斑。

这样的努力也是有回报的。他的几个儿子,尤其是几个大一点的,都颇具才干。

朱标虽说没有成就什么大业,但能在称得上严酷的父亲身边博得仁厚的名声,已经很不容易。

另一个是四子燕王朱棣。他与大哥朱标不同,颇得乃父遗风,被寄以重任,封在元故都北平,洪武十三年(1380年)就藩。他负有节制军队的责任,洪武二十三年(1390年)与晋王等带领傅友德征讨北元丞相咬住、太尉乃儿不花,大获全胜,朱元璋不禁大喜。自此之后,凡是对北元发动进攻,朱元璋都命令由沿边诸王节制诸将。要知道,傅友德辈,都是战功赫赫的一代名将。而且,燕王的文才也不错。据野史载朱元璋曾经与朱标、朱棣等相聚。朱元璋来了兴致,要孙子允炆当场作诗咏月。这位皇孙的结尾两句"虽然隐落江湖里,也有清光照九洲",与皇家气派大不相宜,朱元璋很不满意。于是又出一上联:"风吹马尾千条线",朱允炆对的下联是"雨打羊毛一片膻",朱元璋更不满意。而燕王此时却对出了"日照龙鳞万点金",自然博得父亲的喜欢。此说是否足以采信,当然也是疑问,然而燕王在各位皇子中最得朱元璋的欢心,大概也是不争的事实。至少,他对屯聚在北方的重兵拥有相当的控制权。朱元璋晚年曾经说过:北平是中原门户,集中北平地区的所有部队,以及燕、谷、宁三王的护卫,这些精锐的马步军士,随燕王出开平防守边境。一切号令,都由燕王发布。可见朱元璋对他信任有加。

燕王的两个哥哥,洪武十一年(1378年)就藩西安的秦王,就藩太原的晋王,也是手握重兵的藩王。朱元璋还曾下诏,军中事大者方才奏闻,授予他们处理一般事务的权力。大将冯胜、傅友德等都要听他们的指挥。但是,秦王过失太多,朱元璋很不喜欢,而且洪武二十八年(1395年)就死了,朱元璋给他的谥号是"愍",说他"不良于德"。晋王早先也是性情骄横,多有不法的行为,后来折节改正。可惜洪武三十一年(1398年)死在朱元璋之前,他的谥号是"恭"。

有权节制军队的,还有封地靠近北部边境的几位亲王,如驻在甘肃庆阳的庆王、驻在兰州的肃王、驻在宣化的谷王,驻在大宁的宁王,驻在广宁的辽王。其他亲王,如在青州的齐王、在大同的代王,都曾跟随他们的兄长随军出征。而封地偏于西南的几位王,有时也衔命率领军队征讨周边不服统治的少数民族。驻地武昌的楚王,驻在荆州的湘王,就曾奉命征讨古州蛮。

朱元璋让儿子们掌握重兵,遍布各地,不是没有人反对。洪武九年(1376年)时大臣叶伯巨就上奏章,认为当今之事太过分的有三件,第一件就是分封太侈。他说:秦、晋、燕、齐、梁、楚、吴、蜀诸国,城郭宫室亚于天子之都,还有甲兵之盛,恐怕数世之后尾大不掉。朱元璋看了大怒,说是叶伯巨这小子离间我们骨肉,马上把他抓来,我要亲手把他杀了。总算朱元璋身边的人帮忙,抓到叶伯巨后是趁朱元璋高兴时才告诉他。但是,叶伯巨还是逃不脱牢狱之灾,最终死在狱中。

文的方面,朱元璋的儿子们成就也不小。

周王能够做词赋,作有《元宫词》百章,又研究草类,考核其中可以救饥的400余种,绘图说明,写成《救荒本草》。

潭王善为文,曾经召集府中儒臣设宴赋诗,亲自品评高下,优秀的赏给金币。

蜀王,博综典籍,举止文雅,朱元璋叫他"蜀秀才"。刚到四川,他就聘请方孝孺为自己儿子的老师,还为方孝孺的住所题额"正学"。《明史》说,当时诸王都在边境上训练士兵,独有他"以礼教守西陲"。

湘王,更有文人的味道。他自己每天读书读到深夜。与楚王征讨古州蛮时,还带了一车的书随时阅读。也许实在喜欢读书,还开设了景元阁,招揽文士从事校雠工作。不过,他喜欢的是道家,自号紫虚子。

宁王是个文武全才。洪武二十四年(1391年)受封,隔两年就藩大宁。这个位于喜峰口外的封地,是一个军事重镇。朱元璋让他节制的军队有八万,还有革车八千。他与诸王数度会合,兵出塞外,就以善谋著称。后来燕王朱棣干掉建文帝,成为明成祖,对他防范很严,不让他带兵,改封他到南昌去。于是他经常与文学之士交游,自号臞仙。注疏纂辑的书多达几十种,包括《通鉴博览》《家训》《宁国仪范》《汉唐秘史》《史断》《文谱》、《诗谱》等。

而据《明史》所载,朱元璋的儿子们也有很不堪的。性情暴躁骄戾且不说,有些甚至恶行昭彰。如先封豫王,后改代王的朱桂,建文时就以罪被废,成祖时复国,又纵容手下杀戮,夺取人家财物。成祖不得不告诫他:你还记不记得建文时被废的事。告发他的人不断,成祖一共给他列了三十二条罪状。而这位亲王,一直到晚年还行如宵小,时时与几个儿子"窄衣秃帽,游行市中,袖锤斧伤人"。

伊王,洪武二十一年(1388年)生,四岁受封。此时朱元璋已经到了晚年,大概也顾不过来了。这位伊王,不喜欢住在宫里,经常"挟弹露剑,驰逐郊外"。民人躲避不及,他就随意击打。最荒唐的是,他居然让男男女女赤身裸体在一起,以为笑乐。

朱元璋还有十六个女儿。她们是临安公主、宁国公主、崇宁公主、安庆公主、汝宁公主、怀庆公主、大名公主、福清公主、寿春公主、十公主、南康公主、永嘉公主、十三公主、含山公主、汝阳公主、宝庆公主。

这些公主,宁国、安庆两公主为马皇后所生,怀庆公主为孙贵妃所生,福清公主为郑安妃所生,永嘉、汝阳两公主为郭惠妃所生,含山公主为高丽妃韩氏所生。其余公主的生母,《明史》没有记载,很可能是身份不高的宫人所生。

按照明朝规定,皇帝的女儿封公主,亲王女儿封郡主,郡王女儿封县主,孙女称郡君,曾孙女称县君,玄孙女称乡君。公主婿为驸马,郡主以下婿称仪宾。公主和驸马年禄二千石,郡主和仪宾为八百石,以下都依次递减二百石。

朱元璋女儿中，除十公主、十三公主早夭，其余公主都有婚配，《明史》记载了她们的夫婿。

临安公主在洪武九年（1376年）嫁给李善长的长子李祺。李祺既是功臣之子，又是朱元璋的长婿，遇有水旱灾害，每每奉派前往赈济。

宁国公主适梅思祖的侄子梅殷。朱元璋晚年，梅殷曾经受密命辅佐皇太孙。

汝宁公主的夫婿陆贤，则是陆仲亨之子。

福清公主嫁给张龙之子张麟。

寿春公主洪武十九年（1386年）作了傅忠的妻子，公公就是大名鼎鼎的傅友德。朱元璋不知是对这位公主宠爱有加，还是想笼络傅友德，对寿春公主的赏赐大大超过了规定。明朝定制，公主受封以后，赐给年可征租一千五百石、钞二千贯的庄田一区。但是寿春公主得到的却是吴江县上等腴田一百二十余顷，岁入可达八千石。

南康公主洪武二十一年（1388年）嫁给胡观，系胡海之子。先前胡海因为有罪被剥夺了禄田，儿子娶了公主后，朱元璋就把田还给了亲家。

永嘉公主洪武二十二年（1389年）成为郭镇的妻子，他父亲就是郭英。

以上几位公主，嫁的都是有封爵的功臣之后。这与皇子们多娶勋臣之女相对应，皇家的婚姻，实际上政治性极强。

其余的几位，如怀庆公主嫁给王宁，《明史》没有说明他父亲身份，但是载明王宁娶了怀庆公主后掌后军都督府事。

大名公主丈夫李坚的父亲李英当过指挥佥事，从征云南时阵亡，赠指挥使，是一名有相当地位的将领。

含山公主洪武二十七年（1394年）出嫁，丈夫尹清，《明史》

上没有说明他父亲是谁,但尹清本人则当过后府都督,可能也出身军人世家。

汝阳公主同年成婚,丈夫谢达,公公谢彦当过前军指挥佥事,也是一名高级军官。

朱元璋选择驸马,除了功臣之后,军人后代也受重视。

另有崇宁公主洪武十七年(1384年)嫁给牛城,未几即死,《明史》没有记载夫家情况。

宝庆公主是朱元璋的幼女,朱元璋死时才8岁。

朱元璋的驸马中,最为不堪的当数欧阳伦。他是安庆公主的丈夫,洪武十四年(1381年)成婚。洪武末年,茶禁很严,欧阳伦却数度派人贩茶出境,所经过之处,即使是大官也不敢过问。甚至他的家奴周保也横行不法,有时要官府征用百姓车辆多达数十辆,不满足要求就随便殴打官吏。朱元璋得知后,勃然大怒。欧阳伦赐死,周保也被杀头。

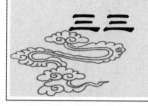

三三　封赏功臣

　　朱元璋在建立了朱姓王朝的同时,也奖赏了辅佐他的文臣武将。他曾经打算先封赏功臣,然后再分封自己的儿子。但考虑到"尊卑之分,所宜早定",开国元勋们的封赠显得略略迟了些。

　　洪武二年(1369年),朱元璋先是将廖永安、俞通海、张德胜、桑世杰、耿再成、胡大海、赵德胜7位功臣配享太庙。随后又命令在鸡笼山设立功臣庙祭祀功臣。明初大案不断,起初进了功臣庙的还会被撤出来。至洪武末年,供奉在那里的还有二十一人。被供奉的功臣死者塑像,生者虚其位,正殿徐达、常遇春、李文忠、邓愈、汤和、沐英六位,西序胡大海、赵德胜、华高、俞通海、吴良、曹良臣、吴复、孙兴祖八位,东序冯国用、耿再成、丁德兴、张德胜、吴祯、康茂才、茅成七位。

　　这样的表彰只是荣誉性的。至正二十七年(1367年),朱元璋平定张士诚的东吴。九月,封李善长宣国公、徐达信国公、常遇春鄂国公,并赏赐李、徐、常,以及胡廷瑞、冯胜、汤和、廖永忠、华高、康茂才、薛显、赵庸、曹良臣等彩缎、米、盐多少不等。洪武二年(1369年)常遇春在北伐途中暴卒,被追封开平王。

　　洪武三年(1370年),朱元璋分封秦、晋诸王后,酝酿已久的封赠功臣才被付诸实施。封公者六人:李善长进封韩国公,禄四千石。徐达进封魏国公,禄五千石。常遇春子常茂郑国公,李文忠曹国公,冯胜宋国公,邓愈卫国公,以上四人均三千石。

　　封侯者二十八人:汤和中山侯,唐胜宗延安侯,陆仲亨吉安侯,周德兴江夏侯,华云龙淮安侯,顾时济宁侯,耿炳文长兴侯,陈德临江侯,郭兴巩昌侯,以上均享禄一千五百石。王志六安侯,郑遇春荣阳侯,费聚平凉侯,以上均九百石。吴良江阴侯,吴祯靖海侯,赵庸南雄侯,廖永忠德庆侯,俞通海南安侯,以上均一千五百石。华高广德侯,六百石。杨璟营阳侯,康茂才子康铎蕲春侯,朱亮祖永嘉侯,傅友德颖川侯,胡廷美豫章侯,韩政东平侯,以上均一千五百石。黄彬宜春侯,曹良臣宣宁侯,梅思祖汝南侯,陆聚河南侯,以上均九百石。

　　文臣中汪广洋封勤意伯,禄三百六十石。刘基封诚意伯,二百四十石。

　　以刘基长期参预机要,帮助朱元璋运筹帷幄的功勋,只得伯爵,享禄仅二百四十石,不单与李善长、徐达等声名显赫的功臣不能相比,与费聚等朱元璋的小兄弟也相去甚远,甚至俸禄只及同为伯爵的文臣汪广洋的三分之二,难免令人怀疑朱元璋这样做背后是否隐含着什么用意。

　　然而朱元璋却很自信。在奉天殿封赏大会上,他发表了长篇演说。

　　他说:我今天定封行赏,不是出于一人的私意,都是依照古代帝王的模式行事,而且筹备了两年。因为军事行动繁忙,所以到今天才举行。回想创业之初,天下骚乱,群雄并起。当时有心于建功立业的,往往没有驾驭部下的能力,所以都没有成功。我本来无意取得天下,现在成就这番大业,都是天地神明的眷顾保佑,不是人力所能达到的。然而自从起兵以来,各位将领跟着我披坚执锐征讨四方,战胜敌人攻取城池,那些功勋怎么可以忘

记。现在天下已定,就要报答大家以爵位赏赐。那些后来才归
附我的有功者,也要同样封赏。今天宣布的爵禄等级,都是我一
个人决定的,十分公正,没有一点私心。

为了证明这一点,他解释,汤和是他小同乡,一起兵就跟随
自己,屡建功劳。然而汤和嗜酒妄杀,不遵守法度。赵庸跟随李
文忠取应昌,功劳也不小,但是却私蓄奴婢,破坏了国法。廖永
忠在鄱阳湖大战中奋勇杀敌,是我亲眼见到的,称得上奇男子,
可是派与他要好的人来探听我的意向,谋求更高的爵位。郭兴
不听主将命令,不守纪律,虽然有功劳,但是不足以掩盖过失。
所以这四人只列为侯爵。李文忠统帅兵马北伐应昌,赶走元太
子,抓住了元皇孙以下一大批俘虏,此功最大。邓愈自小就跟从
我,起兵后经常更动职务,虽然经受过一些挫折,口无怨言。所
以这两人宜列位公爵。李善长虽然没有汗马功劳,然而服侍我
最久,供应军饷从来没有缺乏。徐达与我是同乡,起兵后就跟着
我征讨,打败强敌,安抚顺民,勋劳最多。此两人已经列位公爵,
所以要进封大国,以示褒奖。今天所定爵禄,如果爵位与职位不
相称,奖励还不够付出的劳绩,你们都可以当场议论,过此之后
就不要再多说了。

一番话本来就有道理,兼之爵禄全凭皇帝赏赐,臣下还敢多
说什么。特别要提到薛显。此人跟随徐达北伐,勇敢谋略都有
过人处,功劳不小,但凯旋之际擅杀无辜。这次朱元璋面数其
罪,同时又将他贬往海南。

这次受封者还得到了"铁券"。为此,朱元璋特地派人到台
州,将吴越王钱镠后人所藏铁券找来,仿照制作。他所颁铁券刻
有功臣的功劳,以及自身和子孙的免死次数。这块瓦片状的免
死牌分左右两券,左券发给功臣收执,右券藏之内府,遇事相验。
此外,朱元璋还广赐绮帛,李善长、徐达各获百匹,以下诸人各有

差,至各守御百户所镇抚都有八匹,军士也每人得到银十两、钱六千。

封赏之后,朱元璋宴请功臣,席间他对诸人说:以往在战争时以勇敢为先,以战斗为能,以必胜为功。现在居闲无事,你们的勇力得不到施展,当与大家讲求古代名将成功立业之后事君有道,持身有礼,谦恭不伐,能保全其功名者是谁;骄淫奢侈,暴横不法,不能保全始终者又是谁。你们要一直以此为戒,择其善者从之,就可以与古代的贤将相提并论了。

大规模的封赏还有两次。一次是在洪武十二年(1379年),封了十二位侯爵:仇成安庆侯,蓝玉永昌侯,谢成永平侯,张龙凤翔侯,吴复安陆侯,金朝兴宣德侯,曹兴怀远侯,叶升靖宁侯,曹震景川侯,张温会宁侯,周武雄武侯,王弼定远侯。他们都享禄二千石。

另一次在洪武十七年(1384年),傅友德进爵颖国公,禄三千石;仇成、蓝玉都加禄五百石,世袭侯爵;还封了陈桓普定侯,胡海东川侯,郭英武定侯,张翼鹤庆侯,都享禄二千五百石。

此外,还有个别的封赠。

沐英,洪武十年(1377年)封西平侯,禄二千五百石。李新,洪武十五年(1372年)封崇山侯,禄一千五百石。洪武二十年(1387年)封了张赫航海侯,朱寿舳舻侯,都是禄二千石。同年还封纳哈出海西侯,何真东莞伯。孙恪,孙兴祖之子,洪武二十一年(1388年)封全宁侯,禄二千石。濮英之子濮与,洪武二十一年(1388年)封西凉侯,禄二千五百石。桑敬,桑世杰之子,洪武二十三年(1390年)封徽先伯,禄一千七百石。同年,封张铨永定侯,禄一千五百石。俞渊,洪武二十五年(1392年)封越巂侯,禄二千五百石。

朱元璋也没有忘记为他的事业早先已经捐躯者。

张德胜,原是俞通海部下,自巢湖来归,为朱元璋破蛮子海牙水寨立过大功,得授太平兴国翼总管。至正二十年(1360年)陈友谅进攻应天,张德胜于此役阵亡。他是高级将领中阵亡较早的一员,后来被追封蔡国公。也在同一年,花云在陈友谅进攻太平时死事,追封东丘郡侯。与他一同死事的王鼎,封高阳郡侯;许瑗,封太原郡侯。

廖永安,至正二十一年(1361年)奉命使吴不屈,朱元璋遥封楚国公。廖次年卒,洪武十三年(1380年)改封郧国公。

至正二十二年(1362年),又有胡大海因蒋英叛降张士诚,死事金华,至正二十四年(1364年)追封越国公。同时遇难的王恺封当涂县男。

同年,因李佑之在处州叛降张士诚,耿再成死事,初封高阳郡公,洪武十四年(1381年)改泗国公。同时遇难的王道同封太原郡侯,孙炎封丹阳县男。

至正二十三年(1363年),陈友谅围攻南昌,朱元璋率军援救,与之激战鄱阳湖。朱元璋固然取得了这一关键之役的决定性胜利,损失也极其惨重,而阵亡的高级将领数十员,都得到了封赠。南昌一役中战死的赵德胜被追封梁国公,同役阵亡的张子明追封忠节侯,李继先陇西郡侯,刘齐彭城郡侯,赵国旺天水郡侯,牛海龙陇西郡伯,徐明合肥县男。鄱阳湖之战战死者更多,追封丁普郎济阳郡公,韩成高阳郡侯,陈兆先颍上郡侯,余昶下邳侯,陈弼颍川侯,徐公辅东海郡侯,宋贵京兆郡侯,昌文贵汝南郡侯,李信陇西郡侯,王胜太原郡侯,李志高清河郡侯,程国胜安定郡伯,王咬住太原郡伯,王清盱眙县子,王凤显罗山县子,姜润定远县子,石明梁县子,王德合肥县子,常德胜怀远县子,丁宇含山县子,汪泽庐江县子,陈冲巢县子,王喜仙定远县子,逮德山汝阳县子,裴轸宣远县子,王理五河县男,王仁舒城县男,史德胜定远县男,常惟德万春县男,曹信含山县男,郑兴虹县男,罗世荣隋县男。

　　这时的封赠显然都只是荣誉性的,并无实际意义。以后也不见子、男、郡侯、郡伯之类爵位。尽管封赠近乎滥,却还有遗漏。南昌死事者许圭、朱潜、张德山、夏茂成、叶思诚,鄱阳湖死事者张志雄、刘义、朱鼎、袁华,这九人的封爵均无考。

　　此外,茅成,至正二十六年(1366年)伐吴战死,追封东海郡公。俞通海,至正二十七年(1367年)卒于平江军中,追封豫国公,洪武三年(1370年)改封虢国公。丁德兴,至正二十七年(1367年)卒于平江军中,洪武元年(1368年)追封济国公。桑世杰,伐吴死,追封永义侯。

　　严德,至正二十七年(1367年)征讨方国珍战死,洪武二年(1369年)追封天水郡公。胡深,至正二十七年(1367年)伐闽死。洪武元年(1368年)追封缙云郡伯。

　　孙兴祖,洪武三年(1370年)北伐死,追封燕山侯。

　　汪兴祖,洪武四年(1371年)伐蜀死,追封东胜侯。

　　连文臣陶安,也在洪武元年(1368年)被追封姑孰郡公。

　　统观一张公侯名单,不难发现朱元璋的淮西同乡占有明显优势。他们不单人数众多,而且位高禄厚。这与他们大多早就跟随了朱元璋有关,也不能排除是这些人互相声援的结果。否则,以刘基的地位,不至于只有如此低微的封赏。

三四　营建中都

　　建立明朝之后,首都定在何处,是个长期困扰朱元璋的难题。

　　应天确实重要。当年冯国用、陶安建议他占据金陵形胜之地以定天下,叶兑更建议他以此地为都,进可取天下,退可自保。他就是采纳了这些人的建议,依靠虎踞龙蟠的应天而逐步发展起来的。然而,随着他控制的地区的日益扩大,应天地理位置偏于东南的弱点也暴露得越发清楚。朱元璋更担心,号称六朝金粉之地的应天,建都于此的东吴、东晋、以及南朝的宋、齐、梁、陈历时都不长久。选择合适的城市作为首都,成了朱元璋建立明朝后的一件大事。

　　洪武元年(1368年)四月,徐达大军夺取了汴梁(今河南开封),朝中官员就有建议他定都于此,因为"君天下者宜居中土",汴梁地理位置正好居于全国之中。随后朱元璋就有汴梁之行。此行固然是为了与徐达商议进攻大都之事,也含有考察汴梁情况的意图。结果,在朱元璋看来,汴梁四面受敌,并非理想的建都之地。然而这里毕竟是故宋旧都,对反元有号召力,又靠近北方,便于推进北伐。八月,他正式下诏以应天为南京、汴梁为北京。

　　然而这个决定由于形势的发展不得不有所改变。朱元璋八月初一下诏,八月初二大都就被徐达克复,之后北方大部收复,明朝版图有了重大改观。于是,朱元璋又把建都之事提了出来。大臣们议论纷纷。有讲关中险固,物产丰富,可以在那里建都的。也有主张洛阳居天地之中,与四方道里适中,邻近的汴梁漕运也方便的。又有说故元大都,当时已改称北平,宫室完备,建都在那里可以节省民力的。

朱元璋对这些意见的评论是,所说都很好,但是时代不同了。在他看来,长安、洛阳、汴梁虽然是历朝故都,但都饱经战乱,民力未苏。如果在那里建都,要花费大量人力物力,而且都要取之江南,势必重创民力。假使以北京为首都,也需要大规模的改造修建,还是要耗费大量人力物力。至于南京,在他看来,此地虎踞龙蟠,又有长江之险,可以建都立国,却有先天的弱点:离开中原颇远,控制北方很难。他的打算是,在自己的家乡濠州建都。朱元璋说,濠州前江后淮,有天险可以凭恃,有水路可以漕运,可以作为中都。

于是,明朝初期出现了南北两京,再加个中都的奇特格局。

洪武二年(1369年),朱元璋下令在临濠建置城池宫阙,并在凤阳设立“行工部”具体负责这一项庞大的营建工程。两年之后,他还派了文官之首的李善长亲自过问中都的建设。汤和、吴良等一批功臣,以及工部尚书薛祥等高级官员也被派去督促工程的进展。

洪武六年(1373年),朱元璋改临濠为中立府,含有此地为天下之中而立的意思。他行事仿效刘邦,实际有过之而无不及。刘邦还只是衣锦还乡,高唱大风歌而已,他却还要在家乡建都。礼部尚书陶凯上奏请示,有了三个都城,就有三个城隍,以后祭祀时以谁为首。朱元璋回答,现在以我所在都城为首。这当然指南京。但是他拖了个尾巴:以后假使迁都中都,就以中都城隍为首。

朱元璋这番举动,得到了淮西集团中人的全力支持,他们也想衣锦还乡,而且还可以趁机捞上一把。

朝中官员也都清楚这一点,但是敢于说话的不多。御史胡子祺上书,称天下形胜之地可以作为都城的有四处:河东地势高,控制西北,尧曾经作为首都(尧都平阳,今山西临汾),然而其地苦寒;汴梁(今河南开封)襟带河淮,宋代曾经作为都城,然而其地平旷,无险可以凭借;洛阳,周公卜之,周、汉两代迁到那里,然而嵩山、芒山不像肴函关、终南山那样险阻,涧、伊、洛等河流也不像泾水、渭水、灞水那样雄浑。占据百二河山之胜,可以耸动诸侯之望,普天之下,莫若关中。朱元璋认为此话中肯,但是中都已经开工,他不想就此罢手。

另一个敢于说话的是刘基。洪武四年(1371年)正月,他对朱元璋说,“中都曼衍,非天子居也”,直截了当反对兴建中都。这可能是他与淮西集团矛盾的一次大爆发,当然只能以势孤力单的刘基失败告终。四个月后他多次要求告老还乡的愿望终于得到朱元璋的准许。这不是他的胜利,应该是他承认斗不过淮西集团的一种表示。不过,他在临行前还向朱元璋进最后的忠告:凤阳虽然是帝乡,然而并非天子适宜作为都城的地方,现在虽然已经作为中都,但是不宜去居住。

朱元璋没有听从刘基的劝告,淮西集团中人的推波助澜大概也有作用。九万名工匠,几十万军士、民夫,还有罪犯,集中在临濠进行着大规模的建设。淮西功臣们趁此良机,纷纷经营自己的私邸,规格逾制,私占工役等等情事不断出现。洪武四年(1371年)朱元璋召见郭英等人,斥责他们:我命令军队去临濠营造宫殿,你们却役使士兵为自己造房子,这是保全自己性命与家室之道吗?然而,话尽管说得严厉,在此之后,朱元璋对功臣们还是有功则赏,当然,有过失则少赏甚至不赏。

洪武五年(1372年)正月,建中都城垣基址,周围45里,南为顺城街,北为子民街。七月,建独山观象台。九月,建城隍庙。十一月,建六公七十二侯府第。次年三月,造军士营房。六月中都皇城竣工。

经过六年的辛劳,虽然没有最后完工,中都规模基本大备。洪武八年(1375年)四月,朱元璋满怀欣喜前往凤阳视察,不料却败兴而归。

原来,他到凤阳之后,先是发现虽然他严厉禁止,功臣们仍然暗中大造私邸,让他大为不快。更让他感到惊恐的是,工匠们居然在宫殿中弄了手脚,搞了据说可以招致鬼神给房屋主人带来灾难的所谓厌胜法。工匠们因长年辛苦,得到的只是王朝新贵们的苛待,压抑的哀怨一转而为报复的怒火,于是就有施行厌胜法的举动,希图让宫殿主人不得安生。然而,这却招来严厉的镇压。朱元璋在震怒之余,下令尽杀工匠。幸得执行者将当时不在现场的铁匠石匠区分开来,救了几千条性命。

朱元璋杀人消气之余,四月二十八日,他作出重要决定:停建中都。至今凤阳仍存留着当时建筑的城墙遗迹,还有众多的明代建筑,可以想见当时宏伟的建筑规模。

朱元璋离开中都时发布了一个祭告天地文,内中承认此等土木工程役重伤人,更兼主持者迭生奸弊,加重了百姓负担。主持中都工程的,无非是些淮西功臣。这份祭文,对他们来说,无疑是一个不祥的信号。

另一个消息也适时到来:刘基死了。

不久前,刘基曾对朱元璋说过,他肚子里有一硬块,恐怕不好。如今他吃了淮西集团中坚人物、左丞相胡惟庸指派的医生开出的药,结果中毒身亡。本来朱元璋就疑心极重,停建淮西集团中人极力主张的中都,与被淮西集团视为对头的刘基之死,两件事恰巧连在一起,后果自然不应轻视。

停建中都的直接后果,是南京宫殿的大事修缮。只是朱元璋还是要求简朴:但求安固,不事华丽,凡雕饰奇巧,一切不用。究其实,这并非没有朱元璋不满意南京,还想迁地为良的念头在内。也许吸取了营建中都的教训,他还下令对工匠妥为安抚。洪武十年(1377年)十月,营建南京宫殿完工。这是继至正二十六年(1366年)至吴元年(1367年)开国前营建庙社、宫室、方丘、圜丘、社稷坛之后,再次大规模营建。这次,主要规划改建宫殿、庙坛。遂改南京为京师。

一番折腾之余,定都一事总算有了结果。虽则朱元璋心里并不满意。毕竟,南京偏于东南一隅,离开与北元势力战斗的前线过于遥远。更兼这里地势南高北低,在朱元璋看来风水也不好。迁都之念,不时在他心头泛起。洪武二十四年(1391年),他还派出太子朱标,考察长安是否可作为都城。此事终因朱标从陕西归来不久就染病身亡而夭折,引起的是这位开国雄主的无穷感慨:

> 朕经营天下数十年,事事按古有绪。惟宫城前昂后尘洼,形势不称。本欲迁都,今朕年老,精力已倦。又天下新定,不欲劳民。且兴废有数,只得听天。愿鉴朕此心,福其子孙。

南京总算被朱元璋确定为首都,于是开始了第三次大规模的营建工程。从洪武二十五年(1392年)至二十八年(1395年),花费四年时间,改建了宗人府、六部、五军都督府等中央衙署。由于南京的京师地位已经确定,这次改建是按传统的王朝规制开展的。

至此,南京作为帝都气象大备,南起正阳门,北至北安门,形成了一条中轴线。

　　中轴线居中为二里见方的宫城,从南至北依次为午门、奉天门、奉天殿、华盖殿、谨身殿、乾清门、乾清宫、坤宁宫、玄武门。乾清门为内廷、外廷的分界。外廷的奉天殿是朱元璋接受朝贺之地,华盖、谨身两殿则是他生日或元旦等重大庆典时宴请群臣的所在及早朝之地。此三殿为外廷中心。其左右建有武英殿、文华殿等一批宫殿门阙。其中武英殿为朱元璋斋戒的场所,文华殿则为太子学习、理事的地方。内廷中乾清宫为朱元璋的寝宫,坤宁宫则是皇后的居所。乾清宫东侧为奉先殿,为专供皇后早晚祭拜祖先的地方。

　　宫城之外为皇城,午门外的中轴线上由北而南依次为端门、承天门、外五龙桥和洪武门。五龙桥至洪武门御道两旁集中了中央各衙署:东侧,自北至南依次布列宗人府、吏部、户部、礼部、兵部和工部,再东为翰林院、詹事府、太医院和东城兵马司;西侧为中、左、右、前、后五军都督府和太常寺,再西为通政司、锦衣卫、旗手卫和钦天监。俗称三法司的刑部、大理寺和都察院因为执掌刑法,不在皇城内,建于太平门外玄武湖旁。

　　坛庙的布置,在中国传统首都的规划建设中占有重要地位。明初,太庙和社稷坛分别建于宫城东南和西南。洪武八年(1375年)改建时被移至御道东西两侧,使首都的布置布局相当紧凑。起初,朱元璋按古代规制,分祭天地于南郊圜丘和北郊方丘。后来他认为当皇帝的,父天母地,不应当有异地而祭之礼,下令天地合坛而祭。于是,洪武十年(1377年)移建天地坛与大祀殿于原圜丘之中,改变了天地分祭的旧制。天地坛之西建有山川坛、旗纛庙、先农坛,这是朱元璋祭祀山川神祇和耤田劝农的场所。

三五 独揽了大权

　　尚在朱元璋为吴王的至正二十四年(1364年)，他已经任命李善长、徐达分任右、左相国，统率百官治事。至正二十七年(1367年)，也就是吴元年时，他下令百官礼仪尚左，李善长成为左相国，徐达则是右相国。

　　此时，直至明朝开国之初的职官制度，大致还承袭元朝旧制，在中央设中书省。刘基、陶安建议，也像元朝一样由太子担任中书令，以典领百官，会决庶务。朱元璋表示：取法于古，必须选择其善者而从之。元朝事不师古，设立官职不任贤达，只晓得给他们的同类，名不足以副实，行不足以服众，怎么可能取法。况且朱标年纪不大，学识不充分，经历的事情不多，现在应该好好尊敬老师讲习经传，以便通晓古今，认识事物的道理。以后军国重务都要让他知道，何必仿效元朝当这个中书令。

　　于是决定不设中书令。因此，朱元璋又在洪武元年(1368年)改相国为丞相，正一品；以下置从一品的平章政事、正二品的左右丞、从二品的参知政事，负责中央政事。

　　最先担任左右丞相的仍是李善长、徐达。常遇春、胡廷瑞、廖永忠、李伯升为平章政事，赵庸、王溥任左右丞，参知政事则有杨宪、傅献、汪广洋、刘惟敬等四人。其中徐达、常遇春、廖永忠、赵庸等常年在外征战，无法参预政务。胡廷瑞原为陈友谅部下，此时是地方大员，并不在中央任职；李伯升原是张士诚亲信，投降后仍居高位，也曾带兵出征，他们未必见得会在中央执掌实权。这些人大概只是在中书省挂个名，实际负责中央政务的，是李善长、杨宪、汪广洋等一帮文官。朱元璋曾对李善长、徐达等说：你们任职宰辅，宜振举大纲，用来统率百官，协助我治理天下。

明朝建立之初，朱元璋对中书省的期望很大，曾经告谕群臣：天下之事，总之者中书，分理者六部，至为要职。凡诸政务，须竭力为朕经理，或有乖谬，则贻患于天下，不可不慎。还说：中书，法度之本，百司之所禀承，凡朝廷命令政教，皆由斯出。事有不然，当直言改正。苟阿意曲从，言既出矣，追悔何及。书云股肱惟人，良臣惟圣。自今事有未当，卿等即以来言，求归至当，勿徒苟顺而已。为此，他十分强调：立国之初，致贤为急。在他看来，中书省百司纲领，总率群属，尤其必须采择贤者与之共理。所以他在中书省人员配备上是下了不少功夫的。

尽管如此，朱元璋权势欲极重，行事又仿效刘邦，不可能不了解"飞鸟尽，良弓藏；狡兔死，走狗烹"的道理。中书省位高权重，对他膨胀中的权势欲望，无疑是一大障碍。洪武三年（1370年）儒生严礼上书，其中提到臣民"不得隔越中书奏事"，恰好触到朱元璋的敏感处。他与侍臣议论元朝兴亡时，就明白点明：夫元氏之有天下，固有世祖之雄武；而其亡也，由委任权臣，上下蒙蔽故也。今严礼所言"不得隔越中书奏事"，此正元之大弊。人君不能承览庶政，故大臣得以专权自恣。今创业之初，正当使下情通达于上，而欲效之，可乎？朱元璋对梗阻在中间的权臣，早就抱着警惕。

但是明初文武大臣派系不同，争纷不断。张士诚小名四九，士诚之名是手下文人给他起的。朱元璋称赞"士诚"这名字不错。但手下一班淮西勋臣,也就是淮西集团中人却称,这出自《孟子》"士诚小人也",是在骂张士诚。实际上,这是假借揭张士诚身边文士之短,攻讦朱元璋身边刘基、杨宪等一班文士。

朱元璋焉有不知之理。而他的高明在于,能够操纵利用这些矛盾,既利用淮西集团,又不为其所制。于是,本来就高处不胜寒的中书省愈发波涛汹涌。

山西籍的杨宪素有才子之称,颇受朱元璋重视。洪武二年(1369年)九月,从参知政事升任右丞,过了十个月又升左丞,朱元璋甚至还考虑过以他为相。但是,此人一直是李善长辈的对头,数度声言李善长无大才。淮西集团中人担心,若杨宪当丞相,我等淮人没有好日子过了,于是便攻击杨宪"排陷大臣,放肆为奸"。正在春风得意的杨宪,终被朱元璋诛杀。

《明史》说汪广洋"廉明持重"。洪武元年(1368年)十二月就当上参知政事,次年四月外迁陕西参政,三年因为李善长病,中书省无人主持,又被擢升中书省左丞,实际上就是中书省的主要负责人。虽则名义上在他之上还有右丞相徐达,以及一帮平章政事,但是他在任没有几个月,被杨宪攻讦,六月间就被免职了。杨宪隔不多久被诛,他又官复原职,十一月间还被封为忠勤伯。四年李善长退休后,汪广洋以右丞相的身份,实际上执掌中书省大权。虽然此时徐达名义上还是右丞相,但是,迅速崛起的胡惟庸觊觎其位,说汪广洋无所建树,时隔二年,他就左迁广东参政。

胡惟庸于洪武三年(1370年)正月进入中书省任参知政事,第二年正月就升为右丞,后又代汪广洋为左丞。六年正月汪广洋左迁广东行省参政后,七月胡惟庸当上右丞相,实际上已是中书省的主要负责者。此时距他进入中书省只有三年时间。虽说也是一个个台阶升上来的,速度不可谓不快。十年,他又升任左丞相,当上名副其实的中书省一把手。此人很善于迎合上意,朱元璋也确实被他迷惑过一阵。

但是,朱元璋毕竟非等闲之辈。于是,汪广洋又被从广东召回,当上了右丞相,以分胡惟庸之权。他不想让如此重要的中书省被人把持,把自己架空。

不过,朱元璋很快发现,汪广洋并没有如自己所愿制约胡惟庸,而是以酒为伴,只是浮沉守位而已,胡惟庸则依然大权独揽。洪武十一年(1378年),朱元璋借题发挥,告谕礼部:人君深居独处,能明见万里者,良由兼听广览,以达民情。胡元之世,政专中书,凡事必先关报,然后奏闻。其君又多昏蔽,是致民情不通,寻至大乱,深可为戒。大致民情幽隐,猝难毕达。苟忽而不究,天下离合之机系焉。甚可畏也。所以古人通耳目于外,监得失于民,有见于此矣。尔礼部其定奏式,申明天下。

朱元璋已经明白无误地发出信号,他对中书省不满意。

两天后,他又下令,六部奏事不用报告中书省。这从根本上割断了中书省的手脚。

胡、汪两人殊途同归。洪武十二年底,胡惟庸案发,牵连到汪广洋。起初汪还只是被贬海南,但是朱元璋恨他,以在江西包庇朱文正、在中书省又不揭露杨宪的罪名,在发配途中杀了他。次年正月,胡惟庸也被杀。

胡惟庸案是明初大案,下文还要述及。胡惟庸被处死后,朱元璋发布上谕:朕自临御以来十有三年矣,中间图任大臣,期于辅弼,以臻至治。故立中书省以总天下之文治,都督府以统天下之兵政,御史台以振朝廷之纪纲。岂意奸臣窃持国柄,枉法诬贤,操不轨之心,肆奸欺之蔽,嘉言结于众舌,朋比逞于群邪,蠹害政治,谋危社稷。譬堤防之将决,烈火之将燃,有滔天燎原之势。赖神发其奸,皆就殄灭。朕欲革去中书省,升六部,仿古六卿之制,俾之各司所事。更置五军都督府,以分领军卫。如此,则权不专于一司,事不留于壅蔽,卿等以为如何。

杀鸡用了牛刀,再来与人商量。只有监察御史许士廉等人婉转奏对:历朝制度都取决于时间条件。何况创制立法本是天子之事,此事既出自圣裁,实在是经典要务。但是考虑陛下日理万机,太过劳神,我们以为可以设立三公府,以勋旧大臣为太师、太傅、太保,总率百僚庶务。至于重大政务,如封建诸王、发兵征战、铨选人才、制礼作乐等,则要奏请圣上裁决,其余日常事务按照制度实行。这样臣下杜绝了奸权的祸患,您皇帝也没有烦剧之劳苦。

但是,朱元璋怎会答应在中书省被撤销之后,再让勋旧大臣参预机要。他先是设立四辅官,以儒生王本等人为之。让他们讲道论治,参预刑谳封驳,考核贤才志士。这些人职权有限,明显缺乏行政能力,而且还是按旬轮值,各人任事并不连续,并不能对朱元璋有多大帮助,两年后就撤销了事。

洪武十五年(1382年),朱元璋仿效宋制,设立华盖殿、武英殿、文渊阁、东阁诸大学士,只由五品官担任,无非充当他的秘书而已,根本谈不上有什么权力。大权都集中到朱元璋一人手中。

洪武二十八年(1395年),朱元璋再次发布上谕:自古三公论道,六卿分职。自秦始置丞相,无不旋踵而亡。汉、唐、宋因之,虽有贤相,然其间所用者多有小人,专权乱政。我朝罢相,设五府、六部、都察院、通政司、大理寺等衙门,分理天下庶务,彼此颉颃,不敢相压,事皆朝廷总之,所以稳当。以后嗣君并不许立丞相,臣下敢有奏请设立者,文武群臣即时劾奏,处以重刑。

如此,到了朱元璋手中,封建专制达到新的高度。从秦汉的三公九卿到隋唐的三省制,皇权与相权之间还维持着某种平衡,当然这种平衡只是为了巩固皇权。设立三省,由中书省管决策、门下省掌封驳、尚书省主施行,本意在防止皇权的滥用和官僚的缺失,但是也让专制的皇帝每每感到掣肘。于是,三省制出现之日,也就是它日益受到削弱之时。唐代武则天之后出现手令,就是绕过了相权的牵制。宋代增设大量衙门,其实也就是夺相权而归之于皇帝。到宋后期门下省已经无法审核诏令,尚书省只能平决庶政,不能与闻国政,三省只剩中书一省掌权。元代,门下省被取消,原属尚书省的六部归并到中书省,固定了一省执政的局面。朱元璋废除中书省,集权力于一身,正是承袭了皇权日益增强的这一历史轨迹的结果。

还在朱元璋当吴王时,即已设立中书省。当时只有四部,分掌钱谷、礼仪、刑名、营造等事务。洪武元年(1368年)八月改为吏、户、礼、兵、刑、工六部。各部由官阶正三品的尚书主事,正四品的侍郎副之。中书省撤销后,大权属皇帝,具体政务归六部。朱元璋还提升各部官员官阶,尚书为正二品,侍郎正三品,并更定六部机构与执掌。吏部总掌官吏铨选、勋封、考课。户部总掌天下户口、土田,以及徭赋职贡、经费出入、货币物资盈缺。礼部总掌制诰、礼仪、祭祀、宴享、贡举。兵部总掌天下武官勋禄品命、山川地图、武器装备。刑部总掌天下刑法、囚犯勾复关禁。工部掌管工程兴作、屯田、武器和货币的制造、水利、交通。

明王朝中央还有一些重要机构,如掌管皇族属籍的宗人府,纠劾朝廷纪纲的都察院,审决民刑案件的大理寺,掌理祭祀礼乐的太常寺,掌理祭享酒膳的光禄寺,管理牧马政令的太仆寺,掌管朝会宾客礼仪的鸿胪寺等。

而以今天的眼光来看,在政务活动中起重要作用的,当数通政司。这是一个负责收受天下臣民章疏的机构。朱元璋一直告诫大臣和官员要关心民间疾苦。建立明朝后,他为了想"通群下之情,日召百官,悉侍左右,询问民情,咨访得失",专门设立了察言司。后来又觉得它不能完全担负起了解下情的责任，才创设了通政司，并且将它列于诸司之首。这个新设立的机构，要将接收到的四方章奏实封至朱元璋面前开拆，有关民间疾苦则通过六科分送六部，军事事务分送五军都督府处理。这些章奏的处理都有严格的程序，保证它们发挥应有的作用。它的另一个作用，是参预廷推，让它在重大问题的决策时有表达自己意见的权力。实际上它也是朱元璋在官僚体制中，开辟了一条直接掌握情况的通路，以利于自己的威权。

三六　地方官制

　　对于地方行政机构,朱元璋也变更元制,加强控制。

　　元代各地设行中书省,统管军民,权力极大。洪武初期,朱元璋因循旧制,也设置了与中书省相仿的官职,至洪武九年(1376年),全国共有浙江、江西、福建、北平、广西、四川、山东、广东、河南、陕西、湖广、山西十二个行中书省。各行省长官除主管民政外多有领兵征战的职责,权力很大。

　　但在这一年,他即改上述诸行省为承宣布政使司,撤销行省平章政事、左右丞等官,改参知政事为布政使,正二品,另设左右参政,从二品。十五年(1382年)又增设云南布政司。布政使从此成为专管一省民政和财政的官员,事权比以前的参知政事大为缩小,还要事事禀承朝廷意旨。朱元璋还专门发布了《承宣布政使诰》,解释承宣布政使的职责:近来我占有天下,变更行省为承宣布政使司。他们之所以称为"承",是接受我的命令,"宣"是代我说话,"布"是张扬铺陈这些东西,用来施"政"者都是与军民休戚相关,关乎国家利病,用来"使"者,必定要去除百姓之恶而引导他们向善,让他们知道有所畏惧服从。

　　朱元璋心目中,布政使不像元朝的行省长官具有相对独立性,只是自己手中工具,听命于他,成为皇帝和百姓之间的桥梁。他也知道布政使责任重大,因为他们要承流宣化,通达民情。拿他自己的话说，叫做"上德不下究，则郁而不彰；下情不上达，则塞而不通。为政，郁塞则远迩乖隔，上下不亲，得失无所闻，美恶无所见。如此则弊政百出，民不可得而治矣"。

至于省以下，朱元璋在建立明朝以前，就已经把元代的路改称府。洪武六年（1373年），依据税粮多少，全国的府分为三等：粮二十万石以上为上府，知府为从三品；二十万石以下为中府，知府正四品；十万石以下为下府，知府从四品。府以下为县，吴元年（1367年）依税粮十万石以上、十万至三万石、三万石以下的不同，分县为上中下之等。地方行政单位还有州。它们介于府县之间，地域大者作为省的直隶州，地位与府相近；小者则与县相近，为府的下属。所以有些州之下还有属县，有些则没有。各府州县负责各自辖区内的教化、狱讼、赋役。

另有土府、土州、土县之设，主要集中在西南边疆与少数民族地区。朱元璋根据元朝推行的土司制度，对前来归附的少数民族首领授以官职，称为土官，分从三品的宣慰使、从四品的宣抚使、从五品的安抚使或招讨使。这些土府、土州、土县的副职多为内地选任，称为流官。

朱元璋在各省设布政使却并不让其专权。明朝在各省设有专司刑法的提刑按察使司，主管官员为正三品的按察使。起初，它是作为中央的都察院派驻地方的监察机关，以"纠官邪，戢奸暴，平狱讼，雪冤抑"为自己的职责。

这样，连同地方上掌管军政的都指挥使司，各地都是三司并立，相互牵制。

朱元璋确定的这套地方官制，控制了全国，并改变了元朝地方势力强盛的局面，地方都得听命于中央，不可能再形成尾大不掉之势。中央权力，当然主要是皇权，得到加强。

三七 五军都督府

　　朱元璋以军队起家,加强对军队的控制一直是他关注的重心。至正十五年(1355年),朱元璋攻下太平路,改为太平府,设立太平兴国翼元帅府,自任元帅。此后,他攻下城池即设元帅府,设官统军。次年,他在太平设行枢密院,自领枢密,部下将领分别升迁为同知、金院、同金、判官等职,以下各领兵官沿袭元朝旧制,也称平章、元帅、总管、万户等名号。此时,各次征战从谋划到选将遣兵,以至进攻方略,都由朱元璋主其事。

　　至正二十一年(1361年)时已经改枢密院为大都督府,朱元璋以自己的亲侄朱文正为大都督,节制各军。此时,故旧宿将大有人在,朱文正的声望经历都无法与他们相比,但是朱元璋还是让他来节制各军。只是名为大都督,大概也只是奉朱元璋之命行事,大权仍在朱元璋手中。不过朱文正不太争气,第二年就被朱元璋撤了职。此职就此长期虚悬。

　　《明史·兵志》中说,朱元璋当上吴王,也就是至正二十四年(1364年),各翼统军元帅都被撤销,改置武德、龙骧、豹韬、飞熊、威武、广武、兴武、英武、鹰扬、骁骑、神武、雄武、凤翔、天策、振武、宣武、羽林共十七卫亲军指挥使司;原来枢密、平章等名号也统统取消,指挥使下按实际所带领的兵马进行编制,五千人的为指挥,千人的为千户,百人的为百户,五十人为总旗,十人为小

旗。这已是设大都督府之后第三年的事。军事整编总不是一件
容易的事,持续进行了多年并不难理解。这与战事不断有关,也
可能会涉及不少人的利益,朱元璋不能不慎重对待。不过,这不
影响他全力控制军队的决心。

洪武八年(1375年),朱元璋将在应天的留守都卫改为留守
卫都指挥使司,在外地的都卫为都指挥使司,共十三个,还有两
个行都指挥使司,都隶属于大都督府。大概从此时开始,朱元璋
命令将领出征,实际上只是让他当个总兵官,调集各卫所军队让
他带领。战争结束,将领要上交佩带的印信,也就是交出统带军
队的权力,调来的军队各回原来的卫所。如此,朱元璋部下将领
就只有为他效力打仗的份,没有了拥兵自重的基础。

但是,军队总要有人进行日常管理。大概出于这个考虑,洪
武十年(1377年),朱元璋又将大都督的头衔给了外甥李文忠。
在任命时,朱元璋告谕自己的外甥:大都督府掌天下兵马,其迁
选调遣,在乎识贤愚、辨强弱、知险易、均劳逸、赏罚有节、进退信
期、检察功过、防御奸侮等非止一端。职重机密,故倚之心腹。
今特以尔提督府事。凡迁选调遣,务从尔议,然后奏闻。若府官
及大小军职不律者,即便治之,功罪无隐。

前后两次任命大都督,任职者都是朱元璋的子侄。只此一
端,人们不难看出朱元璋的心思。虽然如此,大都督府也只是管
理天下兵马大数、将士的荫授迁选,以及征讨进止等具体事项,
至于军队调遣、作战方略等关键,仍在朱元璋亲自掌握之中。

即便如此,朱元璋还是不放心。他还是顾忌军权过于集中。
洪武十三年(1380年),也就是胡惟庸被杀的次年,朱元璋再一
次对军制进行重大改革,撤销了大都督府。李文忠总算比朱文
正幸运,没有像他那样被囚禁起来。

中左右前后五军都督府互相不相统属,直接对朱元璋负责,

管辖除皇帝亲军上十二卫外的各都指挥使司、留守使司下属卫所。这上十二卫为金吾前卫、金吾后卫、羽林左卫、羽林右卫、府军卫、府军左卫、府军右卫、府军前卫、府军后卫、虎贲左卫、锦衣卫、旗手卫。左军都督府统辖在京的留守左卫等七卫，及浙江、辽东、山东三个都司指挥的各卫所；右军都督府统辖在京的虎贲右卫等五卫，及云南、贵州、四川、陕西、广西五个都司指挥的各卫所；中军都督府统辖在京的留守中卫等六卫所，及直隶、河南两都司和中都留守司指挥的各卫所；前军都督府统辖在京的天策卫等五卫，湖广、福建、江西、广东四都司和福建行都司指挥的各卫所；后军都督府统辖在京的横海卫等六卫，及北平、大宁、山西三都司和山西行都司、北平三护卫、山西三护卫。

五军都督府与兵部，也互相牵制。兵部有军令、铨选军官之权，却不能指挥军队。都督府统率士兵，却不能调动他们。武将带兵打仗，文人发令决策。平时各卫所的军队在驻屯地操练屯田。遇有战事，将领所统帅的军队都要从各卫所抽调。战事结束，卫所军队各回原地，带兵官则交回将印。此时朱元璋的军队，将不专军，军无私将，从制度上根绝了隋唐五代时将悍兵骄的根基。同时也造成兵不识将，将不知兵的局面，于战斗力总有影响。幸得明初之际，将领们还富有战斗经验，兵士也久经战阵，弱点还没有暴露。

非但如此，朱元璋还派人监视军官军士。办法很多，常用的，就是派义子充当公开的监军，派特务人员实行秘密监视。另外还颁布军律，禁止军人接受公侯给予钱粮财物，非出征时不得在公侯家门口侍立。而公侯非奉特旨，不得私自呼唤军人役使。后来更进一步，名义上是公侯伯功臣有大功，赐士兵一百十二人作卫队，还颁给铁册，说明"俟其寿考，子孙得袭，则兵皆入卫"。但是，这些卫队，实际上也负有监视功臣行动的任务。

　　五军都督府之设,以及其他一系列措施,显然有利于朱元璋以及他的子孙们分散军权,减少将军们可能的对皇权的威胁,付出的代价却是军队战斗力的削弱。

　　利耶? 弊耶? 谁人评说。

三八　黄册和鱼鳞册

封建社会强调以农为本。朱元璋起自民间,对此深有体会。掌权之后,他说过这样的话:百姓足而后国富,百姓逸而后国安,未有民困穷而国独富安者。还说:凡一居处服用之间,必念农之劳,取之有制,用之有节,使之不至于饥寒,方尽为上之道。

但是,战乱之后,江淮以及中原一带的土地大量荒芜。洪武十年(1377年),还因为河南、四川等地州县居民减少,由州降格为县的有十二个,合并县的有六十个。一直到洪武十七年(1384年),朱元璋还下令将民户不满三千的三十七个州改为县。

朱元璋的对策,除了减免垦荒地租税、兴修水利等历代王朝经常采用的办法之外,还采取移民的办法来调剂中原地区人力的不足。

移民,是把百姓从人多地少的窄乡移到人少地广的宽乡。洪武三年(1370年)六月,朱元璋徙苏州、松江、嘉兴、湖州、杭州无业农民四千多户到濠州种田,给牛具种子,三年不征其税。又移江南十四万户于凤阳。九年(1376年)徙山西及真定无地百姓到凤阳屯田。十五年迁广东番禺、东莞、增城降民二万四千四百余人到泗州屯田。十六年又迁广东清远徭民一千三百余人到泗州屯田。充实朱元璋家乡附近,大概是前期移民的重点。

　　为了鼓励移民，洪武三年（1370年）定制，移民垦荒者户给十五亩，另外给二亩地种蔬菜，有余力还不限顷亩，都免三年租税。洪武二十八年甚至还下令，二十七年以后新垦田地，不论多少，都不收田租，假使增收田租的要治罪。为此，洪武二十一年（1388年）朱元璋以山东山西人口日益繁盛，迁泽、潞两州无田百姓到彰德、真定、临清、归德、太康等处闲置旷地。次年，又以两浙民众地狭，允许杭、湖、温、台、苏、松诸府无田百姓迁往淮河迤南滁、和等地起耕。而山西贫民徙居河北大名、广平、东昌等地的，共给田二万六千余顷。洪武二十五年又徙山东登、莱两府贫民五千六百多户就耕东昌。

　　这样，政府收入大为增加。至二十八年，东昌等三府共迁入百姓五万八千多户，彰德等四府屯田凡三百八十一处。官府在这些地方收租近五百六十万石，棉花七百五十万斤。

　　实际上，移民不仅有经济上的意义，朱元璋还用它来打击反对自己的势力。还在明王朝建立前的至正二十七年（1367年），朱元璋就嫌江南苏、松、杭、嘉、湖的富民曾经帮助张士诚，还不断说张的好话，便强迫他们迁往凤阳。一股潜在的反对势力在军事强权的压制下离开了原来的乡里田舍，只能任人宰割。这批人共十四万，在朱元璋的严令之下，不敢公然回到故乡，只能伪装成乞丐，以逃荒为名，散入江南乞食，实际上是到老家探亲扫墓，第二年早春再回到凤阳。有学者认为，这就是当地人逃荒习俗的来历。所以五六百年前，凤阳花鼓已经唱出这样的歌词："家住庐州并凤阳，凤阳本是好地方，自从出了朱皇帝，十年倒有九年荒。"而朱元璋为首的集团则得以加强了对江南这片全国最为肥沃的土地的控制。

　　历代帝王赖以统治国家，无非是控制了土地和人口。朱元璋当权之后，自然对此不遗余力。在这方面，他的措施中，最值得注意的是建立了黄册和鱼鳞图册等制度,加强对户籍和人口的控制。

　　朱元璋以军队起家,兵员的征集补充为头等大事。还在战争频繁之际,他就相当注重元朝建立的户口册籍,还曾普遍登记过户籍。洪武二年(1369年),他坚持把户籍制度的完善作为重要政务,下诏"凡军民医匠阴阳诸色户,许各以原报册籍送定,不许妄行变乱,违者治罪,仍从原籍"。

　　后来,各地都推行了户帖制度,使户籍登记更加规范。洪武三年(1370年)朱元璋还特别以他特有的口吻给户部下令:"说与户部官知道,如今天下太平了也,只是户口不明畓白哩。教中书省置天下户口的勘合文簿户帖,你每户部家出榜,去教那有司官将他所管的应有百姓,都教入官,附名字,写得真,着与那百姓一个户帖。上用半印勘合,都取来勘了。我这大军如今不出征了,都叫去各州县里下着,绕地里去点户比勘合。比着的,便是好百姓;比不着的便拿来做军。比到其间,有司官吏隐瞒了的,将那有司官吏处斩。百姓每自躲避了的,依律要了罪过,拿来做军。"

　　按照规定,户帖登记的内容包括:户籍类别,即属于军、民、匠、灶等哪一类;户主籍贯、姓名、年龄;家庭人口的姓名、年龄;土地、房屋、牲畜、车船等动产不动产。户帖由各家保管。有了户帖,还要编入各府州县户籍,统一收藏在户部。

　　黄册,就是在此基础上编制的。

　　洪武十四年(1381年),各省布政使汇总府州县户口册籍。与原来的户籍不同之处在于,它在籍贯、人丁、事产之外,还记载应该完纳的夏税秋粮数目。编制时,它又与里甲制度相联系。朱元璋规定以一百十户为一里,推举其中丁粮多者共十人为里长,其余一百户分十甲,一甲十户。这样一里中有十人管事,一年挑选其中一人应役,他们以丁粮多少为次序轮值。通称为里,其实只是乡村中的叫法。城中的称坊,近城处又称为厢。每里编为一册,里中鳏寡孤独不能够担任徭役的,附在十甲之后,称为畸零。每十年由官府以丁粮变更情况而升降之,重新编制。

虽说称为黄册,其实只是送呈户部的一份是用黄纸作封面,另外相同的分存布政司、府、县的三份是用青纸作封面的。因为它与赋役相关连,所以又称赋役黄册。朱元璋还在玄武湖建造了库房,专门收藏黄册。玄武湖在皇宫之北,这库房史称后湖黄册库。黄册十年编造一次,数量庞大,后湖黄册库也就成为中国古代历史上最大的档案库。

朱元璋希望维持里甲编制的稳定,洪武二十四年(1391年)第二次编造黄册时下诏:"排年里长仍照黄册内原定人名应当。设有消乏,则于一百户内选丁粮上者补充。图内有事故绝户者,于畸零内补凑。如无畸零,方许于邻都人户内拨补。其上、中、下三等人户,亦照原定编排,不许更改。"如此肯定里甲制度和黄册,看中的无非是它利于赋役的征发。

与它们相伴而行的,是鱼鳞图册。它建立在土地清丈的基础上,绘制时要画出土地的方圆形状,编次字号,注明土地主人姓名,以及土地的四至,相近的编为一册。这样绘制的土地形状与鱼鳞相似,所以称作鱼鳞图册。

它不是朱元璋的首创。南宋时即已出现,元朝在婺州路,即金华也编过鱼鳞图册。朱元璋做的,是把它推广了开来,实现了唐以后六百年未曾有过的全国范围的土地普查。这六百年间,土地簿籍和实际情况已经不相符合,而且连这不合实际的土地簿籍大半也不知去向。半数以上的土地,政府并不掌握,收不到租税;半数土地的面积和负担轻重不均,占有土地越多,负担越轻,于是富者愈富,贫者更贫。这对刚刚建立的政权不利。

洪武元年(1368年),他刚登上皇帝宝座,就派国子生周铸等一百六十四人前往浙西核实田亩,以确定赋税。不久,又向户部下达了核实天下田亩的命令,重点是应天与浙江。两浙地区的富民畏避徭役,纷纷将田产托名在其他人的户名下,被称为铁脚诡寄。洪武二十年(1387年)朱元璋依靠新政权的威势,派出国子生武淳等分行各个州县,根据产粮多少划定区域,一区设粮长四人,实地丈量土地,使过去逃税的土地一一登记,编制了全国范围的鱼鳞图册。

有了这鱼鳞图册,凡是质卖田土,契约上都要写明税粮数目,还要到政府登记备案,以免出现产去税存,贫民负担加重而政府税收减少的情况。

黄册与鱼鳞图册互相配合,相得益彰,使得朱元璋为首的统治集团完全掌握了全国的土地与人口。将它们称为国之根本,大概并不为过。

上述一系列措施实施的结果,首先是增加了垦田。洪武十四年全国官民田总数为一百六十六万七千余顷,其中约有二分之一是明朝建立后新开垦的。经过此后大规模的开垦和全面的丈量,洪武二十六年(1393年)全国耕地达到八百五十万七千余顷。田多粮多,明朝政府的税粮收入随之增加。元代全国岁入税粮约为一千二百万余石,洪武二十六年时则近三千三百万石,几乎增加了近两倍。史家描写当时情况,说是"是时宇内富庶,赋入盈羡。米粟自输京师数百万石外,府县仓廪蓄积甚丰,至红腐不可食。"甚至说,碰到灾荒,官府往往先开仓赈贷,然后再一级一级上报。没有充实的储备,这种事大概想也不用想。

与土地相应的是人口增加。洪武二十六年(1393年)时为一千六百零五万余户、六千零五十四万余人。这个数目同元朝极盛时期的元世祖时期相比较,户数增加了三百四十万,人口增加了七百万。这一方面是与生产的增加互为因果,另一方面也是普遍实行黄册制度的结果。

这样一来,原来府县纷纷降格的趋势一转而为升格。开封原来只是下府,因为税粮达到三十八万石,洪武八年(1375年)升为上府。同年升为上府的,还有太原、凤阳、西安,升为中府的有扬州、巩昌、庆阳,鄞县升为上县。

三九　留心民间
疾苦

　　洪武元年(1368年)正月初九,朱元璋就对刘基、章溢等人说:今民脱丧乱,犹出膏火之中,非宽恤以惠养之,无以尽生自之道。他还说,经历丧乱的百姓,向往天下治理好比饥饿干渴之人向往饮食一般。治理天下不是说空话,一定要让百姓得到实惠。假使只是弄点名声而没有实在的东西,百姓靠什么呢?

　　看来,他知道马背上得到的天下,不是在马背上能治理的。

　　朱元璋自幼饱受苦难,深知民间疾苦。后来位高权大,周围文人向他灌输一些民本思想,使他的一些想法从感性提高到理性。他曾经说:我每次看到《尚书》有关于敬爱人的内容时很感叹,敬畏天一事,后世君主还能懂得;敬重民人一事,就很少有懂的了。因为他们认为自己地位崇高,认为百姓都奉事于自己,是理所当然的。造成威严之势日渐加重,而对待百姓的恩惠日益减少的局面。之所以如此,是看待百姓太轻了。看待百姓轻,就认为与自己不相干,这样百姓的背离涣散就不可避免了。只有懂得百姓和自己互相依靠,就必定没有轻漫漠视的道理。所以书上说:可忧非君,可畏非民。古代帝王看待百姓,何尝敢轻视?他们之所以能够长久统治天下,道理就在这里。

　　出身贫苦的朱元璋,目睹元朝复灭,知道"民安其生,君安其位"。面对战乱后的残破局面,他花了大力气谋求"生息之道","凡为治,以安民为本,民安则国安"。

他主张,"善为政者,赋民而民不困,役民而民不劳,故民力纾,财用足。今天下有司能用心于赋役,使民不至劳困,则民岂有不足?田野岂有不安?争讼岂有不息?官府岂有不清?如此,则民岂有不受其福者乎?"

洪武元年(1368年)秋天,工部想征调苏州、松江、嘉兴、湖州四府农民到应天修浚城池。户部侍郎杭琪认为,时逢交租种麦之际,让农民花两个月时间赶到京师服劳役,太费时间,不如让农民在家里制办战袄,运到北方前线应用。朱元璋同意了他的建议。

这一年年底,朱元璋任命宋冕为开封知府,临行前告诫他:元朝以六事要求地方长官,徒具虚文而已。现在丧乱之后,中原草莽,百姓稀少,当务之急是开垦土地,增加人口。你去了以后,务必要安抚百姓,劝课农桑,讲求实效。他还把这一番想法化作实际。同意吏部提出的地方官员多年连任以著治效的建议,还下令知府的副手同知一考无过可以升知府,知县的副手县丞一考无过可以升知县,鼓励地方官勤奋从政。洪武四年(1371年),方克勤以三年中使地方户口增加数倍的治绩得以升任济宁知府;而日照知县只知办理督运,而疏于对土地人口的管理,遭到降职处分。一正一反例子,大概能说明一点问题。

在朱元璋看来,治民如同治水,治水要顺着水性,治民也要顺着民情。人情莫不好生恶杀,就应当省刑罚、息干戈来保全他们;莫不厌贫爱富,就应当重农时、薄赋税来厚待他们;莫不好逸恶劳,就应当简兴作、节徭役来安定他们。假使使用百姓不当其时,不按照一定的道理,只是用威势压服,用强力逼迫,强迫他们从事不想干的事而一定要让他们服从,就好比让水从低处往高处流,不适应它的本性了。

减免赋税,由此成为朱元璋一项经常性的措施。至正二十六年(1366年)秋天,他去濠州归省,对着乡亲父老,感慨自己离开家乡十多年,艰苦百战才得以回来扫墓,与大家见面。当下,除置守冢二十户,赐故人汪文、刘英粟帛之外,最重要的就是命令当地官府除去他们的租赋。这与刘邦一面唱大风歌,一面免除家乡租赋如出一辙。

不久,他又把这项针对家乡父老的措施放大了。至正二十七年(1367年)正月,他谕令中书省:东南一带久罹兵革,民生凋敝,我很怜悯这些地方的百姓。而且太平、应天等郡县,是我渡江以后开创基业的根据地,供应军需烦劳很久了。现在家家户户都很空虚,官府又急于催交赋税,我的百姓太苦了,何以自堪。现在决定免去太平田租两年,应天、镇江、宁国、广德各一年。

这一年五月,他以天旱,下令免除徐、宿、濠、泗、寿、邳、东海、安东、襄阳、安陆及新归附地区的田租三年。六月,老天下雨了。他又下令,因为伤及禾苗已多,免去天下一年田租。

登上皇位之后,此类事朱元璋做得更多。洪武元年(1368年)正月,他登上皇位第十天,就下令免除镇江租税,一直到他死前十七天,他还免除了邮州、泰州水灾田租。此类事,基本每年皆有。

比较起来,他对应天,以及周围的太平、宁国、镇江、广德等地免租较多。洪武二年(1369年)以后近三十年中,他一共十二次减免了这里的租税。原因很简单,朱元璋靠这里百姓的支持,才赢得天下。

与此同时,他对原先敌人控制区域的百姓却深恶痛绝。最明显的例证,就是朱元璋把江南地区的豪族以及富民,都看成张士诚的支持者,于是大量没收他们的土地作为官田,并且按私租的标准作为当地百姓的税额。明初酷吏杨宪,又以浙西土地膏腴,将税额加了二倍。这一来,这一带一亩地甚至要征税二三石。朱元璋平定天下之后,税赋负担并不算重,大体官田每亩税约五升,民田则还要减二升,这是因为民田业主还要负担徭役的缘故。这样一比,就可知有明一代江南赋税之重了。大体上,张士诚的老巢苏州税赋最重,靠近苏州的松江、嘉兴、湖州次之,被朱元璋最早攻克的杭州、常州又次之。洪武十三年(1380 年),朱元璋大概不好意思再收这么重的税,宣布将那里原先每亩征七斗五升至四斗四升的减去十分之二,四斗四升至三斗六升的均减至三斗五升,以下则仍然照旧。这样一减,仍然比全国一般税额要高出好几倍。所以,当时苏州一府秋粮就要征到二百七十四万多石,与整个浙江省的税额相仿。其中除十五万石从民田征得外,都从官田上征得。

这也就是人治的特点,可以任凭当权者的喜怒,率性而为,漫无标准。

当然,早年颠沛流离的经历,在朱元璋心目中留下深刻的印象。当了皇帝,少年时所见种种为富不仁的情况并没有随之在他心头消失。

洪武三年(1370 年),他认定浙西富民豪强"欺凌小民,武断乡曲,人受其害"。将他们召到应天,告诫他们:假使天下无主,则强凌弱,众暴寡,富者不得自安,贫者不能自存。如今我为尔主,立法定制,使富者得以保其富,贫者得以全其生。你们应当循分守法。能守法则能保其身。不许凌弱、吞贫、虐小、欺老。要孝敬父兄,和睦亲族,周给贫乏,逊顺乡里。如此则为良民,若效昔日的行为,就不是良民了。

洪武六年(1373 年),他又要求军官不要欺压百姓。他告诫军官:蓄兵所以卫民,劳民所以养兵,兵民相资,彼此相利。害民就是自损衣食之本,是极大的不仁。

　　元代另一个大问题是权贵之家蓄奴成风,多者竟达千人。洪武五年(1372年),朱元璋下诏:曩因元末大乱,所在人民或归乡里,或避难地方,势孤力弱,或贫乏不能自存,于庶民之家为奴者,诏书到日,即放为良,毋得羁留,强令为奴。朱元璋想解脱奴婢,自然不能只靠一纸诏书。他还决定由官府出资赎还因饥荒典卖为奴者。洪武十九年(1386年),仅河南布政司就报告收赎开封等府典卖的奴婢近三百人。到了洪武二十四年(1391年),朱元璋更进了一步,规定富豪之家不得蓄养奴婢,否则杖一百;而公侯官吏役使奴婢也有限制,公侯家不得超过二十人,一品官不得超过十二人,二品不得超过十人,以下依品级递减二人。卖身为奴者,自然是贫苦无告者。他们失却人身自由,处境十分困苦。朱元璋让他们还自由之身,总是一件好事。

　　朱元璋要求别人不恃强凌弱,只是表明以他为代表的国家凌驾于社会之上,朱元璋要保持国家的稳固,势必要求内部达到一定的平衡,免得失去控制,酿成元末那样的祸乱。至于他自己如何行事,则又当别论。江南富民就在他一声号令之下,不得不成批成批离乡背井。若不是朱元璋的国家权力,他又如何做得到这一点。这当然是另一个问题。

　　总算朱元璋心中还有贫苦百姓,他这个皇帝也算不易了。

　　洪武八年(1375年),朱元璋命寻访贫民无告者,要求给他们衣食房屋。

　　洪武十九年(1386年),他又让人调查民间高年者准备给予抚恤,还准备对孤苦无依者也给予抚恤。具体规定是:贫民年八十以上,月给米五斗,肉五斤,酒三斗;九十以上,岁加帛一斤,絮一斤。有产者,则没有米。鳏寡孤独无法照顾自己的,免除他们的全部徭役,一年给六石米。假使是孤儿,归亲戚或乡里收养,等到成年后再编入民籍。

　　同在这一年,朱元璋又依照刘邦赐民爵七大夫以上的先例,赐天下富民年八十以上为里士,九十以上为社士。他似乎特别偏爱应天和凤阳的百姓,那里的人八十以上就赐社士,九十以上为乡士。得到封号的,与县官平礼相见,还可以免除一家徭役。

　　据《天潢玉牒》所载,朱元璋"诚心爱民,尤怜贫弱",大体还有所依据。

四〇 劝农桑

不要小看朱元璋,他作为一个政治家,懂得治理国家要靠物质的和精神的两手。

洪武五年(1372年)他颁布《农桑学校诏》,就体现了这种思想。这份诏书说:农桑,衣食之本;学校,道理之原。

他要求各地办好农桑学校,并要检查办学成绩,检查发展生产的成绩,将此作为考核地方官政绩的一项内容。学校的事,下文再说,这里先讲发展生产的事。

明初发展生产,重要措施之一是屯田。它又分民屯、军屯、商屯三种。

民屯有移民、招募和罪谪等区别。洪武三年(1370年),朱元璋首先在河南设立司农司,迁苏、松、嘉、湖、杭五府无地农民四千户到临濠,官府资助耕牛、种子、舟车、粮食,三年内免征租税。又移江南农民十四万户到凤阳安家,移大漠三万二千多户到北平屯田,移山西泽州、潞州农民到河北耕种。此后,洪武十五年、十六年、二十二年、二十五年、二十八年(1382年、1383年、1389年、1392年、1395年)等年份,又分别迁移广东、江南、山西、山东等地农民,主要目的地为朱元璋家乡附近的泗州、滁州、和州等地,也有迁往大名、东昌等地广人稀之处的。这些移民的迁移,大概多少带有些强制性的。

此外,洪武二十二年(1389年)朱元璋还招募沁州农民到北平、山西等地屯种。他下令赏赐钞锭,分给田地。

至于罪谪,则是将徒流罪犯等分派到中都凤阳,或是边远地区屯田,以作处罚。这有点像劳改的样子。

军屯,早在明朝建立前已经推行。至正十八年(1358年),康茂才还为此当上营田使主持其事。这是"高筑墙、广积粮、缓称王"战略的一个组成部分。明朝建立以后,朱元璋下令,天下卫所一律实行屯田,不许坐食百姓。按照他的规定,守卫边疆的军士,三分守城,七分屯耕;内地军士则二分守城,八分屯耕。军士屯耕的田地,统一划拨,不许转移、买卖。一般是每人授田五十亩,还要供给耕牛和农具。军屯者,也是三年之内不纳税,三年后一亩税收一斗。对此朱元璋颇为自得,自称养兵百万,可以不要百姓一粒米。

商屯的情况要复杂些。它起源于朝廷命令商人运粮实边,朝廷给予商人的利益是发给盐引,即准许运粮商人贩盐。贩盐是一桩有利可图的买卖,但是商人锱铢必较,很快发现雇人在边地耕种比长途贩运粮食要合算,索性在那里开荒种地,就地缴粮,再换取盐引。商屯遂勃然兴起,而且对边疆的开发起了重要的作用。

为了发展生产,朱元璋采取的另一个措施是兴修水利,扩大农田灌溉面积,增加粮食产量。他从洪武元年(1368年)修筑周围达二百里的和州铜城堰闸开始,发起兴修的水利工程不在少数。洪武二十八年(1395年)一年中,全国共开凿塘堰四万余处,修河四千余处,筑陂渠堤岸五千余处。

发展生产的另一条途径是提倡桑麻棉花等多种经济作物的种植。早在至正二十五年(1365年),朱元璋就下令课种桑、麻、棉,规定凡百姓种田五至十亩者,要栽种桑、麻、棉花各半亩,十

亩以上按比例增加。还命令地方长官要亲临督导。不遵守命令
者要加以处罚,办法是不种桑者出绢一匹,不种麻、棉者则出麻
布、棉布各一匹。凡种麻、棉者,每亩征收麻八两、棉四两。这个
税率比种粮要低得多。种桑要等四年以后才征税。洪武元年
(1368年),朱元璋又重申了这道命令,对于推广经济作物的种
植,不无裨益。

　　洪武二十四年(1391年),朱元璋命令在应天钟山脚下栽种
桐、棕、漆树各五十万株,以备造船时对桐油、棕、漆的需要。

　　第二年,他又要求全国屯田军士每人栽种桑、枣百株,并随
地种植柿、栗、胡桃等果木,还要凤阳、滁州、和州等地农民每户
种植桑、枣等各二百株。之后朱元璋还在洪武二十七年(1394
年)要工部告谕全国,务必多种桑、枣,三年之内每户要达到六百
株,违抗者全家充军云南。

　　他以行政命令大力推广经济作物的种植,是否能如数达到
目的,不无疑问。但是,这些命令,毕竟显示了朱元璋对此的重
视。

　　中国历来重农轻商,朱元璋不能摆脱这一局限。他一直强
调的是“农为国本”,“足衣食者,在于劝农桑”,将农业生产放在
第一等重要地位。起初他是相当轻视商人的。明初规定,农家
可以穿细纱绢布,但是商家只能穿绢布,而且,一旦农家有一人
经商,就丧失穿细纱的权利。商家经商也有诸多限制,比如,商
家外出,必须报经官府批准,领取商引、路引、物引等关券,载明
商人携带的钱财货物,及经过路线。没有这样的关券,轻则流
放,重则杀头。

　　洪武十八年(1385年),朱元璋对户部官员说:人们都说农
桑为衣食之本,所以放弃本业,追逐末业的很少有能够救助弊端
的。先王之世,田野里都是从事耕种的农夫,房屋中没有不养蚕

的妇女,所以水旱无虞,饥寒不至。但是,自从对商人开始收十一之税,工匠奇巧的制作出现,农桑之业就遭到破坏,种田的人少了,吃饭的人多了,织布的人少了,穿衣的人多了。这样的情况下,要想人不穷,能够吗? 所以他的主张是:足食在于禁工商,足衣在于禁华靡。这一主张的片面性是显而易见的。

但是,洪武十九年(1386年),他对商人的态度似乎有些变化。朱元璋说:古代贤王统治之时,治下民人分为士、农、工、商四种,都各专本身之业,国内没有游手好闲的人,人们生活安定、物产丰富,达到天下大治。我现在得到了天下,务必使农民尽力田野,士人笃行仁义,商贾用来通有无,工匠精通技艺。之所以要这样,是为了让他们各安其生。朱元璋此时比早先要进了一步,总算承认商人是整个社会不可缺少的四民之一,虽则认为商人只是"通有无"而已。

尽管如此,朱元璋还是为商人们做过一点事。洪武二十四年(1391年),他在应天城外靠近河流的交通要道旁,盖了几十间房屋,称为榻房,供来往客商存放货物。商人们由此可以在此相互交易,大为便利。事虽小,也可说明朱元璋的态度有所变化。

说到商,还要提及工。这里要说的,自然是所谓的官手工业。

元朝时,官手工业的工匠都编为匠户,处境与工奴无异。朱元璋时,匠户制度被继承了下来,不但工匠本人,连他的子孙都不能脱籍。但不变之中也有调整。洪武十一年(1378年),朱元璋决定,命令工部,凡在京工匠赴工者,月给薪米盐蔬,休工者停给,听任其自营生计,不要约束。

这样一来,工匠们有了自由经营生产的时间。洪武十九年(1386年),朱元璋又批准了工部侍郎秦逵的建议,实行工匠轮班制度,即各地在籍工匠每三年到京师服役三个月,而且还可以免除徭役。

由于计划不周,工匠们往返之际常常会有耽误。于是朱元璋又根据工役性质繁简和官府需求,重新规定五年、四年、三年、二年、一年一班五种轮流服役制度,每班仍然服役三个月。工匠服役时照前一样,要携带官府发给的证明文书。这一年,一共发出了六十二种行业二十三万余名工匠的证明文书。

当时织造业首屈一指。朱元璋在应天设有内外织造局,内局生产供应皇宫,外局供应官府,苏州、杭州等地也设有织造局。

实际上,这些织造局生产出来的东西,并非只是供应皇家和官府自己使用,有些也被用于交换需要的东西。洪武三十一年(1398年),朱元璋就用九万九千匹棉布从西蕃换回了一千五百六十匹好马。

朱元璋在位时,矿冶的发展一波三折。冶铁业最兴盛时,湖广、广西、江西、山东、陕西、河南等地有七处。洪武七年(1374年),朱元璋还设立了十三所铁冶所,每年产铁都在八百万斤以上。

然而,朱元璋对开采冶炼矿产并不积极。

攻下山东后,有人建议开采当地银矿,他驳斥道:银场之弊,利于官者少,损于民者多,不予批准。后来又有人劝他开采陕州银矿,他更是痛加斥责:土地所产,有时而穷。岁课成额,征银无已。言利之臣,皆民之戕贼也。

临淄县丞王基上书,要求"发山海之藏,以通宝路"。朱元璋不但将他革职为民,两个月后还对出巡山东的监察御史说:近日山东王基不务正业,乃用财利之术以惑朕听,甚乖朕意。今汝等出巡天下,事有言当者,须以实论列,勿事虚文。凡为治,以安民为本,民安而国安。

这里所说的"安",当同矿山聚集大批矿工有关。元末开河工,结果爆发大起义。这场景,朱元璋恐怕是忘不了的。这态度,不可能对矿冶的发展产生影响。

四一 收罗人才

朱元璋至正十六年(1356年)攻下集庆,改名应天,开始向权力顶峰的攀登,十二年之后他就建立了明王朝。成功如此之快,个中因素很多,注意人才的收罗,在自己周围建立了一个优秀人才的群体,不能不说是一个重要原因。他当然企求朱姓王朝长治久安,要做到这一点,关键在于人才。他意识到,"盖士之进退,系乎国之治否。吾以一人之智,岂足以尽理天下,必赖天下之贤,然后足以有为"。

收罗人才的方法很多,征召是初期常用的手段。

至正十六年(1356年),朱元璋攻下集庆,就征召了夏煜、孙炎、杨宪等十余人;十八年(1358年)打下婺州,又征召儒士范祖干、叶仪、许元等十三人;次年克服处州之后,更征召耆儒宋濂、刘基、章溢、叶琛到应天,专门建了礼贤馆招待他们。宋濂当上了江南等处儒学提举,章溢、叶琛当营田金事,刘基留朱元璋身边参预帷幄谋议,大致上能够人尽其才。但是,最初所征召的这些人都是知名人士,至少是当地的知名之士,而且这种征召并不是经常性的。

不几年,朱元璋就将它制度化了。至正二十四年(1364年)他敕令中书省:现今疆土日益广阔,急需各式文武人才。卓荦奇伟的人才,当今之世岂能没有。只是有的隐于山林,有的藏于士伍，没有在上者开导引拔，他们没有办法自己显现。从今天开始，有能上书陈言、敷宣治道、武略出众者，参军及都督府都要把他们报告给我。有的不能写文章但是识见可取，允许他们到我这里面陈其事。年龄五十以上的，虽然练达政事但是精力已经衰退。因此我要求各地官府选取民间俊秀年龄二十五以上、资性明敏、有学识才干者，征召他们赴中书，与年老者共同使用。十年以后，年老者退休，而年少者已娴熟于政事。如此则人才不乏而政务也就有人处理。

敕令发布的第二年，即至正二十五年（1365 年），朱元璋派遣起居注吴林、魏观等人求遗贤于四方。再过三年，即明王朝建立之年，他又派文原吉、詹同、魏观、吴辅、赵寿等分行天下，访求贤才。洪武三年（1370 年）朱元璋下诏寻访学问博洽、才德兼美之士。次年，他又要求征天下儒士、贡举下第、山林隐逸及业农而有志于仕者。

选拔人才的另一个办法是大办学校，通过学校教育培养、识拔人才。

朱元璋出身贫苦，没有受多少教育，靠着自己刻苦才能识字为文，而渐成气候之际又得儒生辅佐，更知文化知识的重要。所以，他在建立明王朝之前已经开始设立学校培养人才。至正十九年（1359 年），也就是攻下婺州的第二年，他命宁越知府王显宗设立郡学，聘请五经师及学正、训导。这是朱元璋建立学校之始。洪武二年（1369 年）朱元璋为命令各地建立学校专门下达诏书，称学校教育元代最糟糕，虽然有学校，却名存实亡。兵乱以来，人们都在讲习战争，只知道军事，不知道还有礼仪。我想治理国家以教化为先，教化则以学校为本。现在在应天设立了国子监，恐怕不足以引揽天下俊秀。因此命令天下郡县，一齐建立学校，以培养士人。

由此,各府州县都建立了学校。府学首长为训导,州学叫学正,县学是教谕,学生数额,府、州、县学各定为四十、三十、二十人。无论师生,每月都有廪食米六斗,学官还有月俸。在府州县学学习的学生以礼、乐、射、御、书、数设科分教,以儒家经典为教材,各治一经。考核成绩优秀的,或者送到国子监深造,或者参加选拔举人的乡试。如果入学十年学无所成,或者有过失的,则分发为吏,即官府中的办事人员。总之都有安排。

作为全国最高学府的国子监,原称国学,始设于至正二十五年(1365年)。

洪武元年(1368年),朱元璋命令官员子弟和百姓中才能优秀通晓文义者入学,还在这些人中选了国琦、王璞等十余人陪太子读书。后来,朱元璋下令扩大国子监,命令从各府州县学里挑选优秀学生充实国子监。他要求选择一批少年举人及贡生入学读书,不但赐给衣物,还让他们到各衙门实习吏事,称作历事监生。其中尤其优异的李扩等人还直接进入文华、武英堂办事,称为小秀才。小秀才中才学出众、聪明俊伟的,更让他们广泛接触各类图书,钻研各种学问,以期将来派大用场。这些人则称为老秀才。明初国子监最盛时,监生多达数千人。

除了南京有国子监之外,中都凤阳从洪武八年(1375年)开始也设立国子监。入学者不少为勋臣子弟,一般人无法管理,于是朱元璋命令李善长考定教官、生员高下,李文忠负责监督。后来不建中都,此地的国子监也于洪武二十六年(1393年)并入应天的国子监。

国子监老师都是耆儒。著名学者宋纳、吴颙都担任过国子监祭酒。学习的科目除了五经之外,还有刘向《说苑》,以及律令、书、数和《御制大诰》。监生分为率性、修道、诚心、正义、崇志、广业六堂。凡只通四书而不通经者,为正义、崇志、广业三堂。入学一年半以上,文理通畅的升入修道、诚心两堂。再学一年半,经史兼通,文理俱优者可以升入率性堂。此时改用一种积分的办法来考核。每季第一月考经义一道,第二月考论一题,诏、诰、表一题,第三月考经史策一题,判语二题。每次考试,文理都好的积一分,理优文劣者半分,纰缪者无分。一年中积满八分为及格,可以给官做。不满八分仍要坐堂学习。特别优秀的,专门上报朱元璋,由他裁决如何使用。

朱元璋对监生寄于厚望,管理很严。事实上也确实出了一批有用之才。初期的学生不少做了高官。洪武二十六年(1393年),监生刘政、龙镡等六十四人派充行省布政、按察两使,以及参政、参议、副使、佥事等高级官员。《明史》中说,当时监生"为四方大吏者盖无算也",平常监生也可以当上府州县六品以下官。上文提到的李扩,后来当上了御史。这一方面与明朝初年百废待兴,各方面都缺人有关,另一方面恐怕还同朱元璋大肆杀戮,官员空额太多不无关系。一时间中央、地方,监生遍地都是。当时进士很多出身国子监。洪武二十一年(1388年)的任亨泰,二十四年(1391年)的许观,都考得了状元。朱元璋高兴了,除嘉奖外,还写了题名记,刻在国子监门口的石碑上。后来的进士题名碑,由此发端。

后来科举考试出身的逐渐被人看重,荐举征召而来的越来越少,监生的出路也不如往昔,国子监逐渐被人冷落。但是科举考试成为最重要的选拔人才的途径,有过一段曲折。

还在至正二十七年(1367年),即明王朝建立的前一年,朱元璋就下令要设文武两科取士,要求各地官府劝谕民间有才能者不要放弃学习,等待开举考试。

洪武三年(1370年)朱元璋下诏:批评汉唐宋各代取士各有定制,然而重视文学而不求德艺全备。更指责元朝朝廷虽然优待士人，然而权贵势要每每接纳奔走门路者，让他们有机会吹牛拍马窃取官位俸禄，使有才能有道德的耻与他们为伍，情愿隐居山林不出。风俗流弊，一至于此。今年八月特设科第，务必要选取经明行修、博通古今、名实相称者。朱元璋还说，自己将亲自出面考试，衡量应试者水平高下，分别任命他们担任官职。

考试一共分三级，第一级乡试，分别在直隶和各省布政司所在地举行。直隶取百人，河南、山东、山西、陕西、山西、北平、福建、江西、浙江、湖广各取四十名，广东、广西各二十五名。考试得中者称举人。次年各地举人在应天参加由礼部主持的会试，录取一百二十人。考中的，再参加由朱元璋亲自出题并主持的廷试。因为考试在奉天殿举行，也称殿试。殿试录取一、二、三甲。一甲三名，即状元、榜眼、探花。二甲十七人、三甲八十人，分别赐进士、同进士出身。考中的在午门外张挂黄榜公布，并在中书省赐宴。明代第一次殿试状元为吴伯宗，授礼部员外郎，以下也都分别授官。

按照朱元璋与刘基的设计，明代科举取士，只用四书五经命题，文章体例大略仿照宋代经义，而且是以古人语气来写，要写成对偶句式，称为八股，或者照当时的说法叫做制义。

此时天下初定，朱元璋命令各省连考三年。他还以各地官员缺少很多，要求各地举人都免去会试，直接到应天听候选官。这一阶段中朱元璋擢拔了不少年少俊异者，如张唯、王辉等为翰林院编修，萧韶为秘书监直长，待遇十分优厚。

这样，明初一段时间里，荐举和科举并行不悖。似乎科举还有逐步取代荐举的倾向。

然而，到了洪武六年（1373年），朱元璋发现，这时科举考试所取的士人，大多为后生少年，考察他们的文词，好像还可以；等到试用时，能以所学实际应用到处理政事者就很少了，而且情况还相当严重。他严词批评："朕以实心求贤，而天下以虚应朕，非朕责实求贤之意也"，同时决定当年起暂时停止科举，要求各地官府改为察举贤才。他似乎忘记了，不管是科举也好，察举也罢，实际办事的都是同一个官僚体系。

此后十余年中，人才的选拔主要靠两条途径，一是荐举民间人士，一是从现成的吏员中选拔。后者依据的是朱元璋在洪武三年（1370 年）下达的诏令："六部总领天下之务，非学问博洽才德兼美之士，不足以居之。虑有隐居山林，或屈在下僚者，其令有司悉心推访。"

朱元璋规定，举荐的人才要以德行为本，才能次之；举荐的名目有聪明正直、贤良方正、孝悌力田、儒士、孝廉、秀才、人才、耆民。被推举出来的，要送往京师。而各省的贡生也是通过太学进行推荐。

当时大小臣工都可以推举人才，而征召所得者，往往又推举了其他人才。所以不少居住在深山老林、穷乡僻壤的人才，都被征召到应天，由布衣而当上大官的不乏其人。耆儒鲍恂、余诠、全思诚、张长年等人，都以九十多岁的高龄到达京师，当上文华殿大学士。儒士王本、杜敩、赵民望、吴源特置为四辅官兼太子宾客。贤良郭有道，秀才范敏、曾泰，税户人才郑沂，儒士赵煮等升到尚书。儒士张子源、张宗德也升到侍郎。其余当上副都御史、大理寺少卿、国子监祭酒的，或是在地方上当布政使的还有许多。吏部上报朱元璋各方荐举应当担任官职的，有时多至三千七百人，少的也有一千九百人。当时规定，经明行修练达时务之士，都要送到应天，六十以上七十以下的安置在翰林院以备顾问，四十以上六十以下者分派到六部和各布政司、按察司任职。

这种征召辟举的方法，历史上也曾有过，并非朱元璋的发明。但是他也有独创，就是不光征召饱学之士，还征召富民。

　　朱元璋不满孟子重民轻君的思想,但对他"有恒产者有恒心"的说法却很赞同,下令户部征用富民。朱元璋说:现在天下富民生长田里之间,周知民事,这中间岂能无才能可用者。要从户籍当中详细检查,开列名单报告给我。我将选用一批人当官。户部据此进呈了一份一万七千余户富民名单,它包括浙江等九个布政司和应天十八府州中所有拥有七顷田以上者。朱元璋分批召见,只要奏对时合朱元璋心意,马上就可以得到美差。

　　明初选官不拘一格。朱元璋说过:资格这样东西只为寻常人而设,假使是贤材,怎么能够拘泥常例。洪武八年(1375年)他对宋濂说:人才不可一概而论。贤能之士,隐于老、佛、卜筮、负贩的,那些居高位的能够识拔吗?假使当官的一定要出身世族,则有志者不能施展抱负的就会有许多了。于是,会稽地方一个和尚俗家名郭传的,受到宋濂的赏识和推荐,后来当上了湖广布政使参政。山西繁峙县一个小小的主簿虞文采,上书揭露山西行省和按察司官吏事多不法,被擢升为大同知府。

　　不拘一格者还包括元代官吏,在朱元璋看来,这些人有行政经验,可以省去历练的过程。甚至还包括罪官。洪武七年(1376年)他下诏选取在凤阳屯田的罪官中年四十以上有才者重新录用,对四十以下已经宥免的也给以复用。后来的礼部尚书吕本、四川按察使班用吉、湖广右布政使徐锋,都是罪官重新起复的。

　　然而,这种办法还是有浮滥的毛病。尽管朱元璋强调各官府要先"识其能否,考其优劣,然后任之以职",但是溢举之弊还是无法避免。

　　此时的朱元璋已经开了杀戒,大批官员掉了脑袋,从中央到地方,各衙门缺额很多,急需补充人员。不得已之下,他还是回到科举一途。洪武十五年(1382年)朱元璋下令恢复科举考试。十七年(1384年)礼部又定《科举成式》,颁行各省,定为永制。

　　此时的科举与洪武三年时相比,最大的不同在于:第一,取消了乡会试以后复考骑、射、书、算、律五事,只注重经义。而且,所考经典都要根据古疏,"文辞增而实废",由此开始了科举由实用向空疏的转变。第二,所取的一甲进士为翰林院修撰,二甲也有授翰林院编修、检讨的。进士进入翰林院自此开始。他们与在承敕监等近侍衙门的,都称为庶吉士。其余分配在六部、都察院、通政司、大理寺的仍称为进士,或者称观政进士。之所以称为"观政进士",是因为朱元璋认为,他们不熟悉政务,应该好好地对待他们,让他们观政于各个衙门,并发给与他们出身相应的俸禄。等这些人熟悉政事之后再提升他们。第三,从洪武二十四年(1391年)开始,明王朝更颁布文字格式,进一步窒固应试者的思想,明朝科举制度弊端由此更加蔓延开来。

　　说到明朝的科举考试,不能不说一说洪武三十年(1397年)的一场大案。

　　起初礼部举行的会试取士并不分南北。这一年会试时,考官刘三吾、白信蹈等所取的五十二人,都是南方人。三月间殿试时,南方人陈䢿被取为第一。朱元璋怒其取士太偏,命侍读张信等十二人复阅,陈䢿仍然入选。朱元璋更加发怒,不但放逐了刘三吾,还杀了白信蹈、张信和陈䢿等人。接着,他亲自阅卷,取了任伯安等六十一人,六月间重新殿试,取了韩元忠为第一,全部是北方人。朱元璋在这一事件上的专制,实在无法言喻。

四二　制订大明律法

　　朱元璋重视律法，他的看法是：礼法，国之纲纪。礼法立，则人志定。建国之初，此为先务。他还说过，纪纲法度，为治之本。因此，他在平定陈友谅之后，即着手讨论律法问题。至正二十七年（1367年）十月，他命令李善长为律令总裁官，杨宪、傅瓛、刘基、陶安等二十人为议律官，经常与他们在一起讨论律法。朱元璋强调，法贵简当，让人容易知晓。假使条文头绪繁多，或者一事两端，判决可轻可重，官吏就有机会做手脚，不是立法的本意。他又关照诸人：渔网密则水无大鱼，律法密则国无全民。你们要仔细研究，每天都要具报刑名条目，让我亲自斟酌审议，让这些条文成为久远施行的法律。

　　同年十二月，李善长等编成一部法律，共有令一百四十五条、律二百八十五条。朱元璋还为此告谕群臣：读书所以穷理，守法所以持身。故吏之称为循良者，不在于威严，在于奉法循理而已。卿等既读书，于律亦不可不通。大抵人的犯法者，违理故也。君子守理，故不犯法，小人轻法，故陷重刑。这些话当然有些道理。

　　法律制订出来之后，朱元璋担心百姓不能了解这部法律。他对大理卿周桢说：律令之设，所以使人不犯法。田野之民岂能尽晓其意。有误犯者,赦之则无法,尽法则无民。要求周桢等从法律中选择了与百姓有关的条文按类汇编成《律令直解》,颁发到各州县,向百姓解释有关法律的意思。朱元璋看了比较满意,说是前代所行律法,不是不细致周密,但是只是供那些官吏掌握,民间知道的绝少。这是让天下百姓成为聋子瞎子,让他们不知不觉当中犯法。现在我拿《律令直解》遍行天下,让人人知晓,则犯法的自然就会少了。

这是朱元璋亲自参预编订的第一部法律。

明王朝建立后,可能因为这部法律过于简单,朱元璋听取李善长的建议,开始研究《唐律》,为修订法律作准备。他要儒臣与刑官一起研究唐律,每天向自己报告二十条。到洪武六年(1373年)冬,朱元璋认为条件成熟,命令刑部在《唐律》基础上修订《大明律》。

这次,他又是亲自动手,规定每编成一篇就要张贴在廊庑中,以便自己仔细观看裁夺。次年二月,终于修成《大明律》。据宋濂的报告,这部明律的篇目都是遵照《唐律》拟订的,共有禁卫、职制、户婚、厩库、擅兴、贼盗、斗讼、诈伪、杂律、逃亡、断狱、名例等共三十卷六百零六条,其中除了采用旧律另拟新律外,直接引用《唐律》的有一百二十余条。

但是,毕竟唐代与明代相去几百年,世移事易,在实施这部《明律》的过程中,朱元璋感到有些规定并不恰当。于是,在洪武九年(1376年),他就要胡惟庸、汪广洋等讨论修正增补有关法律,以后还继有修订增补。

这样,到洪武二十二年(1389年),又出现了条文增损不一,给断案造成困难的情况。刑部要求再分类编纂一部完整的《大明律》,颁行天下。

朱元璋同意了。改定的《大明律》仍为三十卷,但条文减至四百六十条,而且不再按照《唐律》,而是按照分名例、吏律、户律、礼律、兵律、刑律、工律等,规定了刑罚分笞、杖、徒、流、死五种,每种之中又有轻重之分,就是死刑也有绞、斩的不同。发配到极边远地区、烟瘴之地的充军,以及犯了大逆不道等罪的凌迟等刑罚,还不算在五刑之中。

与《大明律》并行的,朱元璋还编了《大诰》。

这部《大诰》,是朱元璋惟恐天下百姓还习惯于元朝混乱的法制,只徇私情,不讲公法,社会动乱日益滋生而制订的。最初是在洪武十八年(1385年),他收集了官民所犯过失,编辑成为《大诰》十目,分别是揽纳户、安保过户、诡寄田粮、民人经该不解物、洒派抛荒田土、倚法为奸、空引偷军、黥刺在逃、官吏长解卖囚、寰中士夫不为君用等。其中大部分规定显然为了加强对土地和人口的控制,也有强迫士人为官府效力的。触犯那些规定,要受到抄没财产、杖笞等处罚。

朱元璋在《大诰》中说,各个衙门敢有不急务而营私务的,必定追根寻源穷搜其根而处之以重刑。将惩处贪官污吏当成打击重点之一。实际上,《大诰》涉及的面相当广泛。书成,朱元璋诏告天下:"忠君孝亲,治人修己,尽在此矣。能者养之以福,不能者败之以祸。颁之臣民,永以为训"。将天下所有当官的和平民百姓都置于《大诰》的控制之下。

大概朱元璋自己感到很得意,编了一部不过瘾,第二年又编了续编、三编。收录了包括凌迟、枭示、种诛、弃市等案例一万余条。洪武二十一年(1388年)又编了《大诰武臣》。为了让百姓普遍了解《大诰》,朱元璋下令将它颁给各地学宫用来教育士子,乡里中也要由塾师教给百姓。甚至还规定,犯了法,只要家中有《大诰》的,就可以减轻罪罚。一时争购《大诰》成风。虽然还不可能天天读,朱元璋还是规定了要月月读。而为了培养讲解《大诰》的人才,应天先后接待了来自各地的十九万人,明王朝还发给他们路费让他们还转家乡。这在封建王朝中也是少有的事。

又是《大明律》,又是《大诰》,虽然朱元璋希望两者并行不悖,但终究《律》经反复修订而成,《诰》出一时权宜之计,两者难免量刑不一有所抵牾。

这样,洪武三十年(1397年)朱元璋专门颁布了《大明律诰》。此书乃是取《大诰》中带有普遍性的条目,附载于《大明律》相关篇目之后,且进行了一些修饰,以求与律吻合。《大明律》和《大诰》由此一致起来。为了此书的公布,朱元璋亲临午门,向群臣发表演说。他说:

> 朕仿古为治,明礼以导民,定律以绳顽,刑著为令。行之既久,犯者犹众,故作《大诰》以示民,使知趋吉避凶之道。古人谓刑为祥刑,岂非欲民并生于天地间哉。然法在有司,民不周知,故命刑官取《大诰》条目,撮其要略,附载于律。凡榜文禁例悉除之,除谋逆及律诰该载外,其杂犯大小之罪,悉依赎罪例论断,编次成书,刑布中外,令天下有所遵守。

至此,经过三十余年的努力,朱元璋终于把一部一致的法律颁行天下。

还在明王朝建立的前一年,至正二十七年(1367年)冬天,朱元璋郊祭时带着大儿子朱标视察了几家农民的服食器具。他指着道旁荆楚对朱标说:"古代用它为扑刑,以其能去风,虽然以伤人却不致人于死命。古人用心如此仁厚,孩儿你要体念啊!"

教育儿子是一回事,自己做又是一回事。朱元璋亲手制订了明王朝的律法,但是它们称不上仁厚,执行时更见残酷。《明史·刑法志》说朱元璋"惩元纵弛之后,刑用重典",是可信的。总体而言,明代法律比唐代的简赅,但不及宋律宽厚。

　　他制订律法的主导思想就是以严刑峻法控制官民，维系自己的统治。根据《大诰》"寰中士夫不为君用"一条的规定，贵溪儒士夏伯启叔侄因为断指不仕，苏州处士姚润、王谟被征聘不至，就都被诛杀，还被抄家。为对付士人的抵制，朱元璋采用严酷的刑罚，无非想让它起一点震慑作用。据《明史》说，《大诰》初编较严，二编三编较宽容。但三编中所记进士监生犯罪的，仍多至三百六十四人。

　　一般而言，当时官民动辄得咎，得咎就重重惩罚。尤其洪武十三年(1380年)胡惟庸案之后更是如此。不过，好像也要看朱元璋的心情如何。

　　《明史·刑法志》说，有个百姓因为遭诬陷被逮，他儿子诉于刑部，有关衙门要追究儿子越级上诉的罪过。朱元璋却说，儿子诉老子的冤枉，出于一片至情，不要论他的罪了。

　　又有个人犯罪要处死，他父亲贿赂当官的求免。有人提出父子要同时论罪。朱元璋也不同意，说是子论死，父亲要救他，这是情理中事，只论儿子的罪，免了父亲的。

　　有个死囚的妻子诉丈夫冤枉，官府要处她黥刑。朱元璋却以为妇为夫诉是天职，决定不加罪。

　　洪武二十年(1387年)御史詹徽报告，有军人犯罪论律当处杖责，他以前曾两次犯罪而被赦免，是不是要一起追究，处以死刑。朱元璋却认为，前罪既已宽宥，现在就不要追究了。

　　甚至真州地方有十八人谋反，朱元璋还赦免了他们中间母子应当连坐的罪。

　　给事中彭与民因连坐获罪，他父亲上表诉哀。朱元璋立即释放，还赦免了同时连坐的十七人。

　　以上所述，似乎都在讲朱元璋有时人情味颇浓。这或许可以相信，毕竟朱元璋也是人，会有他不同的侧面。当然，这决非常例。

　　但是《明史·刑法志》还想给朱元璋涂些脂粉,这就有些过分
了。书中说他虽然曾经重用了如开济、詹徽、陈宁、陶凯等一班
善于深文周纳的官吏,但是后来将他们都杀了。似乎想说明朱
元璋是被他们误导的。其实也可以认为,朱元璋对他们就像对
狗,狡兔死,走狗烹。朱元璋学刘邦是很到家的。

　　《明史·刑法志》中还列举了些朱元璋反驳他们的一些话:

　　比如记载了朱元璋驳斥尚书开济律法要严密的主张,说:竭
泽而渔,害及鲲鲕,焚林而田,祸及麛鷇。律法太巧密,草民何以
自全。

　　参政杨宪主张刑罚要重。朱元璋也反对,说:"求生于重典,
犹索鱼于釜,得活难矣。"

　　朱元璋说:古人制订刑罚只是用来防恶卫善。所以唐虞时
代只以在衣服作记号、佩戴特殊纹章以为处罚,百姓也不犯法。
而秦代有各种重刑,还有诛三族的律法,而监狱里还是关满了
人,结果天下都丢了。我没有听说过用商鞅韩非的办法可以达
到尧舜之治的。这段话是驳斥御史中丞陈宁的看法:"法重则人
不轻犯,吏察则下无遁情"的。

　　其实,当皇帝的要懂平衡之术,一味的严刑峻法,大概也为
朱元璋这样的精明政治家所不取。他也懂得治理天下要靠软硬
两手,曾经对人说:仁义是养民的粮食,刑罚是惩恶的药物,舍弃
仁义而专用刑罚,是用药物养人,能够说是善于统治之术吗?

　　因此,朱元璋也会施些仁义之术,但这不妨碍他杀人时的狠
心,三编《大诰》所列凌迟、枭示、种诛等等罪名,成百上千,弃市
以下的罪名更以万计数。

　　朱元璋对贪官污吏憎恨异常,也是可以理解的。按此逻辑
发展,对贪墨官员施以重刑,就在情理之中了。明初刑罚名堂很

多,处死刑不光有斩首,还有许多更残酷的名堂。比如凌迟,要割三千三百五十七刀,每割十刀还要歇一歇,吆喝一次。还有刷洗,那是把处死的人光着身子放在铁床上,用开水浇,用铁刷刷去皮肉。枭令,用铁钩钩住脊背,横挂在竹竿上。有称竿,竹竿上一头缚犯人,另一头挂石头。有抽肠,也是挂在竹竿上,用铁钩从肛门里将肠子抽出来。有剥皮,贪官的皮剥下来,就放在衙门公座上。此外,还有挑膝盖、锡蛇游等等名目。

如此皇帝,如此峻法严刑,在朝为官的日子不好过。许多朝官每天上朝出门前都和妻子诀别,吩咐后事,活着回来,便大小庆贺。严德珉由御史升左佥都御史,因病辞官,正好犯忌,就被黥面充军广西南丹。

朱元璋杀了大批武将功臣,尽人皆知。事实上,文官被杀的也为数不少。他的幕僚中如地位仅次于李善长的宋思颜,也是一个初起事时就追随左右的,被他杀了。夏煜、高见贤、凌说,都是他的鹰犬,到临了被人告密,也送了命。朝官中,礼部侍郎朱同、张衡,户部尚书赵勉,吏部尚书茹太素,春官王本,祭酒许存仁,左都御史杨靖,大理寺卿李仕鲁,大理寺少卿陈汶辉,御史王朴、纪善、白信蹈等;地方官中,苏州知府魏观,济宁知府方克勤,番禺知县道同,训道叶伯巨,晋王府左相陶凯等,都死在朱元璋的屠刀之下。

茹太素性格刚直,爱说实话,几次被廷杖、降官,甚至被钉上足镣还要去治事。一次宴席上朱元璋吟了两句诗:金杯同汝饮,白刃不相饶,意思十分明显。茹太素接续两句:丹诚图报国,不避圣心焦。朱元璋听了很感动。但是感动归感动,终究茹太素还是被他杀死。

李仕鲁本是朱熹信徒,劝朱元璋不要太尊崇和尚道士。朱元璋不听。李仕鲁当面交还朝笏,不做官了。朱元璋发了怒,命人将他活活摐死阶下。

一个叫张来硕的小官员外郎，上奏劝谏不要取已经许配人家的少女作宫女。朱元璋下令将他碎肉而死。

有人幸运些。如叶伯巨洪武九年（1376年）以星变为由上书，批评用刑太苛。他说：用刑之际，大多凭皇帝的决定，于是使审判的官员一心想了解你的意思志趣，深文周刻者多得功劳，平反冤狱的反而得到罪名。这样想得到审判的公平，还容易吗？他揭露：古代人以当官为荣，以罢职为辱。现在则以有些小过失不被录用为幸。当了官，屯田工役是必定会有的罪名，鞭笞挨打是寻常的侮辱。叶伯巨还说：几年来见到杀的人不少了，然而犯法的还是接连不断。总之因为什么是要激励的和什么是要劝阻的并不分明，善与恶也没有区别，贤者能者可以减免处分的规定没有了，所以人们就不会自励，也不向往为善了。

朱元璋看到奏章，气愤极了，连声说：快把这小子逮来，我要亲手射死他。

说叶伯巨幸运，是因为有些官员掩护了他，趁朱元璋高兴时奏请把叶伯巨下刑部狱，让他免受了许多痛苦。只是他最终还是死在狱中。

也可能一些大案发生时，还有对贪官污吏惩处时，朱元璋更多地显示了他残忍的一面，待到他认为杀得差不多了，又会将仁义的旗帜举起来。后人所谓"用重典以惩一时，而酌中制以垂后世，故猛烈之治、宽仁之诏，相辅而行，未尝偏废"，大概就是说的这一点。

朱元璋自己就对皇太孙朱允炆说：我治理乱世，刑罚不得不重。你治理平世，刑罚自然应当轻些，这就是所谓的刑罚世轻世重。

对自己手订、自己执行的律法的宽严，朱元璋还是很清楚的。

　　贪官郭桓案发生后,朱元璋说:如同郭桓那样贪婪之徒,就像水往下流一样,多得不得了。半年间揭发出来的贪污作弊的案件,就如捅了马蜂窝,由此身死家亡的不计其数。不杀的也处以五刑,挑筋、剁指、刖足、髡发、文身,这样处罚也够厉害的了。

　　按照朱元璋所说,当时的官员贪污情况相当严重,这或许也是实情。到洪武十年(1377年),单是官员犯笞罪以上,贬谪到临濠屯种的,就在一万人以上。株连之广,惩处之严,堪称空前。据说朱元璋曾经微服私访,走到一个破庙,见墙上画了个布袋和尚,旁边题诗:大千世界浩茫茫,收拾都将一袋装,毕竟有收还有放,放宽些子又何妨。墨迹新鲜,显见是有人知道他要到此,故意题写的。赶紧派人到周围搜索,一无所获。故事可能是好事者所编,却反映了当时人的情绪。

四三　锦衣卫

提起朱元璋制订律法,大家自然会想起那些法外用刑,想起廷杖,想起检校,想起锦衣卫。

廷杖是针对大臣的刑罚。大体说来,历代君臣之间,君主地位不断上升,而臣子地位则不断下降。宋以前,有三公坐而论道的说法。汉代,甚至连贾谊这样年轻的官员,在与汉文帝说话时都是席地而坐的。晋朝,司马氏与王谢共天下,当然更是敬礼有加。唐代,十八学士在唐太宗面前都可以坐。宋太祖以后,大臣上朝就没有坐处,连三公都要站着奏事。而明代,则更要跪下来。

这般君臣礼节的背后,是双方经济实力、社会地位的对比在变化。汉晋世家大族,各有自己的庄园地盘,占据了从中央到地方的各个重要岗位,当皇帝的离不开他们。而且,皇帝人人可做,只要有军队就行;世家大族则要靠世代积累,只有投胎投得好的才行。隋唐以后,一方面是不断的战乱使世家大族遭受沉重打击,另一方面官员选拔越来越依靠科举,土地资财逐渐从做官的本钱变成做官后得到的利息,臣子地位下降就不足为怪。

朱元璋曾经与刘基等人议论君主如何对待大臣之事。依刘基的意见,古代公卿大臣有罪,都是用一盘水放上剑,请他在房内自裁,不轻易去羞辱他。这是为了保留大臣的体面。侍读学士詹同也说,古代讲究刑不上大夫,是为了激励他们的廉耻之心。一定要这样,君臣双方才能保持正常的秩序。

这些士大夫的议论,不免让人有迂腐之感。但是,早先朱元璋还是能听刘基等人的话的。洪武六年(1373年),工部尚书王肃有罪,按律当处以笞刑。朱元璋以"六卿贵重,不宜以细故辱"为由,让他减俸赎罪。

到后来,朱元璋的残忍本性就暴露无遗。洪武十三年(1380年)出镇广东的朱亮祖,因为欺压诬陷番禺知县道同,连同他的儿子一起,都被朱元璋命人用鞭子活打死。这是廷杖的开端。这已经是胡惟庸大案发生之后的事了。数以万计的人也被杀掉了,区区个把人死在杖下,朱元璋是不会再动恻隐之心的。

之后,洪武十四年(1381年)工部尚书薛实也死在廷杖之下。当时大臣中有上书劝朱元璋,即使大臣有罪该杀也不应该侮辱。他不理。廷杖之刑,由此一发而不可收拾。

更让当时人害怕的是检校和锦衣卫。

检校,可能起源于战争时期侦察敌情的谍报人员。至正十九年(1359年),朱元璋派帐下卫士何必聚去江西袁州,打听守将欧平章的动静,还要何必聚断下守将家门口石狮子尾巴作证据。占领袁州后,一查果然不错。大概为了作间谍的方便,早先的检校还有让和尚充任的。曾当和尚的吴印、华元勤等后来还俗作了大官。

后来,这些检校就"专主察听在就大小衙门官吏不公不法及风闻之事,无不奉闻"。华高、胡大海的妻子敬奉西僧,行"金天教"法,被朱元璋侦知,将妇人连和尚一起被丢入水中。洪武四年(1371年),朱元璋下过一个手令:"如今北平都卫里及承宣布政司里快行,多是彼土人民为之。又北平城里有个黑和尚出入各官门下,时常与各官说些笑话,好生不防他。又一名和尚系是江西人,秀才出身,前元应举不中,就中了和尚,见(现)在城中与各官说话。又火者一姓名崔,系总兵官庄人,本人随别下泼皮高丽黑哄陇问,又有隐下的高丽不知数。造文书到时,可将遣人都教来。及那北平、永平、密云、蓟州、遵化、真定等处乡市旧有僧尼尽数起来。一名太医江西人,前元提举,即自在各官处用事。又指挥孙苍处有两个回回,金有让孚家奴,也教发来。"朱元璋身居至高无上的地位,没有人四处替他打探消息,绝不可能了解下情如此细密。检校,变成监视文臣武将和社会各方动态的利器了。

一次宋濂待客。第二天朱元璋就问他,昨天喝过酒吗?坐上客是谁?吃的什么下酒菜?宋濂老老实实一一报告。朱元璋当然十分满意,称赞宋濂:是啊,你不欺骗我。

国子监祭酒宋讷被人诬陷,吏部要让他退休。朱元璋却处罚了诬陷者,仍然留下这位祭酒。但是,他又派人将宋讷坐在家中一脸怒气的样子画了下来。第二天上朝时,朱元璋问他昨天为何发怒。宋讷十分惊讶,说是有国子监学生前来说话,打碎了茶杯。我惭愧没有教育好,故而正在自责。陛下怎么知道。朱元璋拿出图画,宋讷赶紧叩头道谢。

有个学者钱宰被征聘到应天订正蔡氏所著《书传》。大概任务紧迫了些,此翁又一向懒散惯了,于是作了一首打油诗:四鼓冬冬起着衣,午门朝见尚嫌迟。何时得遂田园乐,睡到人间饭熟时。有人侦知其诗,报告了朱元璋。这位皇帝又趁在文华殿宴请诸儒的机会,当面责问钱宰:昨天你做了首好诗,然而我何尝嫌弃你了?你为什么不用一个忧字?吓得钱宰颤抖着连忙谢罪。

被监视的恐怕更重要的是武将。傅友德出征赐宴,朱元璋派叶国珍作陪,还派了十多名官妓去。监视者报告,叶国珍让官妓穿上华丽衣服混坐。朱元璋大怒，将叶国珍与妓女锁在一起。叶国珍不服，说是死就死了，为什么将我与贱妇锁在一起。朱元璋说，正因为你贵贱不分，才如此待你。

开国功臣刘基、徐达、李善长、周德兴等人，也都被检校监视过。有人甚至揭露，监视这批开国功臣的，就是前面提到的和尚检校吴印、华克勤辈。批评检校的人说：自古有帝王以来，没有听说缙绅与和尚杂居同事而可以和舟共济的。今天勋旧耆德都想辞去禄位，这些和尚可以更加肆行无忌了。这些话，朱元璋是听不进的。因为在这般监视之下，文臣武将们毫无私密可言，皇帝却感到极大满足。他还称赞弄这勾当的高见贤、夏煜、杨宪、凌说等人：好比恶犬，人人见了都害怕。

杨宪曾经参赞浙江行省左丞李文忠军事。朱元璋吩咐：李文忠是我外甥，年轻未历练，地方事由你作主张，如有差失，罪只归你。杨宪后来告发李文忠，说他用儒生屠性、孙履等人干预公事。结果，屠、孙被诛，其余被罚充书写。朱元璋应该很欣赏杨宪，此人居然敢得罪自己的外甥，他甚至有意让他作宰相。

由此杨宪和凌说、高见贤、夏煜等人益发得意，还在朱元璋面前诉说李善长的不是。害得淮西集团中人惊呼：杨宪若是作宰相，我们两淮人就作不得大官了。李善长当然没有被杨宪扳倒，右丞汪广洋却中了他的暗箭，被流放海南。淮西人加紧打击杨宪，联合起来告讦这位炙手可热者，终于也把他送上断头台。

另一位著名的检校头目高见贤曾经建议：在京犯赃已经判决的官吏，不会没有怨气，岂能让他们住在天子脚下。应该让他们到江北去开垦荒田。后来他受到举报，也被弄到江北和州种田。先前来的都骂他：此路是你开，你也来了，真是报应。高见贤、夏煜等人后来都被朱元璋杀死。

检校是文官，被朱元璋称作恶狗。洪武十五年（1382年）朱元璋嫌恶狗还不济事，另外找了一批虎狼来干这差使。

这就是锦衣卫。它的全称是锦衣卫亲军指挥使司，属京卫之一，前身是朱元璋在至正二十四年（1364 年）仿照元拱卫直设立的拱卫司。拱卫司的首领校尉，只是一个正七品的小官，隶属于都督府。但设立不久就改不拱卫指挥使司，再改为都尉府，官秩升为正三品。洪武二年（1369 年）定名亲军都尉府，作为亲军。十五年（1382 年）设置锦衣卫亲军指挥使司，其下设有御椅、经历司、镇抚司等。

《明史·职官志》说，锦衣卫"掌侍卫、缉捕、刑狱之事，恒以勋戚都督领之，恩荫寄禄无常员"。先前，它主要做的就是在朝会或出巡时以卤簿仪仗侍从朱元璋，还要派人轮流宿卫，保证朱元璋的安全。朱元璋出席一些公开的活动，如祭礼之类，锦衣卫官员就要佩刀护卫，以防不测。还要巡逻街途沟洫，缉拿盗贼奸宄。由此也得以参加三法司，即刑部、都察院、大理寺审理狱囚。进而镇抚司还职掌诏狱，即奉朱元璋之命令查处案件，或奉他的命令逮捕关押犯人。锦衣卫由一个负责保卫朱元璋安全的机构，逐步演进到要负起监视文臣武将、官员百姓言行的职责，成为朱元璋的一条鹰犬。前面说到的一些善于深文周纳的官员，还只是不成系统的个人，所以还不至于让人恐怖到绝望；而锦衣卫之让人谈虎色变，在于它是一个机构，而且是几乎无处不在的特务机构。

朱元璋登临大宝，与前朝皇帝大为不同。他没有显赫家世，甚至比他作为仿效榜样的刘邦还不如。刘邦毕竟当过亭长，有一批朋友。而朱元璋只是个放牛娃，只是个小和尚，没有亲戚故旧可以引为奥援，有的只是随他起事的一些同伙。高处不胜寒，他挣得了这份家业，自然要保住它，既要手下为自己出力，又要提防有人对自己不忠，更要杜绝有人从旁觊觎。要做好此事，最靠得住的也就只有锦衣卫一班人。毕竟他们常年随待朱元璋身边,得到他的信任。

皇帝欣赏这锦衣卫,于是它就膨胀起来。上文提到的镇抚司专理诏狱,就是洪武十五年(1382年)朱元璋一道命令的结果。这个衙门品级不高,却人人为之侧目。大案经它办理后,马上送三法司定罪,根本不遵从正常的司法程序。当时天下重罪逮至应天的,大多收系在它那里,屡次掀起大狱,多使断治,所诛杀为多。

按照锦衣卫的早先规矩,功赏只是捉拿图谋不轨者才有。到后来,冒滥之事层出不穷,所报百无一实,不论是当官的还是百姓都无法忍,而这帮家伙还是一样的报功请赏,而且照例是有报必准。

应天各衙门皂隶都戴漆巾,只有礼部例外。各衙门都有门额,唯独兵部缺如。这也是锦衣卫干的好事。他们巡行时,发现礼部皂隶在睡午觉,就把漆巾取走了。兵部有一晚没人守夜,门额就给抬走了。这些事发生了,谁也不敢声张,就成了很独特的风景。

一直到洪武二十年(1387年),也就是锦衣卫正式建立六年之后,朱元璋认为该杀的杀得差不多了,又来约束他一手培养出来的这个机构。他得知锦衣卫非法凌虐一个富民之后,借题发挥,下令:讯问查办案件,是司法机构的事。过去有命令锦衣卫先审,是想早点了解情况,岂是让他们严刑拷打。于是,一面惩处锦衣卫头领,一面又将锦衣卫刑具全部焚毁,囚犯交刑部审理。六年之后,也就是二十六年(1393年),蓝玉等人又大量死于朱元璋屠刀之下。直到此时,朱元璋才又一次申明其禁,诏令所有内外案件的审理,都不再交锦衣卫办理,不论大小都要通过正常的法律手续由司法机构去办。

　　说起来,虽然《明史·刑法志》指责廷杖、锦衣卫之类"举朝野命一听之武夫、宦竖之手,良可叹也。"平心而论,朱元璋应该对锦衣卫的武夫们的行为负责,但是至少不应该对宦竖,也就是太监的横行负责,他对他们控制很严。

　　朱元璋对周围的人说过:我看《周礼》,奄寺不超过百人。后代则有超过千人的。因而产生混乱。这些人只可用来打扫庭院,听候使唤,不能另外有任用,人数还不能太多。还说:这些人中,千百人中好人不过一两个,而恶人则比比皆是。假使用他们作耳目,则耳目失聪,用作心腹,则心腹就要生毛病。驾驭他们的办法,就在于使他们畏惧法纪,不让他们有立功的机会。畏惧法纪,则知道自我约束;有了功劳就会骄恣起来。

　　朱元璋总结历史经验,对太监基本认识大抵如此,还是清醒的。

　　有个太监侍候朱元璋很久,偶尔谈及政事,立刻被斥退,终身不再召还。

　　为了防范太监干预政事。朱元璋下令,太监不许识字。洪武十七年(1385年)铸了块铁牌挂在宫门上,文曰:内臣不得干预政事,犯者斩。他还下令,各衙门不得与内官有公文往来。严禁之下,朱元璋时,太监还比较规矩,锦衣卫也还轮不到他们作祟。

四四　胡惟庸案

　　讲过朱元璋制订律法等一般情况之后,现在要来讲一讲他一手定案的几个大案了。

　　胡惟庸,定远人,也算是朱元璋的大同乡。在和州归附朱元璋。起初只在元帅府里担任些小差使,外放去当宁国等地的地方官,逐步升迁到湖广行省金事。到至正二十七年(1367年)被召回中枢,当上太常寺少卿,不久又晋升为太常寺正卿。从这张履历表来看,这个胡惟庸应是一名干员。至少,他对官场的游戏规则应当了然于胸,才能一路升迁。洪武三年(1370年),由于李善长的推荐,他当上了中书省参知政事,后一年又接替刚升任右丞相的汪广洋的空缺,当上左丞,踏进中枢之地。

　　建国之初,朱元璋对于统率百官的丞相一职十分看重。起初给了他所信任的李善长和徐达。但是,徐达长年在外征战,李善长年龄比较大,还生了病,难任重任。究竟把这份责任交给谁,杨宪、汪广洋、胡惟庸都进入过朱元璋的视野。杨宪忌刻急躁,攻讦同僚,反而被朱元璋杀了,首先出局。汪广洋圆滑,也不为朱元璋所喜欢,左迁广东行省参政,中书省掌权者的职位虚悬了好久。胡惟庸则相当干练,很称朱元璋心意,于洪武六年(1373年)升任右丞相,并于洪武十年(1377年)升左丞相。就在这一年,汪广洋被召还担任右丞相,本来位于胡惟庸之上的他,反当了胡的副手。如此安排,说明朱元璋虽然欣赏胡惟庸,还是透露出一丝防范的意味。另一些防范措施是:就在这一年五月朱元璋任命李善长、李文忠共议军国大事;六月,下令全国臣民有事可直接上书皇帝;七月,设立通政使司,作为沟通内廷外朝的通道。九月间才当上左丞相的胡惟庸虽然权重位高,但仍在朱元璋的控制之下。

然而,胡惟庸似乎对此并不清楚。掌权之初,他还知自励,处事谨慎小心,朱元璋比较满意。随着朱元璋信任有加,他的权势欲开始膨胀,生杀予夺,并不奏明朱元璋,就擅自决定。内外衙门的奏章,他必定看,于己不利的就留下不发。一批躁进之徒,以及功臣武将没有如愿得到职位的,争相奔走其门下,送给他的礼物不可胜数。

也有与胡惟庸不合流的,第一个是徐达。他看不惯胡的作为,曾经在朱元璋面前说了几句。胡惟庸知道了,想通过引诱徐达的门官福寿来算计徐达,不料福寿反而告发了他。

刘基也是其中之一。朱元璋询问他胡惟庸可否为相,刘基说,好比坐马车,就怕马狂奔乱跑。胡惟庸对他恨之入骨,最后派人下毒药害死了刘基。

胡惟庸如此肆无忌惮,除了朱元璋的信任,还依仗李善长为首的淮西集团的支持,或者说,他就是这个集团的重要代表人物。

学士吴伯宗,上奏章弹劾胡惟庸,非但没有撼动他,差点危及自身。

此后,胡惟庸益发嚣张起来。据说,他的定远旧宅井中生出石笋,拍马屁的都说这是祥端。又有好事者说,他家祖坟上夜里火光烛天。这些东西,极有煽动力,在乱世足以启动人野心,而在承平时也足以葬送人。

胡惟庸恰恰就在这条道路上越走越远。他在自己周围纠集了一个小集团。

他向朱元璋推荐陈宁作御史大夫，负责监察工作。陈宁一向以酷吏闻名，与胡惟庸结合后得其所哉。朱元璋批评他，不理。其子陈孟麟劝他，反被乱棍打死。朱元璋得知，气愤异常：这个陈宁对儿子如此，难道不会这样对待君王吗？这话传到陈宁耳中，更让他向胡惟庸靠拢。两人曾在中书省偷看军队的秘密档案，这是犯了大忌的。

在中枢与胡惟庸十分接近的还有御史中丞涂节。

参与胡惟庸小集团的为首分子，还有武将陆仲亨、费聚。

陆仲亨从陕西回应天时擅自动用了驿站的马匹。朱元璋斥责他：中原兵燹之余正在恢复，老百姓买匹马不是容易事，都像你，老百姓卖尽子女也难以供给。罚他去代县捕捉盗贼。

费聚奉命去苏州慰问军民，日夜沉湎酒色。朱元璋发觉后打发他到西北招降蒙古，又无功而返。两件事并在一起，朱元璋将他一顿痛斥。

两人本来只是凭着随朱元璋起兵的老资格，并无多大能力，碰到这样的事，不痛快了。胡惟庸乘机拉拢他们，在威胁利诱之下，两人同意在外为胡惟庸效力。

参与胡惟庸集团的，还有都督毛骧等人。

最关键的人物是李善长、李存义兄弟。李存义的儿子李佑是胡的女婿，关系很密切。胡惟庸先让李存义去劝说哥哥，李善长十分惊诧，对弟弟说：你在说什么，想一想，这是灭九族的事。第二个受委托劝说李善长的是他的老朋友杨文裕，开出的条件是事成之后封淮西王，李善长也没有答应，据说已经心动。胡惟庸这才亲自出马，李善长却退缩了。过了好久，胡惟庸又让李存义去劝说，李善长说自己老了，等他死后，让他们自己干。

到了这个地步,胡惟庸胆子越来越大。一面派明州卫指挥林贤到海上招纳倭寇,一面让原来元朝大臣封绩致书与沙漠中的北元势力联系,请为外应。而且有人说,封绩在捕鱼儿海地方被蓝玉擒获,李善长也知道此事,只是不报告朱元璋。

上述这些情况,大概都是后来审讯中得知的。

如此惊天动地的大案始发于一件小事。

胡惟庸的儿子在街上策马狂奔,坠马死于车下。胡惟庸杀了车老板。朱元璋借机大做文章,连胡惟庸提出赔偿解决都不答应。这一下,胡惟庸害怕了,与陈宁、涂节等人商议起事,还要通知各地党羽一起动手。

事情至此,还没有暴露。

洪武十二年(1379年)二月,占城(即今柬埔寨)来贡。中书省没有向朱元璋报告,却被太监碰见了。朱元璋容不得臣下隐瞒如此重要政务,斥责胡惟庸、汪广洋。他们辩解这是礼部的职责。礼部也不肯担当。朱元璋更加发怒,把大臣都关了起来。

此时宦海一片惊涛骇浪。先是涂节顶不住,这一年年底供认刘基是被毒死的,汪广洋也知道这事。

很奇怪,朱元璋此时没有深查胡惟庸,只去追究汪广洋。大概,涂节此时只想抛出汪广洋转移视线,当然也不能排除朱元璋没有下最后决心的可能。

汪广洋当然不承认。朱元璋恨汪广洋欺骗自己,先将他发配广南,后来又想到汪在江西时还保护过朱文正,在中书省又不揭发杨宪,数罪并罚,派人追上发配途中的汪广洋,处死了他。

汪广洋一死,事情又起波澜。因为他的小妾陈氏跟着自杀。陈氏是一位知县的女儿,父亲有罪而被没入官。按惯例,这样的妇女只分配给功臣家。汪广洋是文臣,没有资格得到。朱元璋下令彻查,于是牵连到胡惟庸及六部官员。

涂节这时候端出了胡惟庸。曾经当过御史中丞的商暠此时受处分贬谪在中书省当个属员,也将胡惟庸的密谋上告。朱元璋大怒,下令逮捕了胡惟庸。胡供出了陈宁、涂节。

洪武十三年(1380年)正月初六,胡、陈、涂,一大批涉嫌的党羽都被诛。

接下来,朱元璋干脆废除了中书省,以六部分理全国政务,皇帝亲自总揽大权。功臣武将更不预闻政事,只管打仗。

但是,胡惟庸被杀,不等于案件了结。它整整延续了十年,直到淮西集团的头目李善长死才告终结。

李善长投奔朱元璋后深受信用,主持政务,筹饷理财,为朱元璋的崛起立下大功。明王朝建立,李善长位列第一功臣,受封银青荣禄大夫、上柱国、录军国重事、中书左丞相、宣国公、岁禄四千石。洪武九年(1376年),朱元璋将自己的大女儿临安公主嫁给了李善长儿子李祺。朱李两家的政治婚姻,似乎更巩固了李善长皇帝之下第一人的地位。

但是,李善长外似宽和,内心忮刻。最明显的,就是与刘基的关系。以刘基之功只得到个诚意伯的封爵,享禄仅二百四十石,还不得不告老还乡,大概都有李善长的作用在内。兼之一个淮西籍功臣勋旧集团的日益膨胀,李善长也是一个为首人物。

对此,朱元璋不可能一无所知,不可能一无防范。但是朱元璋过人之处在于他会选择动手时机,而且不动则已,动则必置人于死地。

洪武四年(1371年)李善长生病致仕,朱元璋赐给他临濠地若干顷,佃户一千五百家。过了一年,病好了,朱元璋让他在临濠当监工,负责中都的兴建事宜。这或许还是出于照顾他身体的缘故。

中都兴建过程中,淮西集团中人大过衣锦回乡的瘾,大造私邸,让朱元璋十分失望。李善长不能辞其咎,朱元璋对他却并无举措。相反,却在洪武七年(1374年)将他弟弟李存义提拔为太仆丞,李存义之子伸、佑,都当上地方官。这段时间,李善长志得意满,应该十分舒畅。

朱李联姻,让这一切达到顶点,而这也意味着转折的开始。

临安公主新婚才一个月,一向以无所建白著称的汪广洋却和陈宁联名上奏指控李善长,如果没有人指使,他们大概不会这么干。罪名主要有两桩,一是朱元璋生病不来探望,一是李祺婚后六天不上朝,作父亲的也不自责,犯有大不敬。朱元璋削减了他岁禄一千八百石作为处罚。这只是薄惩。朱元璋此时还不想动手。

洪武十三年(1380年)胡惟庸伏诛,李善长却安然无事。

洪武十八年(1385年),祸事开始降临李家。有人告发李存义父子是胡惟庸一党。朱元璋只是把他们安置在崇明。但是李善长没有去感谢朱元璋的恩德,这事又深深地刺激了朱元璋。

事情的总爆发要在五年之后。

洪武二十三年(1390年),李善长已经七十七岁,难以约束家人。为了营建私邸,他想向汤和借三百名卫卒。汤和却报告了朱元璋。李善长又请求不要把他在应天犯了法的亲戚丁斌流放。这下,朱元璋发怒了,审问了丁斌。此人原在李善长家干过事,把听到的李善长兄弟密谋的事供了出来。再把李存义抓来审问,李善长就再也躲不过了。

树倒猢狲散。李善长家奴卢仲谦等也出来告发他与胡惟庸互相赠送钱物、说悄悄话的情况。

大狱由此告成。

李善长的罪名是,以元勋国戚身份知道逆谋而不报告,狐疑观望想两面投机,为大逆不道。正巧此时星象表示大臣会发生变化。朱元璋终于杀了李善长一家七十余口。只留下自己的女儿临安公主及其夫李祺,儿子李芳、李茂,但也被迁徙江浦。

这是胡惟庸案的高潮。十年前杀的主要是文官,这时候不但有像李善长这样的明朝第一文官,还有大批大批的武将功臣都被处死。至此,延绵十年,株连被杀三万余人的大案总算告一段落。有的功臣已经死去,还被追坐,被剥夺封爵。被杀被追坐的有陆仲亨、唐胜宗、费聚、郑遇春、吴祯、陈德、郭兴、华云龙、顾时等9人,都属朱元璋最初起兵时的24人之列。

朱元璋亲自写诏书,公布李善长的罪状。还下令将有关人的供词,编成《昭示奸党录》,布告天下。此书后来失传,据看过它的钱谦益说,里面矛盾百出。经历过大风大浪的,恐怕都会知道口供之类的是怎么回事。

这在当时也不是秘密。大才子解缙草就一份奏章,让工部郎中冯国用上奏朱元璋。内中说道,李善长与陛下同心,得到的已经达到人臣的极致。假使他自己图谋不轨,还有理由,说他要辅佐胡惟庸,实在大错。人们爱自己的孩子必定胜过兄弟的,喜欢安享万无一失的荣华富贵,必定不想图侥幸万一。李善长与胡惟庸,不过是侄子的岳家,与陛下则是儿女亲家。即使胡惟庸成功,李善长也不过同现在地位一样。而他岂不知道天下不可能侥幸取得。凡是作大逆不道的事情的,必定是有深仇大恨或者激烈的变故,万不得已,只能死里求生,以求摆脱灾祸。李善长没有这样的事,何苦突然要干这样的事。而要说到天象有变,要杀大臣以应之,则尤其不可取。很担心天下人知道像李善长这样的人都如此下场,导致人心涣散。现在李善长死了,但愿陛下作为以后的借鉴。

朱元璋看了,居然没有处罚这两人,实际上承认李善长是冤枉的。

四五　空印案和郭桓案

空印案和郭桓案，是朱元璋一手弄出来的又两起大案。

所谓"空印"，就是先盖印，后填写文书。朱元璋要求各地布政使司，也就是各省，乃至府、州、县，都要派出管理钱粮的官员，当时称作计吏的，到户部呈报本地的财政收支账目。这些钱粮、军需等款项，要由县一级报到府，府再报到省，由省汇总报部。户部审核分毫无差，才准许报核结案。如果有一丝一毫不合，马上要被驳回，全部账册需要重新编造。麻烦在于当时交通不便，真要是回原衙门重新查核，重新编造，路途近的犹可，远的可能费时数月。于是，为了减少来回奔波，有的计吏去应天前会带上盖好官印的空白账册，遇有被驳回的，随即改正填写。

这办法实在聪明，大家便跟着学，成为常规，也就是公开的秘密。

它给一些衙门带来方便的同时，也为官员不负责任打开了方便之门。

事情被朱元璋知道了，却认定这里有猫腻，非严办不可。主印者则被处死，佐官则被杖一百，还要充军戍边。实际上，被杀的不止是掌印者，稍有牵连就被处死。

奇怪的是，这个大案究竟发生在哪一年，现在也弄不清了。

有说是洪武八年(1375年)的,也有说九年(1376年),乃至十五年(1382年)的。据《明史·刑法志》说,是在洪武十五年(1382年),大体当以此为是。此案发生时正值胡惟庸案风声正紧,杀了些地方官,不足以引起多大轰动。也有可能,有些人是在顶风作案,以致几个年份都有犯案的。

有一点可以肯定,那就是由于空印而被杀被流放的官员,数以万计。

其实,那些人带的空印文册,盖的是骑缝印,不是普通的公文纸,不能用作别的用途。不光带着这些空印文册的懂得这道理,连户部官员也都知道,而且是默认的。否则,需要较长时间才能回原衙门重新编好的账册,短短几天就弄好了,他们也会怀疑,也会阻止。

只是胡惟庸案正弄得官场上下紧张万分,少有人敢惹火上身。

也有人不怕死。

郑士元是河南的一个地方官,因为空印被逮入狱。他弟弟郑士利冒死上书,说明空印不过是权宜之计,难以作奸犯科。而且,国家的责任在于立法要明示天下,而后才能给犯罪的定罪。大明朝没有空印之律,受诛者岂能无话可说,只是不敢说而已。现在被杀的都是一些地方官,人才难得,杀人不可能像割草一样。

朱元璋见了大怒,将郑士元、士利兄弟两人都罚作终身苦役。

对于空印案,朱元璋父子间也有不同看法。朱标受父亲之命经常会复审一些案件,以训练行政能力。朱标借机减了不少人的刑。朱元璋问御史袁凯:我与太子谁对。袁凯有点急智,说是陛下法之正,太子心之慈。

朱元璋听了,起初很满意,但也认定袁凯在两面讨好,厌恶其人。逼得这位御史当场装疯。朱元璋不信,叫人用木锥刺他,袁凯居然放声大笑。放回家后袁凯继续装,朱元璋派人来看,完全是一付疯子模样,朱元璋这才相信,袁凯总算拣了一条性命。这也算是空印案惹出的一点余波。

平心而论,以朱元璋的性格,痛恨的就是官员的腐化,让他抓到一点苗子,岂有不大做文章的。而且,从在位者的角度来看,事关国计民生,不可不慎之又慎。明末谈迁就认为:空印事,诸主吏虽无他,然弊不可长,朝廷深惩之未为过。郑(士利)好义慨然讼其失,输作终身,亦未为非幸也。在他看来,郑氏兄弟就是被杀了也不为过。当然,这是被杀头还要喊"谢主隆恩"年代的人的想法,现代人看见的,主要就是朱元璋的残忍了。

尽管朱元璋痛恨贪污,严惩官员的命令屡屡颁布,而"硕鼠"还是不断出现。其中影响最大的一只硕鼠,就是郭恒。他被逮住,又引出了一连串的硕鼠,引发了又一起明初大案。

郭恒官居户部右侍郎。户部是主管全国的户口、土地、钱粮的衙门,郭恒要贪污,条件是现成的。他奉派去收浙西秋粮,应该收四百五十万石,结果只收了六十万石,另收钞八十万锭,按当时粮价折算,大约可抵二百万石,即少收了一百九十万石。郭恒等人共接受浙西等府赃款钞五十万贯,参与作弊的有府、州、县官黄文通等,还有吏员边源等。郭恒受贿,国库倒霉。最严重的是应天等五府,那里夏粮秋税数十万石无一粒入库。朱元璋所编《大诰》里说,郭恒贪污的粮食,可以供给军队吃三年。最初只公布他们共贪污七百万石,是说多了怕百姓不相信,实际他们贪污的,折算成粮食为二千四百万余石。

洪武十八年(1385 年),郭恒终于被告发,同案的还有北平布政、按察两司官员李彧、赵全德等人,罪名是勾结贪污。朱元璋下令审讯。一下子就牵出了一批官员,包括礼部尚书赵瑁、刑部尚书王惠迪、兵部侍郎王志、工部侍郎麦志德等,郭的下属胡益、王道亨等也参与分赃。

朱元璋震怒了。谈迁说,朱元璋甚至下令将整个衙门的官员都处以死刑,大概过甚其词。《明史》说,自六部侍郎下皆死。大概还比较可信,至少,有几个尚书没有杀掉。此案又是死者累万,连同空印案,有人估计总共杀了七八万人。

空印案杀的,主要是地方官。郭桓案则牵连了从中央六部到地方上的一大批官员。这些官员供出贪污所得不少借寄民间。于是,为了追赃,又牵连到平民百姓之家,许多中等人家倾家荡产。江浙一带的故家巨室,由此遭受重创。

由官员的贪污而弄到老百姓也受牵连,而这些百姓主要在江浙一带,又恰恰是以前张士诚的根据地。朱元璋不无有意将案情扩大化之嫌。郭桓案,实际上可以看作封建社会中一种权力和财产的再分配。

随着案情的发展,牵连越来越广,人心浮动。而且,朝野普遍将此事归咎于御史余敏、丁廷举等人。

如此指名道姓地指责一些鹰犬,大概朱元璋也感到有些麻烦。然而皇帝总是不会认错的。朱元璋一面亲手下诏罗列郭桓等人的罪状,肯定办这桩案件是有道理的。一面又将审判此案的右审刑吴庸抛了出来当替罪羊,还辩解说:我要求除去奸恶,怎么料得到反而生出奸恶来扰民。今后再有这样的官员,即使遇到大赦也不能宽宥。这样算是把这桩大案打发了过去。

就在郭桓案曝光之前不久,朱元璋承认:他自己从即位以来,按照自古以来的规矩任命官员,遍布中华大地及周边地区。但是没有料到这些人上任时宣誓效忠,当官久了,大都是奸臣贪官。我不得不明定律法,规定的刑罚十分严厉。所以内外官员要想做到称职十分艰难。能够善始善终的很少,而遭到杀戮的却很多。

　　洪武十九年(1386年),朱元璋又说:自开国以来,浙江、江西、两广、福建等地所设地方官员,没有一个能够做满一任,往往等不到期满考核,就不免贪赃事发。

　　贪官有罪该罚,自是不错,但是杀了二十多年,贪官还是那么多,就得考虑单靠杀是否有效了。

四六　蓝玉案

　　上述几件大案风波未定，朱元璋又一手制造了蓝玉案。

　　蓝玉，定远(今安徽凤阳)人，常遇春妻弟，先后在常遇春、傅友德、徐达麾下领兵作战，临敌勇敢，战功显赫。在军中地位也步步上升，由职位较低的管军、镇抚，升迁至大都督府佥事。洪武四年(1371年)，随傅友德征讨四川，攻克绵州。五年(1372年)随徐达北征，也有战功。七年(1374年)领兵攻下兴和，俘获北元国公帖里密赤等59人。十一年(1378年)，以都督身份随征西将军沐英征西番，活捉西番酋长，斩杀番兵以千计。十二年被封为永昌侯。十四年(1381年)，以征南副将军身份，随傅友德、沐英征云南，接连攻克大理(今云南昆明)，以及丽江、鹤庆、金齿等地。这一年，他的女儿被册为蜀王妃。二十年(1387年)，又以征虏左副将军身份随冯胜征辽东纳哈出，收降众十多万。冯胜被召回治罪后，蓝玉代为大将统兵。二十一年(1388年)出任征虏大将军，率兵十五万出征北元，一直打到捕鱼儿海(今贝加尔湖)，俘获北元主次子地保奴在内的王室成员一百二十三人，官属三千余，男女七万七千余人，各种牲畜十五万余头。只有北元主脱古思帖木儿的太子天保奴带数十骑逃脱。朱元璋褒扬蓝玉可比汉代卫青和唐代李靖，晋封蓝玉凉国公。二十二年(1389年)奉四川督修城池。次年，奉命讨平湖北的施南、忠建叛乱。

二十四年,朱元璋下《劳凉国公蓝玉诏》,让他带伤往陕西练兵。二十五年,平定西北罕东,又到四川平叛。

随着战功增加,蓝玉在军中的地位逐步升高,朱元璋也对蓝玉褒奖有加。而这位后起之秀似乎只学了前辈中常遇春的勇猛,没有学徐达的谨慎。他蓄养大量庄奴、假子,不但欺压百姓,而且殴打官员。他的人强占东昌民田,官员依法处理,却遭到蓝玉毒打。北征回师经过喜峰口,守关的开关慢了点,蓝玉竟纵容部下毁关而去。当时由官家专卖食盐,贩私盐可赚大钱,他指使家人贩云南私盐一万多引(一引四百斤)。据说,他还私占北元主的妃子,私自提拔处理军中将校。

尤其在当上独当一面的大将后,他更是狂傲得可以。西征回来后,蓝玉被封为太子太傅,地位仅次于当上了太子太师的冯胜、傅友德。他不满意,当场质问朱元璋,我怎么不能当太师。还在太子朱标面前说,燕王在封国有异志,有人说幽燕之地有王气,不可不防。这样干涉皇家"内政",肯定犯了大忌。还有人说蓝玉家的马场、廊房,都采用九五间数,睡的床装饰着金龙,饮酒也用金铸杯子,这些都属于皇帝享用的礼制,臣子用了,在封建社会都属大逆不道。

让朱元璋担心的,是蓝玉在军中的威信。一次出征前蓝玉带将领向朱元璋辞行。朱元璋有话要对蓝玉说,三次示意其余人先退下,他们动也不动,而蓝玉一挥手,立刻都走了。这般情形,朱元璋大概没有从其他将领那里领教过,不能不是一个深深的刺激。

而蓝玉所说燕王朱棣的坏话,也传到朱棣的耳朵里,朱棣对此进行了反击。他对朱元璋说:勋臣们纵恣不法,恐怕尾大不掉。朱元璋明白他的意思,但要选择时机。

洪武二十五年(1392年),蓝玉的亲家,靖宁侯叶升以"交通胡惟庸"之罪被杀。蓝玉担心叶升会牵连到他,还由于接连奏了几件事都没有得到朱元璋批准,怀疑朱元璋容不得他,决心趁早下手。

他联络了景川侯曹震、鹤庆侯张翼、舳舻侯朱寿、东莞伯何荣等人,以及自己的老部下。他又认为此时朱元璋有病,朱标已在四月间病死,皇太孙朱允炆年幼,天下兵马由自己总管,正是下手的好时机。蓝玉煽动这帮人:如今天下太平,用不着老功臣了,以前一般老公侯都被安上罪名,都没有了,只剩下我们几个。他要各人分头准备,最后定在二月十五朱元璋外出劝农时起事。

二月初一,准备担任谋反主力的府军前卫中一个百户李成应召来到蓝玉府邸,蓝玉向他布置:二月十五朱元璋出正阳门劝农时,是一个动手的好机会。他要大家多加注意,不要走漏消息。

然而,朱元璋还是知道了蓝玉的密谋,为他立了大功的是锦衣卫。

洪武二十六年(1393年)二月初八,蓝玉照常上朝,被朱元璋逮捕。严刑之下,这位大将军供出了阴谋。被捕第三天,声名煊赫的蓝玉,被朱元璋下令磔死,还被诛杀三族。

于是,大狱又起,到处搜捕蓝党,一共处理了二万多人。被杀的重要人物除蓝玉外,还有常遇春之子开国公常升、景川侯曹震、鹤庆侯张翼、舳舻侯朱寿、东莞伯何荣和他的两个弟弟何贵和何宏、普定侯陈桓、宣宁侯曹泰、会宁侯张温、怀远侯曹兴、西凉侯濮英、东平侯韩勋、全宁侯孙恪、沈阳侯察罕、徽先伯桑敬,以及都督黄辂、汤泉、马俊、王诚、聂纬、王铭、许亮、谢熊、汪信、萧用、杨春、张政、祝哲、陶文、茆鼎。航海侯张赫早死,也被追坐蓝党,革除爵位。与上次搜捕胡惟庸党羽时不同,这次没有迁延十余年之久,历时两月便告终结。而且,打击对象也没有漫天撒网，而是集中在武将勋臣，会领兵打仗的一批人。这批人，有些是开国功臣之后，基本上都是军队中的后起之秀。文臣仅有吏部尚书詹徽、户部尚书傅友文等少数人。

事情过后，朱元璋立刻让翰林院的文士编了一部《逆臣录》，将审讯记录公之于众。这些严刑之余得到的口供，自然可信度不高，但卷首朱元璋所作序文却值得一读：

> 朕观自载籍以来，乱臣贼子何代无之，然未有不受诛戮而族灭者云何？人君开创基业皆奉天命，故遣将出师，无征不克，无坚不摧。其乱臣贼子初无他意，因奉君命，总数十万精锐以出战，将不下数千百员，所向成功，皆战将之士卒之力也。及其功成，归之大将，见其若此，以为己能，遂起异谋。孰不知君奉天命则昌，臣奉君命则胜，若违君命，逆天心，安有不灭亡者乎。朕本布衣，因元纲不振，群雄纷起，所在骚动，遂全生于行伍间，岂知有今日者耶。继而英俊来从，乃东渡大江，固守江东五郡，日积月累至于数十万，修城池、缮甲兵，保全生齿，以待真人。此朕之本意也。乃皇天眷命，兵威所加，无坚不摧，疆宇日广，为众所推，元归深塞，遂有天下。自乙未渡江，至今洪武癸酉，已三十九年矣。即位以来，悖乱之臣相继迭出。杨宪首作威福，胡、陈相继踵阴谋，公侯都督鲜有不与谋者。赖天地宗庙社稷之灵，悉皆败露，人各伏诛。今反贼蓝玉又复逆谋，几构大祸。其蓝玉幼隶开平（即常遇春——引者），数从征伐，屡有战功。初与胡、陈之谋，朕思开平之功及亲亲之故，宥而不问，累加拔擢。因诸将已逝，命总大军，车令所加，孰不听其指麾，故所向有功。蓝玉见其若此，自以为己能。殊不知此乃皇天厚土福佑生民，眷顾我朝，及将士之力所致。设使不授以命，不与士卒，纵有勇力，能敌几何？此等愚夫，不学无术，勇而

无礼。或闲中侍坐，或饮宴之间，将以朕为无知，巧言肆侮，凡所动作，悉无臣礼。及在外，非奉朝命，擅将官员升降，黥刺军士，不听诏旨专擅出师，作威作福，暗要人心。朕数加诫谕，略不知省，反深以为责辱，遂生忿怒，乃同曹震、朱寿、祝哲、汪信等合谋，阴诱无知指挥庄成、孙让等，设计伏兵，谋为不轨。其公侯、都督皆系胡、陈旧党：有等愚昧不才者，一闻阴谋，欣然而从；有等无义公侯，虽不为首谋危社稷，任他所为，坐观成败，欲为臣下之臣。岂期鬼神不容，谋泄机露。族灭者族灭，容忍者容忍。其容忍者，若能知惑，省躬自责，则必永远无患，与国同久。特敕翰林将逆党情词辑录成书，刊布中外，以示同类毋得再生异谋。洪武二十六年五月朔日序

蓝玉固然勇猛，然而不够精细，只是一介武夫。真要与精明过人，又握有至高无上权力的朱元璋相搏，结果可想而知。当然，不排斥整个案件也是莫须有的。这部《逆臣录》中，就没有蓝玉等关键人物的供词。不管怎么说，朱元璋感到达到了自己的目的：太子朱标死后，太孙朱允炆幼弱，清除了如狼似虎的蓝玉以下一批猛将，也就消除了对朱姓皇权的潜在威胁。

朱元璋的精明更在于他就在蓝玉被杀的当年申明，以后内外刑狱都不得由锦衣卫处理，都要经过司法部门审判。还颁发了《赦蓝党胡党诏》。这当是他感到，能够威胁皇位安全的人都消除得差不多了。

洪武二十八年（1395 年），朱元璋下令：朕自起兵至今四十余年，亲理天下庶务，人情善恶真伪无不涉历。其中奸顽刁诈之徒，情犯深重，灼然无疑者，特令法外用刑，意在使人知所警惧，不敢轻易犯法。然此特权时措置，顿挫奸顽，非宁成之君所用长法。以后嗣君统理天下，止守《律》与《大诰》，并不许用黥刺剕劓

阉割之刑。臣下敢有奏用此刑者，文武群臣即时劾奏，处以重刑。

　　至此，朱元璋一手掀起的一场大杀戮，总算停了下来。至于零星的，还不时发生。

四七 功臣凋零

　　据说,朱元璋渡江以前,幕府主要人物中有一个叫田兴的,攻下应天后就隐遁江湖,再也没有踪迹。洪武三年(1370年)朱元璋派人持手书敦劝,然而,还是不见田兴其人。

　　正史中并无有关田兴的记载。

　　如果真有田兴,他当是深知朱元璋为人,深谙"飞鸟尽,良弓藏,狡兔死,走狗烹"的道理之人,当是天下第一智者,绝不亚于汉初辟谷的张良。

　　与朱元璋起事的功臣勋戚们,不如田兴,因此横死的不在少数。除了前面已经说过的,还有不少。先说武将。

　　第一大将徐达一向小心。功臣中他战功最著,攻下元大都,还打下二座省城,府州以百计数。朱元璋称赞他:受命而出,成功而旋,不矜不伐,妇女无所爱,财宝无所取,中正无疵,昭明乎日月,大将军一人而已。他常年在外征战,每当春季出征,冬天召还。一回应天就上交将军印,朱元璋则按惯例让他休息,与他宴饮,称他是布衣兄弟,而徐达则更加恭敬谨慎。朱元璋把自己当吴王时的旧居赐给徐达,徐达坚决推辞。因为,这样的房子通常被称为潜邸,臣子是不能住的。一次朱元璋到徐达家中,强迫他喝醉了,与他睡在一起。徐达醒来,赶紧跪在地下连呼死罪。朱元璋十分高兴,下令在自己旧邸前为徐达建造最好的住宅,还在门前立了大功牌坊。爱屋及乌,徐达的大女儿成了燕王朱棣的妃子,也就是后来明成祖的皇后,还有两个女儿分别是代王和安王的妃子。这在功臣中也是很少见的。

如此功臣,下场如何?

《明史·徐达传》载,洪武十七年(1384 年),徐达在北平发背疽。朱元璋派了徐达长子徐辉祖前去慰劳,不多久,又召还徐达。延至次年二月,徐达病死,年 54 岁。朱元璋很悲伤,为之停朝,下令追封徐达中山王,赠三世王爵,赐葬钟山之阴,还亲手撰写神道碑文,让徐达配享太庙,肖像入功臣庙,位次都列第一。可谓生前富贵,死后哀荣,朱元璋对这位重要助手,算是够意思了。

然而,野史却是另一个说法:发背疽最忌吃鹅,朱元璋却送了一只蒸鹅给他。徐达含泪吃了,才有这死后哀荣。

按常理,朱元璋不大可能这样做,毕竟,徐达对他忠心耿耿,毫无可挑剔之处。事情又往往不按照常理,尤其朱元璋这样猜忌成性的皇帝更会如此。

徐达之死应属千古疑案之列。

常遇春,大徐达二岁,虽勇猛过之,对徐达的将令却一直遵守。洪武二年(1369 年)病卒军中,但是继承他封爵的次子常升,却列入蓝党,被诛杀。

李文忠,朱元璋的亲外甥,十九岁时就带领亲军作战,骁勇异常,还有谋略,很得朱元璋喜爱。《明史》本传中说他"器量沉宏,人莫测其深。临阵踔厉风发,遇大敌益壮。颇好学问",家中经常高朋满座。他对朱元璋似乎不是惟命是从,曾经劝他不要多杀戮,为此被朱元璋责骂过。洪武十六年(1383 年)冬,李文忠生病,朱元璋亲临探视,派淮安侯华中看护医药。次年三月,李文忠还是死了,终年 46 岁,追封岐阳王,配享太庙,肖像入功臣庙,位列第三,也算朱元璋待他不薄。

但是,《明史·李文忠传》还说,朱元璋怀疑是华中下的毒,削去了华中爵位,将他一家都流放到建昌卫。为李文忠医病的医生及家属全部斩首。

华中为华云龙之子。据《明史·华云龙传》说,华中因此被贬死,洪武二十三年(1390年)追论胡党,爵除。

华中怎么处理,似乎并不重要,重要的是朱元璋凭什么认为是华中毒死李文忠,华中又为什么要下毒,这都是疑问。

邓愈是早期带了人马归附朱元璋的,此后一直是朱元璋的重要助手。洪武十年(1377年)出征吐蕃时病死。时年41岁。但他的儿子邓镇后来因系李善长亲党被处死。

大概功臣们久经战阵,伤病不少,明王朝建立十来年间常有病死的。这些早逝者,免遭许多痛苦。

汤和,朱元璋同村人,大他三岁,侍奉朱元璋很小心,很为朱元璋喜欢。征讨方国珍、陈友定等役立下大功。但是,在征讨夏时逗留不进,同去的傅友德、廖永忠都受赏,他没有。此人酒醉后会乱说话。还在守常州抵御张士诚时,喝醉了口出怨言,说守此城好像坐在屋脊上,向左滑到左边,向右滑到右边。朱元璋知道了,很不高兴。抓住他一些过失,第一次封爵时没让他当上公爵,以后晋封信国公时,还念念不忘常州一席醉话。汤和醉后会吐真言,醒时却很清醒。他看朱元璋年龄越来越大,不想让诸将一直带兵,就找个机会对朱元璋说:我年龄大了,不堪再供你驱策了,想回老家去养老等死。朱元璋听了很高兴,当下就赐钱,让他在中都修筑住宅。正好此时倭寇进犯上海,朱元璋把汤和请出山,让他与方国珍的儿子一起筹划海防事务。汤和在浙江、福建一带置卫所防御倭寇,次年告成。汤和随即向朱元璋告辞,之后一年只到应天朝见朱元璋一次。汤和在家乡不摆功臣元勋的架子，入朝后听到国是机密，一点也不敢外泄。洪武二十三年（1390 年）正月入朝觐见时染病，次年八月卒，享年 70 岁。

汤和识相，总算成为功臣中少有的善终者。

以上几位中，徐达和李文忠生前封公，死后追封王，却死得不明不白。其余则都是横死的。

冯胜，随兄冯国用早年归附朱元璋，是最早向朱元璋建议以金陵为根据地的。冯国用早卒，洪武三年（1370 年）追封郢国公。冯胜在各大战役中都立下功劳，尤其在徐达、常遇春、李文忠等死后，成为朱元璋手下最重要的将领。洪武二十年（1387 年）奉命率傅友德、蓝玉等出征辽东纳哈出，最终平定之，更是功不可没。但是，也在这一次，他被人告发索取纳哈出珠宝等恶行，被朱元璋收了大将军印，而且从此没有再带领过大军。尽管他的女儿是周王妃，但这并不能挽救他的命运。

蓝玉被杀后，他与傅友德被派往山西、河南等地练兵。朱元璋的诏书里说得清楚：所有将士都要听晋王、燕王节制；凡军中机密，一份上奏朝廷，一份报告二王。三天后，朱元璋又下诏给晋王、燕王，军中赏罚，重大的才报告他，小事自行处置。冯胜等将领在跟了老子几十年之后，还要听从小子的命令了。后来又被召回，从此赋闲。

就在他与其他将领回到应天之后，朱元璋向各功臣颁发《稽制录》。这位皇帝在序文中说：功臣多武人，不知书，往往恃功骄恣，逾越礼分，甚或肆情废法，奢僭无度。这可以看作朱元璋对将领们的一个警告。

过了两年，即洪武二十八年（1395 年），一位亲戚告密，说冯胜想图谋不轨，罪名包括出入骑马不坐轿，最严重的是私藏兵器。其实，喜欢骑马，可能是武将的习惯，而私藏兵器云云，只是冯胜癖好在打谷场下埋些瓦罐，听碌碡碾过的声音而已。朱元璋正愁没有罪名,见有人告发,顺手就将冯胜赐死,连他子孙都不得继承爵位。冯胜实在死得冤枉。

朱元璋对待冯胜十分干脆,与以前对待徐达等将领的完全不同。原因很简单:功臣们已经剪除得差不多了,朱元璋不用再忌惮了。

傅友德,原是陈友谅部下,后来才归附朱元璋。《明史》本传称他"身冒百死,自偏裨至大将,每战必先士卒"。朱元璋很欣赏他,他也屡立战功。他的儿子娶寿春公主为妻。

洪武二十五年(1392年),他请赐给怀远田千亩,这大概也是不少功臣常干的事,但这次朱元璋没有答应,致信傅友德:赐给你的俸禄已经不薄,干吗还要侵占老百姓的利益?你没有听说公仪休的事吗?信中提到的公仪休是春秋时鲁国国相,受了朝廷俸禄,就拔掉家中园子里的庄稼,不准妻子织布。还宣布:我有了官家俸禄,就不能再取园夫、女红之利。

当然,朱元璋与傅友德的矛盾不是经济上的问题。蓝玉案发之后,部下王弼向傅友德吐露心声:皇帝年事已高,说话办事都叫人摸不着头脑。洪武十三年(1380年)到现在,两次掀起大狱,许多功勋显赫的文武大臣被牵连。上次我们还年轻,侥幸得免。这次凉国公案刚开头,会不会也把我们牵连进去呢?傅友德深知这种话不能说,阻止了王弼。

洪武二十七年(1394年)底,朱元璋大宴群臣,傅友德与长子驸马都尉傅忠都去了,次子傅让为金吾卫镇抚,正在殿前值班。朱元璋斥责傅让不带箭囊,是对自己不敬。傅友德也斥责儿子。朱元璋却将他召入内殿,赐剑给他,让他召来两个儿子,将他们杀死。傅友德横着心杀了亲生骨肉。朱元璋却反过来指责他残忍,将他处死。这位战将没有死在沙场,却死在了自己主人手中。而且,他的家属中,仅寿春公主及她的一个儿子得免。

再说文臣。

刘基,至正二十年(1360年)才归附朱元璋,朱元璋多次采纳了他的意见,称他为"吾之子房"。刘基是浙江青田人,性情刚烈,与李善长等淮西集团中人并不相得。

朱元璋曾经责备李善长,刘基却说李善长是勋旧,能调和诸将。朱元璋告诉刘基,此人几次要害你,你还要为他辩护,我要让你做丞相了。刘基回答:这好比换柱子,一定要用大木头,改用一些小木头捆在一起,房子马上就坍了。

李善长不当丞相以后,朱元璋与刘基议论过几位后备人选。说到杨宪,尽管他与刘基关系不错,刘基却竭力反对,说杨宪有相才无相器。当宰相的要持心如水,以义理为权衡,不把自己的利益放进去,杨宪做不到。说到汪广洋,刘基批评他比杨宪更偏浅。朱元璋问胡惟庸如何,刘基说是好比驾车,就怕把马惊了狂奔乱跑。朱元璋表示,我的丞相人选看来没有能超过先生的了。刘基说:我疾恶太甚,又不耐烦公务繁剧,只得辜负您的恩惠了。天下何患无才,只要您能够全心访求。眼前的这些人确实没有能承担的。

这些话后来都不幸言中,表明了刘基见识确实不凡。同时,从这些话可以看出,刘基在势大滔天的淮西集团面前,只是孤零零的一个人而已。洪武元年(1368年),在淮西集团中人交相攻击下,兼之朱元璋嫌他处事太过,刘基不得不自请养老告归。后来虽被召还,洪武三年(1370年)大封功臣时,刘基只被封了个诚意伯,岁禄二百四十石,与淮西集团中人动辄公侯,动辄上千石的岁禄相比,功赏之间实在不相称。当时朱元璋一心想营建中都,刘基竭力反对,也不中朱元璋之意。第二年,刘基再次告老还乡。

胡惟庸等被刘基批评过的淮西集团中人还不肯放过他。刘基家乡附近有个地方叫谈洋,是个贩私盐者聚集之地,一些叛逃军士占据该地,刘基让长子刘琏直接上奏朱元璋,要求在该地设立巡检司加强防守。胡惟庸当时还只是中书省左丞,就指使人攻讦刘基,说谈洋之地有王气,刘基企图在此地修墓,当地百姓不给,所以才有此请求。于是,朱元璋干脆剥夺了刘基的爵禄。不得已,刘基到应天谢罪,还不敢回家乡。不多久,胡惟庸当上丞相,刘基日子更难过,忧郁之中,说是假使我对胡惟庸的预言不准,那是天下苍生的福气。洪武八年(1375年)刘基病。胡惟庸派来医生,刘基吃了药,腹中居然积起拳头般的东西。朱元璋此时才放他还乡,一月后即死,年六十五岁。

刘基虽不直接死于朱元璋之手,但他也脱不了干系。

宋濂,比刘基大一岁,两人都是东南名士。刘基以对天下大势的准确判断和计谋见长,宋濂则是一位儒雅的学者。两人同年被召至应天,宋濂以文学受知,经常待奉朱元璋左右,备顾问。朱元璋问帝王之学哪本书最重要,回答是《大学衍义》。朱元璋听了,令人将此书用纸笔抄好贴在殿边两庑,还要宋濂讲解书中司马迁论黄老一节。讲毕,朱元璋说:汉武帝沉溺方技谬悠之学,改变了文帝景帝时的恭俭风气,民力既敝,然后用严刑责督。当皇帝的应该以礼义治天下,则邪说不会侵入,以学校治民,则祸乱不会产生,刑罚不应该是第一位的。宋濂性格诚谨,在宫廷中很久,了解很多情况,朱元璋也对他信任有加,可他就是没有说过别人坏话。朱元璋问他大臣中谁好谁坏。宋濂回答:好的与我友善,所以我知道。那些不好的,我无法知道。朱元璋派人侦察他与客人饮酒情形,第二天问他,宋濂把客人是谁,吃了什么,一一老实禀告。朱元璋很高兴,称赞他,你不欺骗我。应该说朱元璋相当信任他,让他先后共十余年负责教导朱标,还在朝廷上表扬他:我听说最好的人是圣人,其次是贤人,再次是君子。

宋濂为我服务十几年，未尝有一句假话，说一人的短处，始终如一，不但是君子，还可以称得上贤人。洪武十年（1377年），宋濂致仕。朱元璋赐他《御制文集》和绮帛，得知宋濂六十八岁，还说把绮帛收藏三十二年，就可以作百岁衣了，一副君臣融洽的样子。但是，只过了四年，宋濂长孙坐胡党，朱元璋想把宋濂也杀了。唯一可能的理由就是此人知道的事太多，尽管是贤人，朱元璋还是不放心。太子朱标苦劝，朱元璋总算开恩，将他流放到茂州。宋濂年事已高，颠沛流离之下，客死夔州，时年七十二岁。

这里提到的，都是明王朝最重要的开国功臣。除去常遇春、邓愈死得早，只有汤和侥幸逃脱朱元璋的猜疑。

身受朱元璋封爵的一共62人，其中本人或继承人坐胡党、蓝党被诛杀，被死后夺爵的，有三十七人；以其他罪名，或者干脆没有罪名而被杀的，有八人，共占了七成以上。上文提到的徐达、李文忠、刘基等还不计算在内。宋濂没有封爵，也不在内。

清代史家说朱元璋行事仿效刘邦，这话不错。两人都以杀功臣著称于世。

四八 文字狱

　　文字狱,指为文作诗犯了皇帝的忌讳而生的冤狱。

　　忌讳两字出于《周礼·春官·小史》"若有事,则诏王之忌讳"。郑玄注曰:"先王死日为忌,名为讳。"就是说,天下臣民在先王死的忌日不能作乐,说话写文章不能提到先王的名字。

　　朱元璋则把它扩大化了。元朝是被他最终消灭的,"元"字就不能提,洪武元年改成洪武原年。洪武三年(1370年)他下令禁止百姓名字中出现天、国、君、圣、神、尧、舜、禹、汤、文、武、周、秦、汉、晋等字。洪武二十六年(1392年),又禁止取名时使用太祖、圣孙、龙孙、黄孙、王孙、太叔、太兄、太弟、太师、太傅、太保、大夫、待诏、博士、太医、太监、大官、郎中等。连民间习惯的称呼也要改变:医生只许称医士、医人、医者,不许叫太医、大夫、郎中;梳头人只许称梳篦人、整容,不许叫待诏,违者都要处重罚。

　　这些还在其次。要命的是,朱元璋出身微寒,极度自卑,当了皇帝,又极度自尊。

　　朱元璋祖父两代佃农,外祖父当过巫师,社会地位低下。据说,他修家谱时曾经想攀宋代理学大师朱熹的高亲。恰好徽州一名小官来见,朱元璋问他是不是朱熹后代,这位小官老老实实说不是。朱元璋从此不再想认朱熹作祖宗。

　　他自卑,所以他自己老是提"起自田亩","朕本淮右布衣"。

他自尊，所以又不准别人说他的出身，别人一说就是揭老底，就是与他过不去。

他文化程度不高，原不会挑剔文字，但是，文人挖苦张士诚一事让他不得不提防。张士诚小名九四，成为一方霸主后，让人起了字，叫士诚。听起来这名字不错，但是《孟子》有云："士，诚小人也"，连起来读，就在骂张九四是个小人。他由此多了个心思。

大概从洪武十七年（1384 年）起到二十九年（1396 年）的十三年时间里，为文字上的事，朱元璋杀了不少人，被杀的大多是为了庆贺、谢恩等事撰写表笺者。

朱元璋参加过红巾军，当年元朝政府称之为贼，于是写文章不能有"贼"字，连音相近的"则"字也不准用。浙江府学教授林元亮，替海门卫作《谢增俸表》，有"作则垂宪"一句，就被杀了。北平府学训导赵伯宁为都司作《贺万寿表》，写了"垂子孙而作则"一句，送了命。福州府学训导林柏璟为按察使撰《贺冬至表》，内有"仪则天下"的话，上了断头台。桂林府学训导蒋质为布政使、按察使作《正旦贺表》，说到"建中作则"，性命不保。澧州学正孟清为本府作《贺冬至表》，内有"圣德作则"，也被杀。

朱元璋当过和尚，就不能说"僧"，连同音的"生"也不能提。和尚光头"光"、"秃"，没有头发之类更不能说。常州府学训导蒋镇为本府作《正旦贺表》，为"睿性生知"一语丢了性命。祥符县教谕贾翥为本县作《贺正旦表》，写了"取法象魏"四字，"取法"音近"去发"，就此走上不归路。

反正，只要能读出点疑问，不管谐音、会意，都可以派上用处。怀庆府训导吕睿为本府作《谢赐马表》，一句"遥望帝扉"被读成"遥望帝非"，即起祸端。亳州训导林云为本州作《谢东宫赐宴笺》，说到"式君父以班爵禄"，前三字与"失君父"同音，闯下大祸。尉氏县教谕许元为本县作《万寿贺表》，表中"体乾法坤，藻饰太平"八字，"法坤"音"发髡"，"藻饰太平"与"早失太平"无异，于是死罪难逃。德安府训导吴宪为本府作《贺立太孙表》，说是"天下有道，望拜青门"，"道"与"盗"同音，"青门"就是和尚庙，这般读法，作表人哪里还有活命？

甚至陈州训导为本州作《贺万寿表》，并没有读出什么花样，还是被杀。象山县教谕蒋景高作表笺笔误，也被砍头。

杭州府学教授徐一夔所作贺表中，连说"光天之下，天生圣人，为世作则"，朱元璋勃然大怒，说道："生者僧也，作则者作贼也。这小儿胆子不小，敢骂我当过和尚作过贼，快快给我杀了。

礼部官员没奈何中，只得求朱元璋降标准表式，让天下人有所遵循。洪武二十九年，朱元璋让翰林院学士刘三吾、右春坊右赞善王俊华撰成庆贺谢恩表笺成式，颁行内外衙门，以后遇有需上表笺诸事，一律照格式填写就是，省得麻烦。

除了上表笺触犯朱元璋被杀而外，还有些人也因为文字犯了禁忌被杀。

佥事陈养浩作有诗句：城南有嫠妇，夜夜哭征夫。朱元璋恨他动摇军心，抓住他投入水中淹死。

印度僧人来复曾为朱元璋讲经，归国前，来复写了一首谢恩诗，说是"殊域及自惭，无德颂陶唐"。本来意思是说来复生长异国，为没有生在中国自惭自愧，自己无才无德，没有资格歌颂大明皇帝。朱元璋一看，说是"殊"拆开来就是"歹朱"，"无德"是指皇帝没有德行。座上客一变而为冤死鬼。

也有当下没有处死，过了一段时间另找借口杀头的。

卢熊作兖州知府，发现公文中老是将"兖"误作"衮"，于是上书朱元璋请求改正。不料朱元璋一看，将"衮"当作"滚"，认为卢熊是叫自己滚蛋。过了不久，卢熊就以党案被杀。

　　翰林院编修高启《题宫女图》中有两句:小犬隔花空吠影,夜深宫禁有谁来。朱元璋以为在讽刺自己。但找不出更多的证据,此事只得暂时搁下。正好苏州知府魏观在张士诚宫殿遗址上修建知府衙门,被锦衣卫密告到朱元璋处。朱元璋亲自到苏州查看,见新房的《上梁文》中说是"龙蟠虎踞",一怒之下,腰斩了魏观。再查《上梁文》恰是高启所作,新账老账一起算,这位明初吴中四杰之一的高启就命赴黄泉。实际上,四杰中另三人死得都很惨:杨基算是最有幸的,被罚作苦工至死;张羽因事牵连,被迫投江而死;徐贲曾为蓝玉题画,以党案论死。

　　当时,功臣因为功劳大,名望大,朱元璋一定要除之而后快;文人则因为手中一枝笔,能够舞文弄墨,生出许多朱元璋难以防范的东西,也要被杀。

　　文字狱盛行的十余年间,据说只有一个人得以逃脱,那是翰林院编修张某。此人曾被贬到山西蒲州作学正,照例上表庆贺,表中居然有"天下有道"、"万寿无疆"之类触犯朱元璋神经的句子。朱元璋记得他名字,发怒道:这个人还骂我是强盗。于是命令把他抓来亲自讯问。张某说,只说一句话,再死也不迟。陛下说过表文不许杜撰,都要出自经典吗?"天下有道"是孔子的格言,"万寿无疆"是《诗经》里的成语,说臣子诽谤,不过如此而已。朱元璋对此也无话可说,只得放了他。左右侍从议论:几年来才见宽容了这个人。

　　文字狱不但祸及文人,连没有文化的老婆子也会遭殃。据说有一次朱元璋在应天微服出访,与一老婆子谈话,说到当今皇帝,她一口一个老头子,气得朱元璋怒气冲冲。当时不好发作,回来后就要五城兵马司将那一带居民都抄了家。他还狠狠地说:张士诚占据东南,吴人到现在还叫他张王,我作了皇帝,这地方的老百姓居然叫我老头子,真气死人。平心而论,叫老头子并非一定就是轻侮朱元璋,但叫张王肯定是对张士诚心存好感。由此可知,成则王侯败则寇,张士诚等辈不幸为朱元璋所灭,正史中就难以留下他们之所以还为当地百姓好感的史料了。

朱元璋晚年求实言,他很喜欢的一个青年才子解缙上万言书,说是:

臣闻令数改则民疑,刑太繁则民玩。国初至今将二十载,无几时不变之法,无一日无过之人。尝闻陛下震怒,锄根剪蔓,诛其奸逆矣,未闻褒一大善,赏延于世,复及其乡,终始如一者也。陛下进人不择贤否,授职不量重轻。建不为君用之法,置朋奸倚法之条,所谓用之如泥沙。监生进士经明行修,而多屈于下僚;孝廉人才冥蹈瞽趋,而或布于朝省。椎埋桀悍之夫,闾笘下愚之辈,朝捐刀镊,暮拥冠裳,左弃筐筥,右绾组符。是故贤者羞为之等列,庸人悉习其风流。以贪婪苟免为得计,以廉洁受刑为饰词。出于吏部者,无贤否之分,入于刑部者无枉直之判。天下皆谓陛下任喜怒为生杀,而不知臣下之乏忠良也。夫罪人不孥,罚弗及嗣。连坐起于秦法,孥戮本于伪书。今之为善者,妻子未必蒙荣;有过者,里胥必陷其罪。况律以人伦为重,而有给配之条,听之于不义,则又何取夫节义哉?

所述者,直指朱元璋一手创建的明朝开国二十年中种种弊端,可以说是一个极好的总结,而解缙之聪明在于,巧妙地将罪过全归之于臣下。朱元璋看了也只得说:才子,才子。

四九 儒家为本，释道相辅

做皇帝，尤其是做开国皇帝，应该有自己的一套理念。

朱元璋也不例外。他少年时只读过短时间私塾，对于中国封建社会中占统治地位的儒学不可能有什么理解。之后当过几年和尚，只是为了能吃上口饭，谈不上对佛教有什么认识，甚至还没有接触过佛经就外出当游方和尚。所以朱元璋自称：朕在幼年，家贫无亲，无钱求师学习，兄弟力耕于田亩之间。更入佛门，以致圣人贤人之道，一概无知。

不过他投奔红巾军，自立门户，特别是占据应天之后情况有了很大的改变。他周围聚集起李善长、冯国用等一大批文人。他们为朱元璋出谋划策，而朱元璋也从他们身上汲取了许多营养，朱元璋开始接触孔孟之道，成为它虔诚的信奉者。戎马倥偬中，朱元璋发奋读书，成绩颇为可观。洪武十五年（1382 年）他说：古先圣贤立言以教后世，所存者书而已。朕每观书，自觉有益。尝以谕徐达，达亦好学亲儒生，囊书自随。盖读书穷理，于日用事务之间，自然见得道理分明，所行不至差谬。书之所以有益于人也如此。

朱元璋所说日用事务，不会是开门七件事，指的是争天下、治天下的道理。而所谓古先圣贤，则指的是儒家代表人物。当他打下集庆,改名应天,开始设官建制之时,朱元璋就命令手下访求古今书籍,专供他阅读。他还对侍臣詹同等人说:三皇五帝之书没有传世,所以后世很少知道他们的行事,汉武帝购求遗书,六经得以问世,于是唐虞三代的治世才得以让后世知晓。

朱元璋不可能摆脱他所处的时代和环境。较早归附的儒生陶安曾对朱元璋说:正道不明,是因为邪说害的。朱元璋十分赞同:邪说害正道,好比美味取悦于口舌,美色炫耀于眼目。邪说不去掉,则正道就不可能兴旺,天下何从治理? 陶安马上叩头,称颂道:陛下所言,可以说深探根本了。

朱元璋曾与宋濂、孔克仁等人议论汉代的治道。在朱元璋看来,汉代治道不纯。孔克仁也认为,那时王道霸道渗杂在一起。朱元璋问应该归咎于谁,孔克仁说责在汉高祖。朱元璋不以为然,还说出一番道理:汉高祖创业之际,正值暴秦之后不久,百姓刚刚从困顿中复苏,无法要求他们讲求礼乐之事。孝文帝是一个很有作为的皇帝,正应该制礼作乐,以恢复三代那样的治道,然而逡巡彷徨,致使汉代的规模终于只能如此。帝王之道,贵在不违时。三代时的君主有他们的时机,而且抓住了,成就了伟业。汉文帝也有这样的时机,但没有抓住。周世宗则是没有这样的时机而硬要干的。

朱元璋还问孔克仁:汉高祖白手起家而成为皇帝,靠的是什么? 孔克仁说是知人善任。朱元璋又不以为然。在他看来,项羽有称霸的条件,但是不讲仁义而依仗武力攻伐。汉高祖则知其然,以柔顺谦逊对付项羽的强硬,再加上对百姓宽厚仁义,最后战胜了项羽。

他对汉代的政治理念的理解,对楚汉之争胜负的理解,都只是一家之言,尽可以忽略。但人们从中可以了解的是:朱元璋信奉儒家王道仁义之说。

　　洪武十五年(1382年),国子监新建成,朱元璋要去拜孔子。左右侍臣说孔子虽然是圣人,毕竟还是人臣,礼仪只需一奠再拜即可。朱元璋不同意,还引经据典,说是:以前周太祖到孔庙去,左右说不宜拜,周太祖表示,孔子百世帝王师怎么敢不拜呢? 现在我据有天下,敬礼百神,对于先师孔子的礼仪应该特别加以推崇。

　　对于儒家经典,朱元璋下了不少功夫。他跟范祖幹学《大学》,跟宋濂学《春秋左传》,听许存仁给他讲《孟子》,从陈南宾学《尚书·洪范》。他认为特别重要的,如《尚书·洪范》,如《大学》,还要人写下来,贴在自己的座位旁边。

　　朱元璋不光是读,还将自己学习《洪范》的心得写了一部《御注洪范》。他以前人所著《书传》有失误之处,下令要刘三吾等人加以订正,再集合诸家之说,修成《书传会选》六卷。在朱元璋看来,圣贤的教导主要有三点:敬天、忠君、孝亲。都散见于各经典之中,不容易领会它们的要领。于是要求吴沉等人以此编辑儒家经典中有关此三者的论述。书成,朱元璋题名曰《精诚录》。

　　老子有所好,儿子也跟着学。朱标也曾命人著有《春秋本末》三十卷。

　　但是,朱元璋对儒家亚圣孟子颇不以为然。当然,这是后来的事。起初,他于孟子还是学得很起劲的,曾经问许存仁,《孟子》哪些内容最重要。许存仁说是行王道、省刑、薄赋三者。洪武五年(1372年),朱元璋以《孟子》中颇多"谏不听则易位","民为贵,社稷次之,君为轻。"、"诛独夫"之类于皇权不利的言论,认为这不是臣子所应该说的,要求朝廷讨论是不是罢去孟子配享孔庙的地位。刑部尚书钱唐表示不可,甚至说:臣为孟轲死,死有余荣。总算朱元璋认为钱唐态度诚恳,没有治他的罪。孟子配享的地位不久也恢复了。只是朱元璋同时命令,删去《孟子》

中有违碍的句子,另编《孟子节文》供人诵读。

中国自唐以后,儒家虽然占统治地位,释、道二家相当活跃。朱元璋不可能不知道这种情况。他以儒家为本,必要时,也会弄点释、道。

朱元璋十七岁出家做和尚,对佛教有一种特殊的感情。到了应天,军务十分繁忙,还是抽空去大龙翔集庆寺听讲禅,并将它改名大天界寺,为它题写"天下第一禅林"匾额。大天界寺住持圆寂,朱元璋居然亲自致奠,还拿出钱助理丧事。

做了皇帝,朱元璋召集东南名僧在蒋山大开法会,和大臣一起向佛祖顶礼膜拜。洪武十六年(1383年),他下令重修自己早年出家的皇觉寺,并改名龙兴寺。

洪武五年(1372年),朱元璋下令四方高僧点校《藏经》,即著名的《洪武南藏》。朱元璋自己能够背诵《楞伽经》、《般若心经》,还命令僧侣对这两部经重新注释。他自己则集注《金刚经》,还写过一篇《习唐太宗圣教序》,颂扬玄奘取经、译经,传播佛教的事迹。

最特别的是,朱元璋以为和尚清心寡欲,与世无涉,用之为耳目,让这帮出家人侦察官民动静。前面所说检校一类差使,有的就由和尚担任。由此,一些和尚出了世又入世,文武大臣伤在他们手中的不少。他们又倚仗告发有功,请为佛教创立职官。朱元璋也答应了。洪武十四年(1381年),他下令设立僧录司,在各地府、州、县设立僧纲司、僧正司、僧会司,管理僧人事务。比如,唐宋时僧人的身份证明度牒需要购买,朱元璋一改而为通过考试者即能发给。

朱元璋在相当长的时间里也很重视道教,常读老子《道德经》,著有《御注道德经》二卷。

道士似乎比和尚作用更大些。当时出名的有两个,一个叫周颠，一个叫张中。张中喜欢戴铁帽子，又称铁冠子。

周颠，也只是外号，真名已经湮没无闻。他十四岁得狂疾，在南昌市中乞食，语言颠乱，大家都叫他"颠"，就以为名了。

他经常拜谒长官，号称"告太平"。后来南昌为陈友谅所据，周颠避去。朱元璋克武昌，周颠再次出现，还拜见过他。朱元璋回应天，周颠也跟随而至，还常"告太平"。还说"婆娘歹"，唱"世上甚么动得人心，只有胭脂胚粉动得婆娘嫂里人"。这些，没人能懂。问他缘故，说是"你只这般，只这般"。朱元璋厌烦，命人用大缸把他盖住，堆起柴火烧，烧完翻开大缸，周颠居然只是头顶上出微汗而已。

周颠寄食蒋山寺，和小和尚抢饭吃，闹脾气半个月不吃饭。朱元璋去看，周颠迎接，一点不像饿了半月的样子。朱元璋摆了筵席，让周颠大吃一顿，再饿他一个月，还是不在乎。朱元璋手下知道了此人神奇，争着请他吃饭，周颠随吃随吐，全然疯人一个，似乎就服贴朱元璋一人，只有跟朱元璋一起吃饭，才守规矩。他还对朱元璋说：你打破桶，做一个桶。"桶"、"统"同音，似乎在暗示该由朱元璋统一天下。

后来朱元璋西征九江。行前问周颠如何，周颠说行。又问他：陈友谅已经称帝，消灭他怕不容易。周颠仰首看天，好一会才恭恭敬敬地说：上面没有他的座位。到了安庆，水师要出发，但是没有风。周颠说：只管走，只管有风，无胆不行便无风。一会儿果然大风起来，一口气直驶小孤山。行至马当，看见江豚戏水，周颠说：水怪现身，恐怕损失人马要多。朱元璋厌恶他扰乱军心，把他投入江中。但到了湖口，周颠又来了，还讨东西吃。吃完，他就辞去。朱元璋曾经派人到庐山去找，也没找到。

十多年后，朱元璋生病，几乎要死。一位僧人来送药，说是天眼尊人和周颠仙人送的。吃了，当晚病好。

朱元璋为他撰写了《周颠仙传》一卷。

铁冠子比周颠正常，谈祸福多被他说中。朱元璋打下南昌，邓愈推荐了他。朱元璋召见时问他：我下南昌，兵不血刃，此地人应该可以得到休息了。回答是：不是，过不了多久此地就要流血，房屋差不多烧干净，铁柱观只剩下一间殿堂。不几时，康泰造反，劫后惨状就像他所说的。之后，他又说大臣有变，应该预防。到秋天，果然邵荣、赵继祖等人谋反。

陈友谅包围南昌，铁冠子预言五十天当大胜，结果自出发到受降果然是五十天。《明史·张中传》中说，朱元璋水军行至孤山，没有风了，是铁冠子用洞玄法祭之，风遂大作，送水军直达鄱阳湖。

这铁冠子与周颠一样，都是为朱元璋服务的。上述不少故事可能是当时有人为证明朱元璋是真命天子而编造的。

洪武十一年（1378年），解缙上万言书：陛下天资至高，合于道微，神怪诞妄，臣知陛下洞瞩之矣。然犹不免所谓神道设教者，臣谓必不然也。一统之兴图已定矣，一时之人心已服矣，一切之奸雄已慑矣。天无变灾，民无患害，圣躬康宁，圣子圣孙，继继绳绳，所谓得真符者矣。何必兴师以取宝为名，谕众以神仙为征应者哉！

这里所讲“取宝”，是指朱元璋以夺回传国玉玺为名发兵击北元。

解缙果然是文章高手，一番话点破了朱元璋神道设教的目的，又让他很有面子地走下台阶。从此，朱元璋对释道的兴趣突然减低，不再侈谈神异征应了。

不过，就民间而言，朱元璋的这一套手法还相当有用。当时百姓中有个流传很广的神异故事：天下二十八宿要轮流下凡作人主。元大历元年（1328年）天上娄宿失踪，到洪武三十一年娄宿复明，这正好是朱元璋的生卒年。朱元璋是娄宿下凡。

　　一切都只是为着巩固自己的政权。在对待儒、释、道这方面，朱元璋是达到目的了。

　　而且，至少朱元璋只是利用释、道，并非信仰，骨子里根本不相信它们。他告诉宋濂：秦始皇、汉武帝好神仙，宠方士，想求长生，结果只是一场空而已。如果有这份心思专心治国，国家怎么会治不好。在我看，作人君的能够清心寡欲，做到老百姓安心田亩，有饭吃，有衣穿，快快活活过日子，也就是神仙了。

五〇　能文善武

　　朱元璋早年失学,成年后又征战不休,他选定的年号叫洪武,然而他也能握笔作文,传世有《明太祖集》二十卷,收载文章六百八十篇。而据《明史·艺文志》载,这部书有五十五卷,传世者当是选本。

　　还在战时,他运筹帷幄,指挥前方战事大半靠信函文书。本书已经引用了不少。这些文字明白畅晓,甚至可以说有些累赘,而这也是朱元璋作文最显著的特点。

　　请看他写的《勤惰说》。

　　　　昔有勤、惰,居同乡,其志则同,其操则异。且勤者当为民时,夜则燃灯阅古,昼则腰书力田,家奉颇厚。其惰者同时为民,其为人也,精文学,他务不作,日未暮而寝,日已高而起,食毕诵书数行,而即悠悠然,自以为志士清高。一旦,诣勤者田,谓勤者曰:"君子之学,精一无二,足下与吾同道,何不如我之优游,博览群书,以待明君之用?"勤者曰:"公,君子也,导我以学,良哉,终不忘。然先生教我罢农及他务而专书,然农、书俱不弃也,亦可为之。"惰者曰:"如此,必苦其心志,劳其筋骨,况读书之心且不专耳。是为不可。"勤者曰:"先生之读书,以日为计而专。某以农虽略少妨,则以夜代日,则又如先生之学矣。"其惰者飘然而笑往。一日,君知

二人皆儒者之学,道统之传,命使召至京师,各职以官,皆侍
朝而朝焉。其君臣之务,朝廷大事,其为臣也,必凌晨而趋,
待漏而见,日暮而归,犹不恬寝。所以者何? 且凌晨而趋,
不敢不若然也。昔君有善政者,必庭燎煌煌。故天子有五
鼓而兴,百僚皆四鼓而起,此所以必政务也。日暮而归,不
恬寝者何? 恐君余政而复召,故不敢肆。朝廷之务,君臣之
勤,有若是也。其勤、惰应是职。斯二人当为士之时,独勤
者色颇憔悴,其惰者美色佳容。一旦临事,则憔者容,容者
憔矣。或曰:"斯二人昔若是,今反若是。"傍曰:"何?"曰:
"君不见蓬首垢面者谁?"曰:"昔惰者耳。"曰:"颜貌巍巍,精
神光灿者谁?"曰:"昔勤者耳。"曰:"吾所以言昔如是,今反
若是,正谓此也。"曰:"尔所不知其详耳。且昔勤者衰,惰者
盛。以其勤者劳于筋骨,操其心志;惰者盛,以其逸而无操,
致筋骨之放纵耳。"曰:"公所言未当。吾观勤者昔为民时,
因勤,家奉颇丰,其容颜当盛,衰何也? 其惰者因惰,家奉颇
薄,颜色反盛。此其所以足下之说不同也。"曰:"公知其一,
不知其二。夫勤者当色而不色,为虑有三。一为虑衣食不
足,而不善终。虑之一也。次为丈夫于天地间身后无名,惜
哉。虑之二也。三恐为学不博,不能为君之用。虑之三也。
所以颜色不盛,为此也。其惰者奉虽薄,却乃颜色美,为忘
志而不虑,苟得淡饭黄韭,足以美其腹矣。腹既饱矣,心无
志矣,亦忘虑矣,与禽兽何异哉! 颜色岂不盛欤! 君不见鹿
鸣呦呦,食野之萍。斯草乎? 料乎?"曰:"草。"曰:"鹿之肥
者何? 以其无知也。一日捕至,令食料而牵车。料岂不美
乎,而乃减精神、去肌肤,是由不苦而苦也。艰哉牛之为物
也,亦草之为食。当是时,肌肤颇定,无盛衰之增减。一旦
驾犁耜于畎亩,主以料饲之,其牛也精神倍出,力致千钧。

吾所以言者,斯皆兽也,其所用有异,事在涉与不涉耳。今勤、惰二人,皆人也,难比兽,以事之说与兽合若是。"一日,君命勤者职水部。勤者乃往达,所在水害利,堤防坚,斯称职也,君赏加焉。其惰者职教布种。惰者往达,所在罔知布种之时宜,其以民之利,反为民之害,妨农害稼,无功而归,君略少责焉。惰者志哉,即诣勤者居,谒其人,谓曰:"足下平日之学,比吾颇简。今之用也,何过吾之若是,致君褒美焉?敢问得何圣人至精至微之道?"曰:"无他,经不云乎:顺天之道,因地之利。先生熟之矣。""然熟则熟矣,吾但知理若是,今之行也,则又不然。"曰:"且吾防水道,顺天之时,则一书而不异。所以顺天时,吾乃职水之务。斯水也,春阳方兴,炎暑潦水大作,使之堤防,即天时也。冬三月天地闭塞,农且有隙,田泽枯涸,坚冰实地,斯可以堤防也,顺天时也。其水之性,使往而往,使不可往而止,顺其性而导之行,勿使汩乱,五行差谬,此其所以因地利、合时宜也。"其惰者既听斯言,稽首鞠躬,乃曰:"於戏!博学匪学不若无,简艺精专以为用,不亦妙乎!"

朱元璋懂得文以载道的道理,然而反复申说之余,似乎有啰嗦之感。

也有写得文采斐然的。请看《阅江楼记》。

朕闻三皇五帝下及唐宋,皆华夏之君,建都中土。《诗》云:"邦畿千里",然甸服五百里外,要荒不治,何小小哉。古语云:"圣人居中国而治四夷",又何大哉。询于儒者考乎其收,非要荒之不治,实分茅胙土,诸侯以主之,天王以纲维之。然秦汉以下不同于古者何?盖诸侯之国以拒周,始有却列土分茅之胙,擅称三十六郡,可见后人变古人之制如是也。若以此观之,岂独如此而已乎?且如帝尧之居平阳,人杰地灵,尧大哉圣人,考终之后,舜都蒲坂,禹迁安邑。自禹之后,凡新兴之君,各因事而制宜,察形势以居之。故有伊洛陕右之京,虽所在之不同,亦不出乎中原,乃时君生长之乡,事成于彼,就而都焉。故所以美称中原者,为此也。孰不知四方之形势,有齐中原者,有过中原者,何乃不京而不都?盖天地生而人未至,亦气运循环而未周故耳。近自有元失驭,华夷勿宁,英雄者兴亡迭迭,终未一定。民命伤而日少,田园荒废而日多。观其时势,孰不寒心?朕居扰攘之间,遂入行伍,为人调用者三年。俄而匹马单戈,日行百里,有兵三千,效顺于我。于是乎师而南征,来栖江左,抚民安业,秣马厉兵,以观时变,又有年矣。凡首乱及正统者,咸无所成,朕方乃经营于金陵,登高临下,俯仰盘桓,议择为都。民心既定,发兵四征。不五年间,偃兵息民,中原一统,夷狄半宁。是命外守四夷,内固城隍,新垒具兴,低昂依山而傍水,环绕半百余里,军民居焉。非古之金陵,亦非六朝之建邺,然居是方,而名安得而异乎?不过洪造之鼎新耳,实不异也。然宫城去大城西北将二十里,抵江干曰龙湾。有山蜿蜒如龙,连络如接翅飞鸿,号曰卢龙,趋江而饮水,末伏于平沙。一峰突兀,凌烟霞而侵汉表,远观近视实体狻猊之状,故赐名曰狮子山。既名之后,城因山之北半,壮矣哉。若天霁登峰,使神驰四极,无所不览,金陵故迹,一目盈怀,无有掩者。俄而复顾其东,玄湖钟阜,倒影澄苍,岩谷云生而霭水市烟薄雾而蓊郁,人声上彻于九天。登斯之山,东南有此之景。俯视其下,则华夷舸舰泊者,樯林上下者如织梭之迷江。远浦沙汀,乐蓑翁之独钓。平望淮山,千岩万壑,群嵝如万骑驰奔青天之外。极目之际,虽一叶帆舟,不能有蔽。江郊草木,四时之景,无不缤纷,以其地势中和之故也。

备观其景,岂不有御也欤?朕思京师军民辐辏,城无暇地,朕之所行,精兵铁骑,动止万千,巡城视险,隘道妨民,必得有所屯聚,方为公利便。今以斯山言之,巡城视检,空其首而荒其地,诚可惜哉。况斯山也,有警则登之,察奸料敌,无所不至。昔伪汉友谅者来寇,朕以黄旆居山之左,赤帜居山之右,谓吾伏兵曰:赤帜摇而敌攻,黄旆动而伏起。当是时,吾精兵三万人伏于石灰山之阳,至期而举旌旗,军如我约,一鼓而前驱,斩溺二万,俘获七千。观此之山,岂泛然哉!乃于洪武七年甲寅春,命工因山为台,构楼以覆山首,名曰阅江楼。此楼之兴,岂欲玩燕赵之窈窕,吴越之美人,飞舞盘旋,酣歌夜饮?实在便筹谋以安民,壮京师以镇遐迩,故造斯楼。今楼成矣,碧瓦朱楹,檐牙摩空而入雾,朱帘风飞而霞卷,彤扉开而彩盈。正值天宇澄霁,忽闻雷声隐隐,亟倚雕栏而俯视,则有飞鸟雨云翅幕于下。斯楼之高,岂不壮哉!噫!朕生淮右,立业江左,何固执于父母之邦。以古人都中原,会万国,尝云道里均适,以今观之,非也。大概偏北而不居中,每劳民而不息,亦由人生于彼,气之使然也。朕本寒微,当天地循环之初气,创基于此。且西南有疆七千余里,东北亦然,西北五千之上,南亦如之,北际沙漠,与南相符,岂不道里之均?万里之邦,皆下水而趋朝,公私不乏,利益大矣。故述文以记之。

观斯文,可知朱元璋要在应天西北的卢龙山上建阅江楼,因以为记。传世的还有宋濂的一篇同名文章,春兰秋菊,各擅胜场。需要说明的是,朱元璋在世时阅江楼并未建成,现在南京狮子山上的阅江楼乃是近年才建成。然而由上引两篇文章可知,朱元璋能文,而且可以作得很不错。以幼年失学之人能达到如此水平,不可否认他有天资,更要承认他很勤奋。

　　刘基素以梗直著称,他认为朱元璋是一个"兼全文武者"。宋濂也说过:(朱元璋)使濂受辞榻下,不待凝注,沛然若长江大河,一泻而千里。当时人如此评价,朱元璋的文章大可一读。

　　当然,他有五十卷文集,有少量文章让人润色一下,无可厚非。上引两文风格差异太大,《阅江楼记》很有可能经过他人润色。

五一　辨音韵，作诗赋

　　除了写文章，朱元璋还喜欢吟诗作赋。《明太祖集》五十五卷中，有文五十集，还有诗五卷。现在传下来的，还有一百多首。

　　一首《咏雪竹》(或作《咏雪枝》)是在朱元璋做皇帝以前写的：

> 雪压竹枝低，虽低不着泥。
>
> 明朝红日出，依旧与云齐。

　　朱元璋描绘竹枝历经风雪而能与云相接的景象，明人祝枝山说，它已经透露出帝王气象。与之相似的还有一首《咏雪诗》，被视为朱元璋抒发统一鸿业抱负的诗作：

> 腊前三白旷无涯，知是天宫降天花。
>
> 九曲河深凝底冻，张骞无处再乘槎。

　　再看这首《新雨诗》：

> 片云风驾雨飞来，顷刻凭看遍九垓，
>
> 槛外近聆新水响，遥空一碧见天开。

　　只是一场雨，在朱元璋写来，却能俯瞰九州，还能看见雨尽天碧，所以有人将这首诗看做革故鼎新之作。

　　朱元璋除了咏物，还会写景：

征 东 至 潇 湘

马渡沙头苜蓿香，片云片雨过潇湘。

东风吹醒英雄梦，不是咸阳是洛阳。

早　　行

忙着征衣忙着鞭，转头月挂柳梢边。

两三点雨不为雨，七八个星尚在天。

茅店鸡鸣人过语，竹篱犬吠客惊眠。

等闲拥出扶桑日，社稷江山在眼前。

不过，不要以为他的诗只会这么文质彬彬，且看下面这首：

不 惹 庵 示 僧

杀尽东南百万兵，腰间宝剑犹兵腥。

山僧不识英雄汉，只凭哓哓问姓名。

诗为心声，诗人有感而发，所作的诗因人的经历、功力不同而有高下之分。朱元璋的这些诗，大概称不上千古名篇，只是唯大英雄能本色，真平淡中现出真心情。要了解朱元璋，不光要知道他的金戈铁马的生涯，也得了解他这些言志之作。但是，诗无达诂。同一首诗，不同的人读来，会有不同的感受。朱元璋的诗，看来也是如此。

朱元璋为了吟诗作赋，少不了要查韵书。他手边原来只有一部元末阴氏所编《韵府》，用多之后，朱元璋批评它：旧韵多出江左，多失正，命乐韶凤等参考中原正音编了一部《洪武正韵》。

古代诗赋与音乐相通。朱元璋能诗，也通音乐。以应天为根据地后，朱元璋设曲乐官，第二年设雅乐，以供郊社之祭。至正二十七年（1367 年）以道童充乐舞生。他曾经御戟门，召朱升、范权等引乐舞生入见，亲自检阅考核。朱元璋还曾亲手击打石磬，命令朱升辨五音。朱升不懂音乐，将宫音误认为徵音，被朱元璋大大嘲笑了一番。

　　朱元璋曾经对礼臣说:古乐之诗,章和而正。后世之诗,章
淫以夸。故一切谀词艳曲皆弃不取。为此,他要求儒臣撰写回
銮乐歌,所奏《神降祥》、《神贶》、《酣酒》、《色荒》、《禽荒》诸曲,凡
三十九章,总名《御銮歌》。但是,那些作者都只求明白通达易
懂,不像汉晋间诗歌,铿锵雅健,既可作文字上的观赏,又可以吟
诵歌唱。至于宫廷里日常所奏音乐,都用乐府、小令和杂剧,甚
至殿堂上所奏韶乐的歌词也都出自教坊俳优。朱元璋要求的是
雅,而实际内廷外朝上演奏歌唱的却正是他想屏弃者。

　　为了改变这种情况,洪武八年(1375年),朱元璋亲自撰制
圜丘乐章,共九章。

　　迎神:仰惟兮昊穹,臣率百职兮迓迎。幸来临兮坛中,
上下护卫兮景从。旌幢缭绕兮四维,重悦圣兮民获年丰。

　　奠玉帛:民依时兮用工,感帝德兮大化成功。臣将兮以
奠,望纳兮微衷。

　　进俎:疱人兮列鼎,殽羞兮以成。方俎兮再献,愿享兮
以歆。

　　初献:圣灵兮皇皇,穆严兮金床。臣令乐舞兮景张,酒
行初献兮捧配觞。

　　亚献:载斟兮再将,百辟陪祀兮具张。感圣情兮无已,
拜手稽首兮愿享。

　　终献:三献兮乐舞扬,殽羞具纳兮气蔼而芳。光朗朗兮
上方,况日吉兮时良。

　　送神:旌幢烨烨兮云衢长,龙车凤辇兮驾飞扬。遥瞻冉
冉兮去上方,可见蒸民兮永康。

　　望燎:进罗列兮诣燎方,炬焰发兮煌煌。神变化兮物全
于上,感至恩兮无量。

同年,他还作方丘九章。

　　迎神：仰皇祇兮驾来，川岳从迎兮威灵备开，香烟缭绕兮神临御街。渐升坛兮穆穆，霭瑞气兮应结楼台。以微衷兮率职，幸望圣悦兮心谐。但允臣兮固请，愿嘉蒸民兮永怀。

　　奠玉帛：臣奉兮以筐，玉帛是进兮岁奠以常。百辟陪祀兮珮声琅琅，惟南薰兮解愠，映燎炎兮煌煌。

　　进俎：疱人兮净汤，大烹牲兮气霭而芳。以微衷兮献上，日享兮日康。

　　初献：初献行兮捧觞，圣灵穆穆兮洋洋。为蒸民兮永康。

　　亚献：杂毂羞兮已张，法前王典章。臣固展兮情悃，用斝醴兮载觞。

　　终献：爵三献兮礼将终，臣心眷恋兮无穷。恐毂羞兮未具，将何报兮神功。

　　彻馔：俎豆彻兮神熙，鸾舆驾兮旋归。百神翼翼兮云衣，敬奉行兮弗敢违。

　　送神：祥风兴兮悠悠，云衢开兮民福留。岁乐蒸民兮大有，想洋洋兮举觞载酒。

　　望瘗：毂羞玉帛兮瘗坎中，遥瞻隐隐兮龙旗从。祀事成兮尽微衷，感厚德兮民福雍雍。

朱元璋非但能文，而且能为如此雅训之文，好像大大出人意料。

　　其实，朱元璋还能写四六骈文。徐达初封信国公，诰文就是朱元璋亲拟的：从予起兵天濠上，先存捧日之心；来兹定鼎于江南，遂作擎天之柱。又说：太公韬略，当宏一统之观，邓禹功名，特立诸侯之上。他熟读史书，人又聪明，这四六骈文也是作得不错的。

然而,明初百姓似乎更喜欢他平易的一面。

据说有一年年底,朱元璋想微服出访,又想到正月初一按例有庆典,于是在午门悬挂一联:

过年不朝回乡去

开春奏来民里情

横批为:

与民同乐

还据说,一次微服出行时路过一户阉猪人家,朱元璋诗兴来了,提笔写了一付春联:

双手辟开生死路

一刀割断是非根

第二天,又路过这家,见门上春联不见。唤来此人问是什么缘故,那位阉猪的说:知是御书,高悬中堂,燃香祝圣,为献岁之瑞。引得朱元璋十分高兴,赏了他五十两银子。

当然,有时朱元璋作对联也会来些雅训的。他送给陶安的对联就是一例:

国朝谋略无双士

翰苑文章第一家

五二　千秋功过

　　朱元璋对自己的成功有一个总结。他对文武大臣说：我遇到丧乱时代，初起乡土之际，本来只图自全。到渡江以后，观察群雄所为，都成了生民的祸患，其中张士诚、陈友谅尤为巨蠹。张士诚恃仗富有，陈友谅恃仗强大。我独独无所恃仗，只有不嗜好杀人，布树信义，厉行节俭，与你们同心共济。起初与二寇相对峙，张士诚尤其逼近。有人建议先打击他。我认为陈友谅志骄，张士诚器小，志骄则好事，器小则无远图，所以决定先攻陈友谅。鄱阳湖一役，张士诚最终不能出姑苏一步增援陈友谅。假使先攻打张士诚，他在浙西负固坚守，陈友谅必定空国而来，我就腹背受敌了。二寇既然已经清除，北定中原一事就摆在面前。我部署先下山东，再打河洛，只阻止潼关里的兵马不让他们出来，而不马上攻取秦陇，道理就在扩廓帖木儿、李思齐、张思道都是经历百战才剩余下来的，未必一下子就甘心失败。把他们打急了，有可能并力一隅，仓猝间不容易平定。所以才出其不意，反而挥师向北。燕都一举攻克之后，再引兵西征。张、李希望断绝、势力孤单，可以不战而克。然而扩廓帖木儿还拼力抵抗不肯屈服，假设没有攻下燕都，就骤然与他的士兵搏斗，胜负还不能知道啊。

　　朱元璋的成功与他战略决策的正确大有关系。

对此,大概史家们并无多大异议。责备他的人,最大的罪名是说他在此过程中背叛了农民。这也是一种高处不胜寒。

封建时代,改朝换代并不希奇。一方面是"君子之泽,五世而斩",另一方面则不管是家世显赫的王公贵族,还是手握重权的文臣武将,乃至起自草莽的平民百姓,都有登上皇帝宝座的可能。这种权力和财产的再分配的不断重复,是中国封建社会的规律。它最直接的结果,只能是产生一个新的皇帝。

实际上,朱元璋应该得到更多的肯定。应该肯定他为结束元末大规模的社会动乱作出的努力。尽管他在此过程中使用了一些堪称卑劣的手段:与元朝政府有过接触,甚至可能还有接受名号等等举动;谋杀了自己的领导人小明王,等等。

建立明王朝之后,他除了为统一大业继续努力,也为社会经济的恢复作出了努力。乱世用重典,并非朱元璋的发明,他的实践则比前辈有过之无不及。要注意的是,现存的许多史料表明,他的严刑峻法中有相当部分矛头针对着贪官污吏。

至于朱元璋自己,当政以后称得上勤、俭二字。

朱元璋手创家业,自然不会轻易让它毁掉,表现得相当勤政。据洪武十七年(1384年)九月十四日到二十一日的统计,八天内内外官员的奏章凡一千六百六十件,涉及三千三百九十一事,朱元璋平均每天要处理二百多份文件,四百多件事。尤其在中书省撤销以后,掌管全国政务的六部直接对朱元璋负责,发生此种情况,当不是个别的。幸好在此之前,朱元璋已经定下了奏对式,省了许多繁文缛节。那是洪武八年(1375年),刑部主事茹太素上万言书,由于废话太多,朱元璋先是将茹太素打了一顿,但又感到里面建议的四件事可以照办。朱元璋不由叹气:作皇帝难,作臣子也不容易。我要听老实话,要听切实情事。文词太多,让人弄不清要点所在。茹太素所说的,五百字也就足够清楚,写了这么一大堆,何苦。于是下令不许繁文乱听。但是,要处理的政务毕竟还有一大堆,朱元璋只得夜以继日工作,天不亮起床要一直干到深夜。

作为一个皇帝,朱元璋生活上十分节俭。至正二十六年(1366年)应天营建宫室,他把雕琢考究的部分都去掉了。一个官员认为某地出产的石头很美,可以用来铺地,被朱元璋狠狠地训斥了一顿。他坐的车,都用铜装饰而不用金,当然为的是节省。

朱元璋曾向军士训话:忧患百姓者经常会体谅他们的心思,爱护百姓者每每会珍惜他们的力量。我每次吃饭,就会想到天下军民有没有吃饱,每次穿衣,也会想到天下军民有没有穿暖。

朱元璋这么说,也这么做。他会饮酒,但从不豪饮。洪武六年(1373年)潞州地方官进贡人参,朱元璋说:采集人参十分艰难,岂不劳民,今后不必进贡。太原原来每年进贡葡萄酒,他也下令停止。起初金华进贡香米,朱元璋要人在宫苑种了几十亩,收获时还亲自到那里观看。他对人说:国家以养民为务,岂以口腹累人哉。

一次到东阁检查政务,时逢酷暑,侍从给他换衣衫,都是洗过几次的旧衣服。大都督府参军宋思颜见了就说:主公躬行节俭,真可示法子孙,只希望能始终如一。朱元璋确实到老仍不改初衷。洪武三十年(1397年),他七十岁时,还问一名衣着华丽的官员,身上所穿衣服要多少钱。当听说要五百贯时,他不禁发怒:五百贯相当于农民十余口之家一年的生活费用,你们却用来做一件衣服,这不是暴殄天物吗?

但是,年岁不饶人。建立明朝时,他四十一岁,正当壮年。五十岁以后,朱元璋让太子朱标协助处理政务。经过多年培养的朱标却在洪武二十五年(1392年)病死。此时,朱元璋已年过花甲,精力、体力都大不如前。精心培养的接班人之死,给朱元璋的打击之大可想而知。但是,朱元璋终究是朱元璋,他心狠手辣,再次大开杀戒。先是蓝玉大案,再是傅友德、冯胜诸人被杀。直到他认为可能对他孙子造成威胁的人都干掉了,才罢手。

确实可以指责他的残忍,但这里有历史的必然。

高处不胜寒。朱元璋最初几乎一无所有,他是赤手空拳登上历史舞台的,与其他王朝开国之君的情况全然不同,甚至比刘邦还差劲。刘邦好歹还当过亭长,拿现在的话说,是个农村基层干部,还有刘氏家族的支撑。朱元璋要巩固自己的政权,必然会采取与刘邦比较相近的手法。"飞鸟尽,良弓藏,狡兔死,走狗烹",是那种情况下的必然。

其实,新建立的政权都会遇到权力的分配与再分配,只是情况不同,形式有别而已。汉是杀功臣,而后又是刘氏与吕氏之争。晋司马氏上台,已是世族当权,朝廷需要他们的支持,没有杀功臣的可能,但这不能排斥祸起萧墙,有八王之乱。唐李氏起兵得到诸多大家族支持,也不可能会大杀功臣,但他阻止不了玄武门之变。宋赵氏虽非世家,但早已执掌军权,所以才可能有陈桥兵变,才可能有黄袍加身,因此他也没有杀拥戴他的那些人的可能,只能杯酒释兵权。不要忘记,赵宋没有杀功臣,但也有斧光烛影的千古疑案。

朱元璋是历史的工具,完成了他所处时代需要完成的历史使命,同时也给历史深深地打上了自己的印记:他的狡诈,他的猜忌,他的残忍,以及由此带来的他的杀戮。

《明史·太祖本纪》里对朱元璋是这样总结的:

> 太祖以聪明神武之资,抱济世安民之志,乘时应运,豪杰景从,戡乱摧强,十五载而成帝业。崛起布衣,奄奠海宇,西汉以后所未有也,惩元政废弛,治尚严峻。而能礼致耆

儒,考礼定乐,昭揭经义,尊崇正学,加恩胜国,澄清吏治,修人纪,崇风教,正后宫名义,内治肃清,禁宦竖不得干政,五府六部官职相维,置卫屯田,兵食俱足。武定祸乱,文致太平,太祖实身兼之。至于雅尚志节,听蔡子英北归。晚岁忧民益切,尝以一岁开支河暨塘堰数万以利农桑、备旱潦。用此子孙承业二百余年,士重名义,间阎充实。至今苗裔蒙泽,尚如东楼、白马,世承先祀,有以哉。

众所周知,修《明史》的是一帮对明朝心向往之的学者,他们称颂明朝的开国皇帝并不奇怪。而《明史》毕竟是清代的官书,这样的文字,应该是被清王朝所认可的。

洪武三十一年(1398年),朱元璋七十一岁。闰五月间,他在病了三十天之后,撒手人寰。遗诏说:

> 朕膺天命三十有一年,忧患积心,日勤不怠,务有益于民。奈起自微寒,无古人之博知,好善恶恶,不及远矣。今得万物自然之理,其奚哀念之有。皇太孙允炆仁明孝友,天下归心,宜登大位。内外文武臣僚同心辅政,以安吾民。丧祭仪物,毋用金玉。孝陵山川因其故,毋改作。天下臣民,哭临三日,皆释服,毋妨嫁娶。诸王临国中,毋至京师。诸不在令中者,推此令从事。

"忧患积心"是描述高处不胜寒的心情。"日勤不怠,务有益于民"则为他的自我评价。

死后第七天,落葬孝陵。谥曰高皇帝,庙号太祖。

朱元璋自认死后诸事都已经安排妥当。

而当他去世后三年,他的第三子燕王朱棣起兵"靖难",夺了侄子的皇位,是为成祖。明成祖又增谥朱元璋为圣神文武钦明启运俊德成功统天大孝高皇帝。

图书在版编目（ＣＩＰ）数据

细说明太祖/冯绍霆著. —2版. —上海：上海
人民出版社,2014
（细说中国历史人物丛书.帝王系列）
ISBN 978－7－208－12198－0

Ⅰ. ①细… Ⅱ. ①冯… Ⅲ. ①朱元璋(1328～1398)－
生平事迹 Ⅳ. ①K827＝48

中国版本图书馆 CIP 数据核字(2014)第 058351 号

责任编辑　马瑞瑞
封面设计　范昊如

· 细说中国历史人物丛书·帝王系列 ·
细说明太祖
冯绍霆　著
世纪出版集团
上海人民出版社出版
(200001　上海福建中路193号　www.ewen.cc)
世纪出版集团发行中心发行
常熟市新骅印刷有限公司印刷
开本890×1240　1/32　印张11　插页2　字数249,000
2014年8月第2版　2014年8月第1次印刷
ISBN 978－7－208－12198－0/K·2200
定价 31.00 元